Research on Smart Logistics for
Agricultural Products

湖北省公益学术著作出版专项资金资助项目
智能化农业装备技术研究丛书

组编单位 中国农业机械学会
丛书主编 赵春江

农产品智慧物流研究

杨信廷 史 策 孙传恒 ◎ 著

华中科技大学出版社
http://press.hust.edu.cn
中国·武汉

内 容 简 介

本书是北京市农林科学院农产品智慧供应链技术创新团队(农产品质量安全追溯技术及应用国家工程研究中心和农业农村部农产品冷链物流技术重点实验室)农产品智慧物流技术研究成果的系统总结与框架梳理,重点概述了国内外农产品智慧物流发展概况,提出了农产品智慧物流技术框架,总结了团队在农产品物流环境信息感知与优化、农产品品质信息感知、农产品货架期预测、农产品智能包装、农产品智能储运装备、农产品智能配送、农产品物流过程碳排放监测与估算、冷链物流信息服务与区块链溯源等农产品智慧物流技术方面的研究成果及应用进展,同时也参考了近年来国内外同行的研究成果。

本书所涉及的研究成果,是北京市农林科学院农产品智慧供应链技术创新团队在国家重点研发计划项目(课题)、国家自然科学基金项目、中国工程院咨询研究项目、国家"万人计划"科技创新领军人才项目、青年北京学者项目、广东省重点领域研发计划项目、北京市农林科学院人才基金及科研平台建设项目等经费资助下,持续多年多学科交叉研究所取得的,也纳入了本团队所培养的多位博士后、博士研究生、硕士研究生的研究成果,同时为体现农产品智慧物流技术的完整性,特邀华南农业大学吕恩利教授团队参与了"农产品智能储运装备技术"章节的撰写。

本书旨在与学术界、产业界共同探讨适合我国农产品智慧物流发展的新思路,为农产品智慧物流行业相关人员提供可参考、可讨论的资料,力求促进我国农产品智慧物流技术进步和推动农产品物流产业发展。

图书在版编目(CIP)数据

农产品智慧物流研究 / 杨信廷,史策,孙传恒著. — 武汉:华中科技大学出版社,2024.7.
(智能化农业装备技术研究丛书 / 赵春江主编). — ISBN 978-7-5772-0834-3
Ⅰ. F724.72-39
中国国家版本馆 CIP 数据核字第 20245Y0D33 号

农产品智慧物流研究
Nongchanpin Zhihui Wuliu Yanjiu

杨信廷　史　策　孙传恒　著

策划编辑:	俞道凯　王　勇
责任编辑:	程　青
封面设计:	廖亚萍
责任监印:	朱　玢
出版发行:	华中科技大学出版社(中国·武汉)　电话:(027)81321913
	武汉市东湖新技术开发区华工科技园　邮编:430223
录　　排:	武汉市洪山区佳年华文印部
印　　刷:	武汉市洪林印务有限公司
开　　本:	710mm×1000mm　1/16
印　　张:	16.5
字　　数:	286 千字
版　　次:	2024 年 7 月第 1 版第 1 次印刷
定　　价:	138.00 元

本书若有印装质量问题,请向出版社营销中心调换
全国免费服务热线:400-6679-118　竭诚为您服务
版权所有　侵权必究

智能化农业装备技术研究丛书
编审委员会

主 任 委 员：赵春江（国家农业信息化工程技术研究中心）
副主任委员：
何　勇（浙江大学）
刘成良（上海交通大学）
苑严伟（中国农业机械化科学研究院集团有限公司）
李民赞（中国农业大学）
孟志军（北京市农林科学院智能装备技术研究中心）

委　员（按姓氏笔画排序）：
毛罕平（江苏大学）
朱　艳（南京农业大学）
刘升平（中国农业科学院农业信息研究所）
李道亮（中国农业大学）
肖德琴（华南农业大学）
陈立平（北京市农林科学院智能装备技术研究中心）
赵凤敏（中国农业机械学会）
黄文江（中国科学院空天信息创新研究院）
彭彦昆（中国农业大学）
廖庆喜（华中农业大学）
熊本海（中国农业科学院北京畜牧兽医研究所）
薛新宇（农业农村部南京农业机械化研究所）

作者简介

▶ **杨信廷** 博士,北京市农林科学院信息技术研究中心研究员,主要从事物联网、大数据、人工智能、区块链等技术在农产品供应链质量安全控制和溯源中的研究与应用工作。现任农产品质量安全追溯技术及应用国家工程研究中心常务副主任,农业农村部农产品冷链物流技术重点实验室主任。以第一或通讯作者发表SCI/EI收录论文100余篇,先后获得北京市科技新星、北京市战略科技人才、青年北京学者、科技部中青年科技创新领军人才、农业农村部神农领军英才、国家"万人计划"科技创新领军人才等荣誉称号,享受国务院政府特殊津贴(2020年)。

▶ **史 策** 博士,北京市农林科学院信息技术研究中心副研究员,硕士生导师,主要从事农产品信息感知与智能处理、质量安全控制与货架期预测及预警研究和应用。2019年入选北京市科协青年人才托举工程,获2022年浙江省科学技术进步奖三等奖(排名第3);先后主持国家及北京市自然科学基金、重点研发计划子课题等,以第一或通讯作者发表论文33篇,其中SCI收录论文24篇(中科院一区11篇);授权及受理发明专利10余项。

▶ **孙传恒** 博士,北京市农林科学院信息技术研究中心研究员,硕士生导师,主要从事农产品区块链追溯技术研究与应用。现任国家农业信息化工程技术研究中心智慧供应链部副主任,担任中国计算机学会数字农业分会首批执行委员。

近5年主持国家自然科学基金等课题10余项,发表论文80余篇,其中SCI/EI收录论文50余篇,授权发明专利40余项。制定国家标准5项,行业标准3项,获省部级以上奖励2项,其中"果蔬及水产品质量安全追溯技术研究与应用"获得北京市科学技术奖三等奖(2018年,排名第1)。

总序一

智能化农业装备是转变农业发展方式、提高农业综合生产能力的重要基础，是加快建设农业强国的重要支撑。它以数据、知识和装备为核心要素，将先进设计、智能制造、新材料、物联网、大数据、云计算和人工智能与农业装备深度融合，实现农业生产全过程所需的信息感知、定量决策、智能控制、精准投入及个性化服务的一体化。智能化农业装备是农业产业技术进步和农业生产方式转变的核心内容，已成为现代农业创新增长的驱动力之一。

"智能化农业装备技术研究丛书"是由中国农业机械学会与华中科技大学出版社共同发起，为服务"乡村振兴"和"创新驱动发展"国家重大战略，贯彻落实"十四五"规划和2035年远景目标纲要，面向世界农业科技前沿、国家经济主战场和农业现代化建设重大需求，精准策划的一套汇集我国智能化农业装备先进技术的科技著作。

丛书结合国际农业发展新趋势与我国农业产业发展形势，聚焦智能化农业装备领域前沿技术和产业现状，展示我国智能化农业装备领域取得的自主创新研究成果，助力我国智能化农业装备领域高端、专精科研人才培养。为此，向为丛书出版付出辛勤劳动的专家、学者表示崇高的敬意和衷心的感谢。

党中央把加快建设农业强国摆上建设社会主义现代化强国的重要位置。我国正处在全面推进乡村振兴、实现农业现代化的关键时期，智能化农业装备领域前沿技术发展大有可为！丛书汇集了高校、科研院所以及企业的理论科研成果与产业应用成果。期望丛书深厚的技术理论和扎实的产业应用切实推进我国智能化农业装备领域的发展，为我国建设农业强国和实现农业现代化做出新的、更大的贡献。

中国工程院院士
国家农业信息化工程技术研究中心主任
北京市农林科学院信息技术研究中心研究员
2024 年 1 月

总序二

智能化农业装备是提升农业生产效率、促进农业可持续发展以及推动农业现代化建设的重要支撑。"智能化农业装备技术研究丛书"的编写立足于贯彻落实制造强国战略部署，锚定农业强国建设目标，全方位夯实粮食安全根基，积极落实"藏粮于技"，加强农业科技和装备支撑，聚焦智能化农业装备领域前沿技术、基础共性技术及关键核心技术，突出自主创新，为农业强国建设提供理论与技术支持。

党的二十大报告明确提出"加快建设农业强国"，这是党中央着眼全面建成社会主义现代化强国做出的战略部署。"强国必先强农，农强方能国强"，中国农业机械学会始终不忘"农业的根本出路在于机械化"之初心，牢记推进中国农业机械化发展之使命，全面贯彻习近平总书记提出的"大力推进农业机械化、智能化，给农业现代化插上科技的翅膀"的重要指示，团结凝聚广大的科技工作者，聚焦大食物观、粮食安全和食品科技自立自强，围绕农业装备补短板、强弱项、促智能，不断促进科技创新、服务国家重大战略需求、助力科技经济融合发展，为促进农业装备转型升级、农业强国建设和乡村振兴积极贡献智慧与力量。

中国农业机械学会作为专业性的学术组织，本着"合作、开放、共享"理念，充分发挥桥梁和纽带作用，组织行业专家、学者群策群力，撰写丛书，并与华中科技大学出版社通力合作共同推动丛书的出版。丛书可作为广大农业科技工作者、农业装备研发人员、农业院校师生的宝贵参考书，也将成为推动我国农业现代化进程的重要力量。

最后，衷心感谢为丛书做出贡献的专家、学者，他们具有深厚的专业知识、严谨的学术态度、卓越的成就和独到的见解。感谢华中科技大学出版社相关人员在组织、策划过程中付出的辛勤劳动。

罗锡文

中国工程院院士
中国农业机械学会名誉理事长
2024 年 1 月

前　言
PREFACE

我国鲜活农产品总产量已连续多年位居世界首位,且呈持续增加趋势,鲜活农产品产值在我国农业总产值中的占比已超过60%。近年来,鲜活农产品生产向优势产区聚集,外销种类、数量越趋集中,流通半径扩大、运距拉长,反季节、全年均衡销售需求提高,但农产品产后损失严重,果蔬、肉类、水产品流通环节损失率分别高达20%~30%、10%、15%(发达国家均在5%以内),迫切需要加快农产品仓储保鲜冷链物流建设,有效降低农产品损耗和保持农产品品质,保障农民稳定增收和城乡居民农产品有效供给。

"十三五"以来,我国冷库容量和冷藏车保有量呈稳定增长趋势,农产品贮藏保鲜能力不断提升,农产品冷链物流体系初步形成,但与我国鲜活农产品流通产业对仓储保鲜冷链物流的巨大需求相比,与美国、日本、加拿大、欧盟等发达国家和地区的冷链物流产业相比,我国农产品仓储保鲜冷链物流建设尚存在较大差距,主要表现在三个方面:一是设施供给规模整体不足,要素资源整合不充分,农产品仓储保鲜冷链物流设施整体规模不能满足产地需求,普遍存在发达地区设施多、欠发达地区设施少,冷冻(水产品、肉类)设施多、预冷冷藏(蔬菜水果)设施少,末端冷藏设施多、源头预冷设施少等问题,没有形成全国性协同效应,冷链设施资源要素作用未得到充分发挥;二是设施的标准化、智能化程度低,服务水平不高,设施设备建设及其温控操作等方面缺少统一标准,大多数设施缺少信息化监测手段,温控策略大多依靠经验知识和简单时序控制,缺少农产品品质变化模型的指导,导致仓储保鲜冷链物流设施有效能耗高,农产品仓储运输环节损耗高,营销服务质量落后,投资收益低;三是冷链有效监管不足,全链条监管追溯体系有待完善,当前冷链物流"伪冷链"问题突出,"断链"现象时有发生,与此相关的农产品质量安全隐患较多,同时,农产品冷链物流的仓储、运输等环节能耗普遍偏高,在碳达峰和碳中和目标背景下,发展规模扩张和碳排放控制的矛盾突出,迫切需要加快全产业链的碳排放监测、碳排放估算以及节能优化调控。

2021年11月,国务院办公厅发布《"十四五"冷链物流发展规划》,对冷链物流产业的数字化、智能化和绿色化发展提出了新要求,为建设和发展我国农产品智慧物流指明了新方向。本书作者通过研究认为,"农产品智慧物流"既是学术研究观点,也是行业发展方向,其是指在农产品采后物流的运输、仓储、包装、装卸搬运、流通加工、配送等各个环节中,通过物联网、大数据、人工智能等现代信息技术和手段,提高农产品物流系统全面感知、科学决策、智能调控的能力,增强整体的智慧化、网络化与自动化水平,提升农产品物流效率。

北京市农林科学院农产品智慧供应链技术创新团队(以下简称团队)从2002年起探索农产品安全生产管理系统研发及应用,从2006年起开始探索农产品可追溯技术系统研发及应用,截至2022年底,已初步建成了以实现生鲜农产品及易腐食品供应链全程的安全生产、保质储运、高效流通、立体监督、可信溯源为目标的农产品智慧供应链技术体系,面向农业生产主体、经营主体、管理主体和消费主体的需求,形成了智慧农场、智慧车间、智能包装、智慧冷链、智慧市场、智慧监管、区块链溯源等系统性智慧供应链解决方案,依托团队建有农产品质量安全追溯技术及应用国家工程研究中心和农业农村部农产品冷链物流技术重点实验室等国家及省部级创新平台。本书是团队围绕农产品智慧物流技术研究所获得成果的系统总结与框架梳理,重点概述了国内外农产品智慧物流发展概况,提出了农产品智慧物流技术框架,总结了团队在农产品物流环境信息感知与优化、农产品品质信息感知、农产品货架期预测、农产品智能包装、农产品智能储运装备、农产品智能配送、农产品物流过程碳排放监测与估算、冷链物流信息服务与区块链溯源等农产品智慧物流技术方面的研究成果及应用进展,同时也参考了近年来国内外同行的研究成果。

本书所涉及成果,得到了"畜禽水产保质储运技术装备研发与示范"(2018YFD0701000)、"苹果供应链全程监测控制与区块链追溯技术"(2017YFE0122503)和"粮油食品供应链危害物风险快速预警及防控系统研究"

(2017YFC1600605)等国家重点研发计划项目(课题),"基于区块链的农产品供应链可信追溯信息模型构建与原型系统验证"(31871525)、"基于天然色素的新型色敏指示膜的鱼新鲜度检测方法及其响应机理"(31801617)和"日光温室黄瓜霜霉病初侵染监测预警方法研究"(31401683)等国家自然科学基金项目、中国工程院咨询研究项目、国家"万人计划"科技创新领军人才项目、青年北京学者项目、广东省重点领域研发计划项目、北京市农林科学院人才基金及科研平台建设项目等经费的资助,也纳入了本团队所培养的多位博士后、博士研究生、硕士研究生的研究成果,同时为体现农产品智慧物流技术的完整性,特邀华南农业大学吕恩利教授团队参与了"农产品智能储运装备技术"章节的撰写。

  本书由杨信廷负责全书的整体设计,相关课题研究的核心技术人员参与部分章节的撰写。其中,第1章由韩佳伟、杨信廷负责撰写;第2章由韩佳伟负责撰写;第3章由张佳然负责撰写;第4章由史策负责撰写;第5章由李文勇负责撰写;第6章特邀华南农业大学郭嘉明、吕恩利、曾志雄等进行撰写;第7章由罗娜负责撰写;第8章由韩佳伟负责撰写;第9章由孙传恒负责撰写;第10章由韩佳伟、杨信廷负责撰写。全书由杨信廷、史策统稿。团队成员李明、周超、吉增涛、邢斌、刘欢、朱文颖、杨志鹏、杨昆、闵涛、李登奎、叶莉等参与了材料整理工作。多名博士后、博士研究生、硕士研究生直接参与了书中部分研究工作,他们是贾志鑫、任青山、陈枫、马旻臻、何振营、侯梦园、朱文宇、贾博策、杨斌、张哲、万宇平、罗潜、雷墨鹭夯、杨霖、赵昱涵等。

  农产品智慧物流涉及知识面广、面向对象多、供应链复杂,其技术研究和体系构建有待进一步探索与完善。本书旨在与学术界、产业界共同探讨适合我国农产品智慧物流发展的新思路,为农产品智慧物流行业相关人员提供可参考、可讨论的资料,力求促进我国农产品智慧物流技术进步和推动农产品物流产业发展。

  本书难免存在不足之处,恳请读者批评指正。

作 者

2023 年 12 月

目 录 CONTENTS

第 1 章 农产品智慧物流发展概况 /1
1.1 需求分析 /2
1.2 发展现状 /3
  1.2.1 法律与政策方面 /3
  1.2.2 基础设施设备水平 /3
  1.2.3 信息化与智慧化发展方面 /4
1.3 问题剖析 /6
  1.3.1 信息化滞后与覆盖率低 /6
  1.3.2 标准不健全与质量安全问题突出 /7
  1.3.3 专业人才缺乏 /7
1.4 农产品智慧物流技术框架 /7
本章参考文献 /8

第 2 章 农产品物流环境信息感知与优化技术 /10
2.1 基于传感器的多元环境参数感知技术 /10
  2.1.1 环境温湿度感知技术 /10
  2.1.2 氧气与二氧化碳含量感知技术 /11
  2.1.3 乙烯及其他微量气体感知技术 /12
2.2 基于计算流体力学的多场耦合模拟感知技术 /13
  2.2.1 风速场模拟感知技术 /13
  2.2.2 温度场模拟感知技术 /15
  2.2.3 湿度场模拟感知技术 /16

2.3 基于环境信息感知的物流场景优化技术 /16
    2.3.1 预冷环境 /16
    2.3.2 存储环境 /19
    2.3.3 运输环境 /22

本章参考文献 /24

第3章 农产品品质信息感知技术 /32

3.1 农产品品质信息概述 /32
    3.1.1 农产品品质安全的概念 /32
    3.1.2 农产品品质安全的现状 /33

3.2 基于新型材料的农产品品质信息感知技术 /34
    3.2.1 传统检测方法 /35
    3.2.2 电化学检测技术 /36
    3.2.3 量子点荧光探针技术 /37
    3.2.4 基于天然染料的比色分析技术 /38

3.3 农产品品质信息感知传感器及其在物流中的应用 /39
    3.3.1 便携式 TVB-N 传感器 /39
    3.3.2 智能 pH 指示标签 /54

本章参考文献 /68

第4章 农产品货架期预测技术 /79

4.1 影响农产品货架期的主要因素 /79
    4.1.1 影响货架期的微生物因素 /80
    4.1.2 影响货架期的化学因素 /84
    4.1.3 影响货架期的物理因素 /87

4.2 农产品货架期预测技术研究思路 /89
    4.2.1 基于农产品动力学变化的货架期预测技术 /89
    4.2.2 基于变量拟合的货架期预测技术 /90

4.3 农产品货架期预测方法及应用 /91
    4.3.1 基于农产品品质损失的动力学模型 /91
    4.3.2 基于温度变化的预测模型 /94
    4.3.3 基于统计学的预测模型 /95
    4.3.4 人工神经网络 /96
    4.3.5 TTT 理论 /98
    4.3.6 其他 /99

本章参考文献 /100
第5章 农产品智能包装技术 /110
　5.1 智能包装系统 /110
　5.2 包装标识防伪 /111
　　5.2.1 追溯码编码设计 /112
　　5.2.2 加密算法设计 /113
　　5.2.3 算法嵌入式优化设计 /116
　　5.2.4 算法实现 /119
　　5.2.5 应用示例 /121
　5.3 标识转换技术 /122
　　5.3.1 RFID-条码的转换 /123
　　5.3.2 条码-RFID的转换 /123
　　5.3.3 转换功能测试 /124
　本章参考文献 /128

第6章 农产品智能储运装备技术 /130
　6.1 气调储运装备技术 /130
　　6.1.1 气调保鲜技术 /130
　　6.1.2 氧气浓度调控技术 /134
　　6.1.3 二氧化碳浓度调控技术 /136
　　6.1.4 湿度调控技术 /138
　6.2 蓄冷温控储运装备技术 /142
　　6.2.1 蓄冷运输箱真空隔热保温技术 /142
　　6.2.2 蓄冷冷量释放调控技术 /145
　　6.2.3 蓄冷冷源剩余冷量预测技术 /153
　6.3 储运环境智能监控技术 /158
　　6.3.1 保鲜环境无线监测技术 /158
　　6.3.2 保鲜环境嵌入式控制与人机交互技术 /162
　　6.3.3 保鲜环境多目标解耦调控技术 /165
　6.4 总结 /168
　本章参考文献 /168

第7章 农产品智能配送技术 /171
　7.1 配送概述 /171
　　7.1.1 配送概念、产生和发展及分类 /171

7.1.2　配送模式与配送作业流程　/172
　　　7.1.3　农产品配送与冷链配送　/174
　7.2　农产品标识及自动识别技术　/177
　　　7.2.1　条码标识技术　/177
　　　7.2.2　自动识别技术　/179
　　　7.2.3　农产品识别技术应用　/180
　7.3　空间信息技术　/182
　　　7.3.1　GIS 技术　/182
　　　7.3.2　GPS 技术　/184
　　　7.3.3　农产品物流技术应用　/185
　7.4　农产品物流配送自动化技术　/188
　　　7.4.1　自动化分拣系统　/189
　　　7.4.2　自动化仓储系统　/190
　　　7.4.3　农产品自动化技术应用　/191
　7.5　农产品配送智能优化技术　/193
　　　7.5.1　配送中心选址规划　/193
　　　7.5.2　配送路线优化　/198
　　　7.5.3　配送装车优化　/199
　7.6　农产品智能配送发展趋势　/202
　　　7.6.1　仓配一体　/202
　　　7.6.2　无人配送　/203

　本章参考文献　/204

第 8 章　农产品物流过程碳排放监测与估算技术　/206

　8.1　农产品冷链物流碳排放现状　/206
　　　8.1.1　全球农产品冷链物流碳排放现状　/206
　　　8.1.2　农产品冷链物流碳排放监测技术发展现状　/207
　　　8.1.3　农产品冷链物流碳排放估算与碳交易现状　/209
　8.2　农产品冷链物流过程碳排放监测技术　/210
　　　8.2.1　生鲜农产品预冷环节碳排放监测技术　/210
　　　8.2.2　生鲜农产品贮藏环节碳排放监测技术　/211
　　　8.2.3　生鲜农产品运输环节碳排放监测技术　/211
　　　8.2.4　生鲜农产品销售环节碳排放监测技术　/212
　8.3　农产品冷链物流过程碳排放估算技术　/213

　　　　8.3.1　农产品冷链装备碳排放估算技术　/213
　　　　8.3.2　农产品冷链企业碳排放估算技术　/214
　　　　8.3.3　农产品冷链全程碳排放估算技术　/214
　　本章参考文献　/215

第9章　冷链物流信息服务与区块链溯源技术　/218
　　9.1　区块链技术起源和解释　/218
　　　　9.1.1　区块链技术起源　/218
　　　　9.1.2　区块链演进过程　/219
　　　　9.1.3　区块链核心技术　/221
　　　　9.1.4　区块链产业发展　/225
　　9.2　区块链溯源深入解读　/229
　　　　9.2.1　架构详解　/229
　　　　9.2.2　溯源应用场景　/230
　　　　9.2.3　联盟链项目介绍　/231
　　9.3　区块链溯源应用案例与发展期望　/232
　　　　9.3.1　应用案例介绍　/232
　　　　9.3.2　溯源场景瓶颈　/235
　　　　9.3.3　区块链溯源发展期望　/236
　　本章参考文献　/238

第10章　展望　/240
　　本章参考文献　/241

第 1 章
农产品智慧物流发展概况

"智慧物流"既是学术研究观点,也是行业发展概念,指通过智能硬件、物联网、大数据等智能技术和手段,增强物流系统分析、决策以及智能执行的能力,提高物流体系的智慧化、网络化与自动化水平[1]。农产品智慧物流主要指在农产品产后的运输、贮藏、加工、包装、装配等各个环节实现智能感知、智能分析、智能处理以及智能调控的功能。

农产品智慧物流的建设和发展与物流基础设施的建设和发展密切相关,物流基础设施的建设和发展是驱动并实现农产品智慧物流的主要载体,两者相辅相成。然而,目前我国农产品智慧物流发展还处于起步阶段,相比于西方发达国家,物流基础设施建设尚不成熟,国家政策制定、标准化产业体系建设以及高层次专业人才培养等方面相对滞后,高精度、低成本物联网信息感知设备也较为匮乏,北斗卫星导航系统普及应用率不高,农产品环境与品质耦合预测模型空白等,这些是鲜明的技术性制约因素。因此,精准掌控目前我国农产品智慧物流发展现状与存在的问题,是落实我国农产品智慧物流发展需求的前提,也是明确我国农产品智慧物流发展方向和重点任务的关键举措,对于建成具有中国特色、适合中国国情的高质量农产品智慧物流体系具有重要的指导意义。

智慧物流建设在供应链数字化的基础之上,利用物联网设备及其相关技术进行数据(如产品、市场、订单、运输、仓储、物流等数据信息)采集是驱动冷链智慧化建设的关键。同时,伴随着物联网设备在冷链物流中的不断使用,围绕食品安全的数据会呈现爆发式增长态势,如何对海量数据进行深度、快速及有效挖掘给传统数据处理技术带来了巨大挑战。如何将数据转化为信息,将信息提炼为规律,并运用数据分析结果进行市场宏观调控,提高企业运营效率,实现整个供应链透明化、可视化、可控化成为当今冷链行业面临的困境与瓶颈。云计算具有强大的分布式计算能力,为充分挖掘冷链海量数据在整个供应链相关利益者(例如,国家(市场宏观监管)、企业(食品流通监控与安全预警)、消费者(食品安全可追溯)以及生产者(生产过程可监控))中的应用价值和增值服务能力提供了最具潜力的解决方案。基于云计算数据价值的筛选与提炼,结合人工智能算法与软硬件技术的应用,可实现物流业务,例如运输场景(自动驾驶、无人机运输、路径优化、温湿度精准调控)、仓储场景(分拣、装卸、盘点、出入库管理)以及供应链场景(金融风控、品质管控和降本增效)的智能化赋能,最终实现品质维持、智能高效、低碳可靠和绿色可持续的供应链发展目标。

1.1 需求分析

从国家层面看,从 2010 年至 2020 年全国社会物流总额呈现稳定增长态势,全国物流总费用在国内生产总值(gross domestic product,GDP)中的占比已降至 14.7%,降低了 3.1%,物流效率总体提升。在我国物流行业保持稳定发展的背景下,基于农产品智慧物流的快速发展,物流成本在 GDP 中的占比显著降低,有效提升了国民经济的运行效率。此外,国家统计局资料显示[2],2017 年我国生鲜(畜禽肉、水产品、果蔬等)市场规模已突破 13 亿吨大关,市场总交易额高达 4700 亿元。庞大的生鲜市场规模、较低的冷链流通率以及较高的产后损失率进一步提高了对发展农产品智慧物流技术的需求。农产品智慧物流的发展可有效满足我国强大的内部需求,同时显著提升我国生鲜农产品国际市场竞争力,也可助力于产业升级、消费升级以及食品质量安全保障。通过智能化农产品物流监管系统,可有效降低农产品腐损率,减少不必要的能源消耗,进而减少碳排放,为构建智能、绿色可持续的农产品智慧物流体系创造有利条件[3]。

从企业层面看,农产品智慧物流的高质量发展,不仅显著降低了生鲜农产品的流通损失率,而且通过智能化信息技术有效提升了企业运营管理效率。此外,基于互联网平台的共享经济模式,为农产品物流降本增效带来了新思路,货损率、企业管理效率、经济和环境成本投入等方面得以显著改善,进而有效提升了企业利润与效益。而且,基于农产品智慧物流大数据平台,企业对数据的分析利用能力显著增强,企业风险预知能力以及智能管控能力进一步提升,能够有效降低不必要的经济损失,提升企业服务管理水平。

从生产者层面看,农产品智慧物流的发展可有效打通农产品进城全链条,成为农产品高效流通的"助推器",能够有效提高农业生产者的经济收入。此外,随着农产品智慧物流的发展,农产品产地销售通道得以扩充,极大降低了农产品产地滞销风险,显著降低产地损耗率。

1.2 发展现状

1.2.1 法律与政策方面

2009 年,智慧物流体系建设与发展在《物流业调整和振兴规划》中被重点强调。2010 年,《农产品冷链物流发展规划》指出到 2015 年我国要建立跨区域长途调运体系,提升冷链运输率,促进冷链物流一体化发展。2014 年,《物流业发展中长期规划(2014—2020 年)》部署了 2020 年我国物流发展的关键目标和主要任务,智慧物流被列为第一大工程目标。近年来,我国智慧物流发展水平得到稳步提升,但在农产品预冷率、人均冷库容量、冷藏车拥有量、冷链运输率和冷链损耗率等方面仍与发达国家存在一定差距。2022 年,我国畜禽肉、水产品及果蔬等农产品冷链流通率达到 22%、34%、41%,由农产品腐损导致的直接经济损失可达上千亿元。我国智慧物流问题突出,无论"质"还是"量"都有巨大提升空间,在"大众创业、万众创新"、"一带一路"倡议等利好政策推动下,冷链物流将成为我国新的经济增长点。

国家政策与法律支持是我国智慧物流稳健发展的关键和基础。然而,我国农产品物流各环节操控规范、温控标准、基础设施设备建设等仍缺乏统一标准,各环节资源难以有效整合与衔接,进而使得供应链上下游信息不对称,易产生"信息孤岛"或"温度断链"等现象,极大阻碍了农产品品质安全维持、供应链经济价值与一体化管理以及具有高抗风险能力的柔性供应链形成[4]。

1.2.2 基础设施设备水平

中国物流与采购联合会冷链物流专业委员会(简称"中物联冷链委")统计数据显示,2022 年我国冷库容量约为 9726 万吨,折合约为 2.1 亿立方米,同比增长 18.54%;冷藏车拥有量超过 36.9 万辆,同比增长 8.02%;果蔬冷链流通率与运输率相比 2008 年增长 3~4 倍。然而,我国个人平均库容量仅为 0.13 m³,远低于发达国家人均水平(0.36~1.36 m³),且人均冷藏车拥有量为发达国家的 1/18~1/15,差距立显。另据中物联冷链委统计数据,2022 年我国冷链物流市场规模达 5515 亿元,同比增长 15.55%,预计 2023 年冷链物流市场规模将达 6486 亿元,同比继续增长 17.61%。然而,我国人均水果年消费量仅有 60 kg 左右,不到西方发达国家的 1/2。因此,我国农产品冷链市场具有广阔的发展空间。此外,我国经济发展水平稳步增长、对外开放新格局加速形成以及消费个性化和高品质需求快速增长,这也将不断推动我国冷链物流行业发展。冷链信息化是指运用现代化信息技术实现环境温湿度、设备操控状态以及冷链上下游需求等信息的实时监管,进而构建透明化冷链物流体系,促进冷链降本增效以及提升运营管理效率,是针对物理空间进行在线感知与分析的过程。冷链数字化是将信息转化为服务的必要手段,是推动冷链智慧化和无人化发展的关键前提,也是打造冷链智能装备与提高智能服务水平的关键基础,进而推进我国冷链智能制造转型升级。2019年7月,我国交通运输部在《数字交通发展规划纲要》中明确指出要加快货运物流全程数字化升级,加强现实和虚拟空间交通运输的融合与交互,以实现我国数字交通产业整体竞争力全球领先。因此,为实现冷链信息空间与物理空间的深度融合与智能化交互,特别是实现货物自身品质变化的实时感知与溯源,依托数字化技术实现冷链物理与虚拟间的交互融合,对于提升环境与品质间的耦合感知,强化物理系统与虚拟模型间的耦合度,打通冷链上下游信息通路以及实现全供应链整体规划与协调等具有重大理论价值与现实意义[5,6]。

1.2.3 信息化与智慧化发展方面

冷藏运输是保障货物及时配送、确保消费者满意度以及关联整体冷链物流经济成本投入量的关键,同时也是实现农产品冷链流通过程中食品质量安全信息的信息化、透明化、可追溯化以及可视化的关键环节[7]。近年来,科研院所、高校以及冷链物流企业在冷藏运输环节信息化建设方面都开展了不同方向的应用与学术研究,主要包括配送路径动态优化、配送信息实时追踪与反馈,运营策略优化以及储运管理系统智能化等。另外,随着信息化程度的不断提高,大数据与云计算技术在冷链物流各个环节中的应用也得到了政府部门和企业的很大重视与认可,对海量数据的挖掘、处理与分析,对增强冷链物流企业管理决策力、洞察力以及流程优化能力具有十分重要的意义,同时也为农产品冷链物流中物联网的建设与发展提供了信息平台。特别是大数据与云计算技术在冷藏运输环节中的应用,对于搭建云平台,实现冷藏车厢微环境智能化、可视化温湿度监管与调控,最优配送路径的动态选取与故障预测等具有关键性的意义,可为提升农产品储运效率、稳定冷藏车厢微环境、延长农产品货架期以及减少农产品储运损耗提供重要保障。目前,针对多目标最优配送路径选取问题,大部分相关模型算法的构建与应用都是利用加权求和方式将多目标寻优问题转化为单目标寻优问题,然而在实际配送过程中,特别是在时间窗口限制的情况下,多个目标之间存在彼此冲突或决策者的侧重点不同,单纯利用加权求和方式将多目标寻优问题转化为单目标寻优问题并不能获取唯一的最优配送路径解,因此,基于群体智能算法真正解决最优配送路径多目标寻优问题,以及依据不同目标侧重点获取所有最优解应作为后续进一步研究的方向[8]。

  农产品在销售阶段仍要对其进行温度监控,确保其始终处于适宜低温环境以维持农产品品质,进而提升市场竞争力。农产品销售阶段信息化建设可有效提升农产品的透明性和可追溯性,也有益于射频识别(radio frequency identification,RFID)标签、包装材料等可循环利用材料的回收,同时消费者也可以通过手机终端等查询货物在整个冷链物流流通中的温度变化历史记录等相关信息,以提高农产品食用安全性和消费者满意度。随着国内大宗农产品电子商务交易平台(农产品集购网)的对外发布,农产品销售更具个性化,更适应现代消费者生活方式的需求,也带动了农产品销售的标准化、集约化、规模化、品牌化以及网络化发展。农产品电子商务交易是一种新型的线上线下商务(online to offline,O2O)模式,直接实现了农户或企业与消费者间的线上线下交易,打破了农产品销售环节的空间、地域以及时间的限制,不仅减少了一些中间周转环节,使得农产品交易成本得到有效降低,提高了农户的收入,也为消费者带来了切实利益。目前,我国农产品电子商务交易模式还处于快速发展阶段,还未形成健全和完善的法律法规体系,交易价格控制、农产品质量与安全追溯、消费者权益维护等方面还不能得到有效保障。为全面促进我国农产品电子商务交易的稳健发展,必须构建完善的法律保护机制。

  随着我国信息技术的快速发展,人工智能、物联网、大数据等新一代信息技术在物流行业中得到广泛应用,成为促进行业发展的核心助力。当前,随着农产品智慧物流被不断提及,各行各业对农产品智慧物流的发展寄予厚望。近年来,物流总额持续上升[9],物流技术、信息技术、"互联网+"技术在运输、分销和其他环节中广泛应用。"无人仓""天狼"等高技术物流设备在智慧仓储中的应用与发展逐渐成熟和完善,同时物流天眼、语音助手等新的冷链技术也在不断融入农产品智慧物流中[10]。此外,一些网络经营商也在积极布局农产品智慧物流,并将其作为未来企业的发展重点。可见,随着物流行业的不断发展,农产品智慧物流将成为我国经济和服务行业发展的关键。当前我国农产品智慧物流还在起步阶段,未来还有很大的发展空间。

1.3 问题剖析

1.3.1 信息化滞后与覆盖率低

目前,我国人均 GDP 已超过 1 万美元,消费者对食品的需求也从"量"转变为"质",这表明我国已步入高品质营养健康食品制造新时代。为实现生鲜食品消费升级,必须推动我国冷链物流转型升级(从粗放型向集约型、精细型、专业型转变)。然而,我国冷链基础设施建设比较薄弱,信息化发展水平较低,透明化监管力度不足,冷链利用率较低,这也是我国生鲜果品流通损耗率较高(高达30%)的主要原因[11,12]。因此,完善我国冷链物流体系,加强冷链物流信息化与标准化建设以及精准弥补各环节短板与突破瓶颈将是实现生鲜果品市场高质量发展的关键举措。

首先,我国冷链物流中小型企业比例较高,企业间信息化发展水平参差不齐,缺乏规范、统一的管理。另外,在信息化建设前期需要投入较高成本,这也是限制中小型企业信息化发展的主要原因之一。因而,国家和政府可通过实施相关优惠政策或给予财政补贴来推动中小型企业信息化建设,改变信息化发展水平不均衡现状。其次,农产品冷链物流信息化覆盖程度较低,冷链企业为有效提升冷链物流效率和降低成本,更看重储藏、运输及配送等具有高经济效益环节的信息化水平,从而忽视了生产、销售及消费等环节的信息化发展,使得农产品供应链中信息化管理"断链"现象频发,各环节信息不能及时共享和交互。因此,实现农产品冷链全过程信息化覆盖是确保农产品质量和安全、实现产供销一体化经营以及实现冷链各环节智能化管控的关键。最后,我国现有冷链物流信息化平台建设以公路运输为主,较少融入铁路、水路及航空等运输路径,这也是形成冷链物流"信息孤岛"现象的主要原因之一,这使得不同冷链物流信息化平台之间信息共享与交互能力不足,进而制约了多模式冷链运输发展及冷链物流效率的提升[13]。冷链物流服务对象是易腐产品,冷链物流信息化在前期需要投入高昂的资金和技术成本,这样才能配置先进的冷藏设施设备,进而提供精准化、智能化和便捷化的冷链物流监管,后期需要对冷链过程进行全程监控,监控不到位则会造成能源过大消耗,使得冷链物流信息化无论在前期建设还是后期实行过程中都损失巨大。

1.3.2 标准不健全与质量安全问题突出

冷链物流行业标准制定与实施,是确保冷链物流全链条规范化、统一化、规模化的关键。《中国冷链物流标准目录手册(2023版)》显示,目前我国冷链标准共计385项,相比2022年增加37项,冷链标准化建设工作稳步推进。然而,《"十四五"冷链物流发展规划》中提到目前我国冷链物流信息化标准体系尚不健全,缺乏数据采集、数据传输、数据分析与处理等方面的技术标准,很大程度上制约了冷链物流信息化的发展速度与发展质量[14,15]。而且,当前相关冷链物流标准的执行力度和监管力度不足,使得大部分标准失去其引导意义。

"小农生产"是我国农业主要的生产方式,表现出生产经营分散、规模化程度低、生产力薄弱、农业自动化能力不足等特点。因而,在农产品生产源头较难实现质量标准化,对农产品冷链物流全程监管成为确保农产品质量和安全的关键。消费者对农产品新鲜度的需求,对农产品冷链运输和仓储过程中农产品质量保障提出了更高要求。物流成本是农产品冷链流通成本的主要组成部分,可通过精包装技术及相关冷链设施设备来减少流通过程中的农产品损失以有效降低农产品流通成本。然而,农产品体积大、单位体积价值低、运输和仓储成本高,物流成本投入方面吸引力不足[16]。冷链物流对设备技术的高要求增加了冷链运输风险,一旦某一过程出现问题,就会降低整个供应链的经济效益。

1.3.3 专业人才缺乏

智慧物流发展需要规模化的专业人才支撑,他们是实现冷链物流信息化体系的推动者。当前冷链物流信息化从业者多为计算机、农业科学、制冷等学科的转型人员,通常缺乏较为系统和全面的冷链物流运营管理知识,高校冷链物流专业设置较少,而企业囿于培养成本对专业化冷链物流人才培养投入不足,致使专业化人才的培养速度和规模无法满足行业发展需求[17,18]。为有效缓解这一现状,需要高校增设冷链物流相关专业,同时与冷链企业保持充分协作,以实现教育资源和企业资源的共享与整合,探索理论与实践并重、知识与能力兼顾的冷链物流人才特色培养模式。

1.4 农产品智慧物流技术框架

智慧物流基于物联网、人工智能、云计算、区块链等现代信息技术,力求达到提升传统物流的数字化、智能化、可视化监控水平与可信溯源的目的。因此,依据物流数字化管理模式,可将农产品智慧物流技术框架分为设备感知层、信息传输层、数据分析层、数据存储层与应用层,具体如图 1-1 所示。

图 1-1　农产品智慧物流技术框架

本章参考文献

[1] 董笑妍. 看会展经济如何带动地方产业转型　中国白沟国际箱包博览会再创新高[J]. 纺织服装周刊, 2018 (25): 38.

[2] 马姗姗. 农产品冷链物流潜力巨大[J]. 中国物流与采购, 2018 (9): 46-47.

[3] 何黎明. 我国智慧物流发展现状及趋势[J]. 中国国情国力, 2017 (12):

9-12.

[4] 沈睿. 破局行业短板 海航冷链布局全程供应链[J]. 中国储运，2018 (11)：86.

[5] 熊涛. 果蔬益生菌发酵关键技术与产业化应用[J]. 饮料工业，2016，19 (5)：71-73.

[6] ZHAO H X, LIU S, TIAN C Q, et al. An overview of current status of cold chain in China[J]. International Journal of Refrigeration，2018，88：483-495.

[7] 李颜峰. 从《报告》看智慧物流新进展[J]. 中国储运，2019 (2)：37-39.

[8] 佚名. 2019智慧物流五大趋势[J]. 珠江水运，2019 (1)：34-36.

[9] 冷易通. 冷链物流发展亟待补齐多重短板[J]. 中国食品工业，2019 (9)：42-43.

[10] 卞宏，王克强. 浅谈我国水产品冷链物流产业的发展趋势[J]. 辽宁经济，2013 (4)：70-71.

[11] 胡亚东，杨兴丽. 水产品冷链物流发展浅议[J]. 河南水产，2011 (1)：37-39.

[12] 张贵彬，刘毅. 大数据和云计算技术在农产品冷链物流信息化中的应用[J]. 环球市场信息导报，2015 (27)：67.

[13] 黄筱，黄业德，史成东. 潍坊现代农业产业园智慧物流模式与系统设计[J]. 经济师，2020 (1)：185-187.

[14] 赵振强，张立涛，胡子博. 新技术时代下农产品智慧供应链构建与运作模式[J]. 商业经济研究，2019 (11)：132-135.

[15] 陈耀庭，黄和亮. 我国生鲜电商"最后一公里"众包配送模式[J]. 中国流通经济，2017，31(2)：10-19.

[16] 伦肇亮，郭秋芳. 农产品电子商务物流的发展模式研究[J]. 世界农业，2017 (8)：106-110.

[17] 李懋. 中铁快运股份有限公司物流发展战略研究[D]. 成都：西南交通大学，2008.

[18] 韩丽敏. 大数据环境下的智慧物流园信息化平台建构[J]. 中国市场，2018 (24)：185-186.

第 2 章
农产品物流环境信息感知与优化技术

2.1 基于传感器的多元环境参数感知技术

2.1.1 环境温湿度感知技术

环境温湿度不仅决定农产品的呼吸作用、蒸腾作用等生命活动,还决定农产品中微生物的生长速度。4~12 ℃的冷藏温度是嗜冷菌和耐热真菌的理想生长温度范围,湿度增加为微生物和真菌的生长提供有利条件,使农产品软化润湿,腐败加快,最佳使用期限缩短。环境温湿度是影响农产品质量安全的重要指标,保持农产品环境温湿度恒定是保证农产品质地、感官以及延长保质期的基本要求。环境温湿度波动可能发生在配送链中的任何环节,操作不当导致包装破损及呼吸作用、蒸腾作用等生命活动都会不同程度影响农产品物流的温湿度环境。因此开发用于实时监测控制农产品的储藏环境温湿度的传感器,对预防农产品腐败、延长农产品保质期至关重要。

温度传感器是指能感受温度并将其转换成可用输出信号的传感器。温度传感器品种繁多,按测量方式可分为接触式和非接触式两大类。接触式温度传感器又称温度计,检测部分与被测对象接触良好,其应用具有一定局限性;非接触式温度传感器的敏感元件与被测对象互不接触,更适合于农产品温度环境监测。农产品智能包装涉及的时间-温度传感器是一种置于农产品包装内部的非接触式传感器,与传统温度传感器原理不同,广泛应用于商业的时间-温度传感器通常选用纸和薄膜作为基材,通过温度变化提供肉眼可见的颜色指示,由不可逆的机械、化学、电化学、酶促反应或微生物产生,采用氧化还原反应原理达到监测环境温度的目的[1]。目前,最为人熟知的一种时间-温度传感器是由美国 TempTime 公司生产的 Fresh Check 标签,由无色乙炔单体薄片固态聚合而成,能随时间推移逐渐变成有色不透明聚合物,而变色速率取决于传感器所处的环境温度[2]。

湿度传感器是一种用于测量环境中湿度的设备,传统湿度传感器的工作原理主要基于湿敏效应,广泛应用于商业的湿度传感器分为电容式和电阻式两种。电容式湿度传感器利用介电常数随湿度的变化而变化来测量湿度,被测湿度会影响电容,介电常数值随之变化,可通过测量介电常数变化来计算被测湿度。电阻式湿度传感器利用材料电阻随湿度的变化而变化来测量湿度,被测湿度会影响电阻,电阻值随之变化,可通过测量电阻变化来计算被测湿度。与传统湿度传感器不同,农产品智能包装采用的湿度传感器中,用于农产品质量指示的无线湿度传感标签使用纸板、涤纶树脂等低成本材料作为基材,传感器基板吸收水蒸气导致介电常数变化,从而使湿度传感标签的谐振频率改变,可用于20%~70%湿度水平的检测[3]。目前,湿度传感技术广泛应用于农产品,保持农产品包装内部干燥以避免质量下降,同时能够控制受湿度影响的生鲜农产品生命活动。而纸基湿度传感器则可保持高灵敏度和合理响应时间,是一种低成本可规模化应用的方案[4]。

2.1.2 氧气与二氧化碳含量感知技术

氧气是一种无色无味的气体,空气中含量(体积分数)约21%,农产品贮藏运输过程中,过高的氧气浓度会加快农产品的呼吸作用,使农产品发生氧化和褐变等反应,缩短农产品货架期,造成巨大经济损失。二氧化碳同样是一种无色无味的气体,空气中含量低于0.1%,是农产品呼吸作用的产物,高二氧化碳浓度的贮藏环境能够形成低氧环境,抑制细菌和真菌的生长,二氧化碳的积累会改变某些微生物膜的渗透性,如对于易引起农产品腐败的假单胞菌属革兰氏阴性菌,其生长和代谢受到二氧化碳的抑制作用,同时二氧化碳与水蒸气易形成酸性环境,加快农产品的腐败,因此二氧化碳浓度是影响农产品质量安全的重要指标[5]。农产品储运贮藏环境中,不同气体含量对农产品品质和货架期具有重要意义,目前,许多技术通过改变农产品贮藏环境的气体含量来延长农产品货架期,如气调包装等。气调包装是指将包装内部抽成真空状态,充入一定配比的氮气、氧气和二氧化碳的气体混合物。不同农产品气调包装的气体混合物配比不同,将储运贮藏环境中气体浓度改变成不同于空气,可以达到延长农产品货架期的目的。研究新型气体传感器,监测并控制农产品储运贮藏环境中氧气和二氧化碳气体浓度,对于延长农产品保质期至关重要。

氧气传感器是指能感受氧气浓度并将其转换成可用输出信号的传感器。目前,用于监测农产品氧气浓度变化的氧气传感器主要有发光分子探针[6]、比色指示剂[7]、光活化染料指示剂[8]。其中,发光分子探针通常被包覆在气体和离子可渗透的材料或有机聚合物中,以薄膜形式使用,但其缺乏明显可辨别的响应性,人眼无法识别,需要使用昂贵的光氧分析仪器识别,增加了监测农产品环境氧气浓度的成本[9]。比色指示剂传感器是基于简单的氧化还原反应原理制成的,由氧化还原染料和强还原剂组成的比色指示剂,在低氧环境中呈无色,暴露在氧气含量超过21%的环境中时显色,可用于农产品包装内部,判断包装是否破损或出现泄漏[10]。而基于氧化还原染料的光活化染料指示剂传感器在气调包装中用紫外光或可见光照射即可激活,而在正常储存过程中不会发生反应[11]。但这种光活化染料指示剂的油墨通常不是可食用级别的,涂覆在农产品包装薄膜的内侧,与包装内部水蒸气接触时容易发生迁移,污染农产品,造成潜在的健康危害,未来需要开发新型的聚合物包覆材料,使其能与氧化还原染料更好地结合,防止染料与水的浸出[12]。

二氧化碳传感器是指能感受二氧化碳浓度并将其转换成可用输出信号的传感器。二氧化碳传感器种类很多,按照原理分为热导式、密度计式、辐射吸收式、电导式、化学吸收式、电化学式、色谱式、质谱式、红外光学式等。目前,用于监测农产品环境二氧化碳浓度的传感器主要分为两类:基于发光指示剂原理的二氧化碳传感器和基于pH值指示剂的二氧化碳传感器。基于发光指示剂原理的二氧化碳传感器包括荧光二氧化碳传感器、干式光学二氧化碳传感器等[13,14]。荧光二氧化碳传感器以薄膜和有机硅为基材,荧光或比色指示剂安装在可渗透膜内,通过荧光方法指示二氧化碳浓度,尽管发光染料具有高精度,但大部分发光染料是有害的,且精度和灵敏度不稳定,造成其使用受到限制,在农产品储运贮藏环境中,需要严格控制避免其与农产品接触。因此,二氧化碳传感器的研究重点主要集中在基于pH值指示剂的传感器上,这种传感器通常由pH电极、选择性参比电极和二氧化碳气体可渗透膜组成[15]。

2.1.3 乙烯及其他微量气体感知技术

乙烯是一种植物内源激素,生鲜农产品特别是果蔬在储运贮藏过程中释放大量乙烯,促使果蔬成熟,缩短果蔬贮藏货架期,研发乙烯传感器对果蔬保鲜至关重要。肉类和水产品内含有大量微生物,容易滋生病原微生物并会释放出三甲胺(TMA)、二甲胺(DMA)和氨、组胺、腐胺、醛类、硫化物等微量物质,这些微量物质能够反映微生物的生长情况,研发微量气体感知传感器对肉类、水产品保鲜至关重要。

乙烯传感器是指能感受乙烯浓度并将其转换成可用输出信号的传感器,其能够监测贮藏环境中使果实成熟的激素乙烯。常用乙烯传感器采用色谱和光谱技术,但这些检测技术存在成本高、设备体积较大和检测时间较长等缺点。2012年,麻省理工学院实验室开发的乙烯传感器中含有数万个碳纳米管阵列,这些碳纳米管允许电子沿着它们流动,研究人员添加了铜原子,减缓了电子的流动速度,当乙烯存在时,它会与铜原子结合,使电子的流动速度更慢,测量这种速度变化情况可以揭示乙烯的含量,能检测到的乙烯含量(体积分数)低至十亿分之500。化学电阻式乙烯传感器具有体积小、灵敏度高以及成本低等优点,有望满足未来农业对乙烯实时监测的需要。

微量气体传感器是指能够感受微量气体浓度并将其转换成可用输出信号的传感器,能够监测农产品环境中微量气体含量。常用微量气体传感器包括基于化学物质的比色检测器,为嵌入式农产品包装的实时传感提供有效的解决方案[16]。Morsy等[17]研制微量气体传感器,使用对16种化合物具有响应性的比色探针,通过比色可检测出三甲胺、二甲胺、尸胺和腐胺等食物腐败化合物,不会指示水产品中存在的己醛等化学物质。除了比色分析外,电化学传感器也可用于检测挥发性胺,Bhadra等[18]通过监测周围环境中挥发物浓度谐振频率的变化进行氨气浓度的无源检测,能够监测碱性挥发物浓度的pH值电极无源传感器的检测限(limit of detection,LOD)达0.001 mg/L,可成功检测农产品运输过程中微量气体。

2.2 基于计算流体力学的多场耦合模拟感知技术

2.2.1 风速场模拟感知技术

农产品冷链物流是以制冷技术为手段的低温物流过程,冷藏车厢、冷库和冷藏柜内部风速场影响环境温度的均匀性、制冷能耗等,研究农产品贮藏运输环境冷库、冷藏车中的风速场能够为农产品在冷库、冷藏车内的堆栈、排列摆放等提供参考性建议,对避免农产品质量损失、降低能耗具有重要意义。传统实验消耗大量人力物力,造成极大资源浪费,数值模拟仿真方法能够避免资源浪费,依靠计算机强大的运算功能进行数值模拟仿真可为冷库、冷藏车内风速场研究提供有效解决方案[19]。计算流体力学能够用有限元数值模拟方法求解非线性质量、能量、组分、动量以及自定义的标量微分方程组,预测流动、传热、传质等细节,是装置优化和放大定量设计的有力工具[20]。计算流体力学还能应用于冷链物流风速场计算,模拟预测小型冷库风速场,能够有效降低风速实验成本,优化冷库、冷藏车内的风速场,减少不必要的能量消耗,为保障整体冷链物流农产品质量安全和提高经济效益提供可靠的理论支持[21,22]。

众多学者研究风速场模拟感知技术并获得巨大进展。吴天、谢晶等利用计算流体力学二维湍流模型模拟果品在冷库内部气流流动类型,得到冷库内风速场分布,为冷库结构优化设计提供了可靠的理论参考[23,24]。杨磊等[25]以空冷库为研究对象,排除货物、货架对内部气流流动的干扰,进行冷库预冷降温过程中风速场和温度场的数值模拟与实验研究,研究结果为库体、风机等结构优化设计,以及风速优化提供了可靠的理论支持。Hoang等[26]利用湍流模型在稳态下模拟预测农产品冷库内气流流动类型,模型中风速模拟值和实际测量值误差为26%~28.5%,通过改进更新湍流模型,考虑室内热传递、自然对流、水分蒸发和凝聚等现象进一步提高了冷库内风速场的模拟准确率。Nahor等[27]利用瞬态三维模型分别模拟空库和装载货物的冷库内空气流动和传热传质过程,模拟空库环境中的风速场和温度场,结果显示在空冷库内,接近顶部和地板的风速比较大,中部风速较小,在装载货物的冷库内,货物顶部、侧墙和地板上的风速较大,有微弱冷空气穿过货物间空隙,风速模拟值与实测值的误差为20.4%~22%,证明了模拟过程的准确性与可行性。

作为农产品供应链最后环节,销售环节的风幕式冷藏柜被广泛应用于超市、商店等场所。冷藏柜有封闭式和风幕式两种,风幕式冷藏柜中风幕是分离冷藏柜内外环境的屏障,是维持内部低温环境的冷气来源。冷藏柜内部受外界气流影响较大,影响内部气流温度分布的因素较多且相互耦合,风幕出口风速和温度、外界环境温湿度、产品数量、产品摆放方式、产品初始温度等都会对冷藏柜内部温度产生影响,使精确模拟冷藏柜内部环境十分复杂。风幕式冷藏柜是农产品供应链研究中的薄弱环节,了解风幕式冷藏柜内部气流流动类型能够实现风幕式冷藏柜结构优化,降低能量损失,提高农产品供应链的健壮性[28]。Giovanni等[29]利用计算流体力学二维模型模拟风幕式冷藏柜内部空气流动类型以及速度分布情况,模拟值与实测值吻合,为冷藏柜结构优化提供了理论参考价值。Gaspar等[30]利用计算流体力学三维模型模拟冷藏柜内的空气流动分布情况,结果表明水平方向的空气流振幅和长度,以及通过回流风幕的空气温度、速度不均匀,对冷藏柜内部温差和设备的冷却性能有很大影响。Yu等[31]结合计算流体力学数值模拟给出快速、精确计算冷库内空气流动参数的方法。Cao等[32]利用双流体冷却损失模型和支持向量机算法,确定影响风幕冷却损失因素间的相互关系,结果表明,风幕提供的温度越低,能量损失越大,为风幕结构优化设计提供了依据和参考。

2.2.2 温度场模拟感知技术

温度是影响农产品储运过程最重要的环境因素之一,是冷链物流中最重要的参数指标。针对果蔬类农产品,储运环境温度越高,呼吸作用等生命活动越强,质量损失越大,储运环境温度过低,则容易发生冷害现象。针对肉类农产品,温度会影响酶活性以及微生物的生长,低温环境能够降低酶活性,抑制微生物的生长代谢,从而延长肉类农产品货架期。因此,储运环境温度对农产品品质、货架期具有重大影响,研究农产品储运环境温度场分布对冷链物流具有重要意义。运用计算流体力学模拟预测冷库、冷藏车内部温度场分布,能够避免实验造成的农产品浪费,得到更多种类不同冷库、冷藏车内温度场分布,为农产品运输过程实际应用提供更多参考价值。果蔬类农产品在冷链运输中,新陈代谢产生呼吸热,个体直径、孔隙度大小和冷库内部温度会影响产品间的热量传递和水分损失。Chourasia 等[33]将冷库内马铃薯视为多孔介质,利用计算流体力学模拟不同冷库内货物间的热量传递和水分损失变化情况,结果表明随孔隙度和土豆直径增大,冷却时间缩短,水分损失降低,提高室内温度将导致马铃薯呼吸速率加快,冷却时间延长,水分损失升高,与实验数据对比,马铃薯温度平均误差为 0.5 ℃。Chourasia 等[34]利用计算流体力学模拟商业冷库内货物堆栈的宽高比、体积,农产品冷链货物间的水平和垂直空隙对整体平均温度和冷却时间具有重要影响,数值模拟结果与实测值的平均偏差为(1.4±0.98)℃。研究结果表明,冷库中农产品平均温度随堆栈宽高比的增大而降低,冷却时间则缩短,然而体积和高度呈相反趋势,宽度没有明显影响,当堆栈货物水平空隙超过 0.05 m 时,货物的平均温度和所需冷却时间没有明显变化。

农产品冷链运输过程中冷藏车内外空气的热交换、农产品堆栈方式、制冷风机出口温度和风速等都会对冷藏车内部温度产生影响。冷藏车厢内部热源主要来自外界空气渗透和生鲜农产品的呼吸作用,对流传热是影响温度分布均匀性的主要因素[35]。为了了解农产品冷藏车内温度分布规律,增强冷藏车内温度分布均匀性,Moureh 等[36]利用计算流体力学建立三维车厢模型,利用 $k\text{-}\varepsilon$ 湍流模型和雷诺应力模型(RSM)模拟预测车厢内部温度分布情况,以期提高和优化车厢内温度分布均匀性,结果表明,与 $k\text{-}\varepsilon$ 湍流模型相比,雷诺应力模型能更好地预测温度场分布,模拟结果与实验测试结果更加相近。冷藏车内制冷机组一般安装在车厢前部,由于冷藏车内空气和农产品阻力,冷空气不能直接抵达车厢尾部,导致前部风速大、温度低,尾部通风弱、温度较高,致使前后货物温差较大,内部温度场分布极不均匀,直接提高制冷风机速度,加大通风量,将导致车厢内温度场更加不均匀,车厢前部农产品局部低温而后部农产品无法降温,不利于货物长时间运输。Moureh等[37]为提高冷藏车厢尾部通风量,提高整个车厢内部温度均匀性,沿车厢方向增加了不同长度的气流管道,结果表明,气流管道可显著提高尾部冷气通风量,车厢内前部和尾部温差降低,更有利于货物安全运输,延长易腐食品货架期。郭嘉明等[38]以基于差压原理制冷的运输车厢为研究对象,利用计算流体力学模拟农产品在不同堆栈方式下,车厢内纵截面、横截面以及货物表面的温度分布情况,模拟值与实测值平均温度偏差均不超过1.5 ℃,研究结果对冷藏车内合理布置、农产品堆栈方式和厢体结构优化设计等具有一定参考价值。韩佳伟等[39]利用计算流体力学模拟不同的冷却温度,得到不同冷却时间下车厢内温度场的分布情况,结合制冷风机功率和货物最佳冷藏温度,得出运输过程中最佳制冷风机温度和冷却时间节能组合。该项研究通过模拟方法实现节能减排,减少了不必要的能量消耗,节约了实验成本,降低了运输过程中由温度场分布不均匀导致的农产品损失,提高了农产品冷链运输的整体经济效益。

2.2.3 湿度场模拟感知技术

湿度是影响农产品储运过程的重要环境因素之一,对于果蔬类农产品,湿度能够影响其蒸腾作用,改变农产品的水分损失及重量损失,对于肉类农产品,湿度能够影响其有害微生物的生长繁殖,对农产品品质安全具有重大影响。将计算流体力学应用于农产品湿度场模拟,能够有效降低实验成本,快速获得农产品在冷链储运过程中的湿度数据。Delele等[40]以带有加湿系统的冷藏室为研究对象,利用计算流体力学模拟加湿系统打开或关闭,将冷藏室内农产品区视为多孔介质,得到室内湿度场分布以及水滴的沉积情况,结果表明室内压力喷头位置对农产品具有很大影响,正确安装喷头对冷藏室内湿度场均匀分布和减少水滴沉积具有重要意义。杨巧银等[41]通过建立西安某气调库传热、传质数学物理模型,采用计算流体力学方法模拟气调库内湿度场分布,根据加湿器运行时冷库内相对湿度分布,得到改善库内湿环境的方案。

2.3 基于环境信息感知的物流场景优化技术

2.3.1 预冷环境

鲜活农产品产后损耗大,农产品产地预冷能够有效解决农产品最先一公里问题,为解决农产品最后一公里问题奠定坚实基础[42]。预冷是水果蔬菜等生鲜农产品冷加工中的常用方法,果蔬作为生鲜农产品,是有生命的机体,采摘前,果蔬与植物母体相连,呼吸作用和蒸腾作用等生命活动造成的损失可以由母体从根部吸收水分、矿物质以及光合作用产物来弥补,采摘后,果蔬无法再从母体获得营养物质,如果不及时处理,其衰老和恶化就会加快。经过预冷处理的鲜活农产品能够迅速去除田间热,降低呼吸作用和蒸腾作用等生命活动,减少乙烯和二氧化碳的排放,可保障农产品质量安全,有效延缓农产品衰老过程,增大农产品运输半径和销售范围。除此之外,预冷能够提高农产品的低温敏感性,增强其对抗低温冲击的能力,推迟并减轻农产品冷害。预冷处理后的农产品可以不受库存量空间比例的限制,而没经预冷处理的农产品贮存量不能超过库容量的15%。鲜活农产品预冷降温到适当温度能够减轻后续冷藏环节制冷设备的制冷负荷,大大降低流通过程损耗,对优化农产品产业链以及促进鲜活农产品销售等具有重要意义。预冷强化了农产品产地初加工,优化和完善了农产品整个产业链,充分发挥了冷链物流对农产品的支撑和保障作用,农产品产地初加工能够大幅度减少城市果蔬垃圾,提供居民放心菜,提高消费者满意度[43]。

Shewfelt[44]的研究表明预冷对呼吸作用旺盛的果蔬类产品至关重要。Sullivan 等[45]研究发现对于鲜活农产品,预冷是最有效、成本最低的保鲜方法。Baird 等[46]研究表明预冷是整个冷链环节中最重要的一环,并给出了散装货物热量传导的计算方法。预冷需要考虑不同种类农产品的特有属性,这关系预冷方法的选择、预冷的完成时间、预冷的能耗等。对于草莓、葡萄、樱桃、生菜、胡萝卜等品种,采收后早一天进行预冷处理,可以延长储藏期半个月至一个月,但是马铃薯、洋葱等品种由于收货前生长,收货时容易破皮、碰伤,因此需要在常温下愈伤呼吸后再进行预冷。需要注意果蔬类农产品预冷温度不能低于冷害临界值,否则会破坏果蔬类农产品正常生理机能,出现冷害。丁艳[47]研究了不同预冷时间对生鲜农产品贮藏品质的影响,对番茄、黄瓜、西葫芦、蒜薹四种生鲜农产品进行预冷实验,结果表明预冷处理后农产品贮藏品质优于未经处理的农产品,整体来看,10 h 预冷时间的农产品贮藏品质优于 20 h 预冷时间的农产品贮藏品质。预冷也是短期保存肉类的有效手段。目前,国内外关注的冷鲜肉,又称冷却排酸肉,就是严格执行兽医检疫制度,对屠宰后猪肉胴体迅速进行冷却处理,使胴体温度在 24 h 内降到 0~4 ℃,并在后续加工、流通和销售中始终保持 0~4 ℃范围的生鲜肉。陆昌华等[48]对猪肉预冷过程进行优化分析并得到了很好的优化结果。

生鲜农产品采用的预冷方法主要包括真空预冷、空气预冷、冷水预冷和碎冰预冷等[49]。不同预冷方式适用于不同农产品,真空预冷主要适用于鱼、水果和蔬菜,空气预冷主要适用于肉、禽、蛋、水果和蔬菜,冷水预冷和碎冰预冷主要适用于禽、鱼、水果和蔬菜[50]。

真空预冷又称减压冷却,是通过制造低压环境强迫水分从食品表面和内部快速蒸发以获取冷量的一种快速制冷技术,原理是水在不同压力下有不同沸点,生鲜农产品中的水在沸腾汽化时会吸收热量,从而达到预冷目的。收获后的蔬菜经挑选、整理,装入打孔塑料箱内,推入真空槽关闭槽门,开动真空泵和制冷机,当真空槽内压力下降至 0.66 Pa 时,水在 1 ℃下沸腾,需吸收 2496 kJ/kg 的热量,大量汽化热使蔬菜本身温度迅速下降至 1 ℃。针对生鲜蔬菜,叶维等[51]研究了真空预冷双孢菇及其贮藏保鲜工艺,真空预冷是预冷速度最快的方法。张川等[52]研究了真空预冷结合不同贮藏压力对韭菜品质的影响,得到贮藏的最优压力。廖彩虎等[53]研究了真空预冷条件对鲜切莲藕品质的影响,真空预冷同样是预冷速度最快的方法,预冷时间虽然因蔬菜种类不同而具有差异,但果蔬的真空预冷时间基本保持在 20~30 min,压差式预冷方式需 4~6 h,通风预冷需要 12 h,冷藏间预冷需要 15~24 h。针对肉类产品,唐亚楠等[54]研究了真空预冷对新鲜猪肉的品质影响。真空预冷具有冷却速度快、冷却均匀、品质高、保鲜期长、损耗小、干净卫生、操作方便、可包装后预冷等优点,但存在成本高昂、初次设备投资大、运行费用高等缺点[55]。

空气预冷包括冷藏间预冷、通风预冷和压差式预冷。冷藏间预冷是指农产品放置于冷库内预冷,又称室内预冷,主要以冷藏为目的,库内由自然对流或小风量风机送风,操作简单,成本较低,但预冷速度慢,冷却时间长且不均匀,冷却对象有限,一般只限于苹果、梨等产品,不适用于易腐和成分变化快的水果蔬菜。通风预冷又称空气加压式冷却,配置了较大风量、风压的风机,因此又称强制通风预冷,这种方式冷却速率比冷藏间预冷快,但不如压差式预冷。压差式预冷是指把农产品按特殊的方式堆放在仓库的专用容器里,用风机使容器的两端产生压差,冷风通过容器内壁实现农产品冷却。压差式预冷常用于水果或非叶菜类蔬菜,国内很多学者对压差式预冷进行了研究,并利用计算流体力学模拟分析压差式预冷环境下的温度场、风速场分布。杨洲等[56]模拟荔枝压差式预冷,得到包装箱内气流场和温度场分布,李健等[57]研究枇杷经过涂膜处理后压差式预冷,得到其预冷时间和预冷效果,高恩元等[58]研究开孔面积和包装方式对甜玉米压差式预冷效果的影响,季阿敏等[59]研究番茄压差式预冷理论模拟与实验,将模拟结果与实验结果对比得到类似效果,金滔等[60]研究苹果垂直送风式压差式预冷模拟,分析环境温度场和风速场,贾连文等[61]模拟不同送风方式下樱桃压差式预冷后的风速场,得到预冷过程中最优送风方式。压差式预冷具有冷却速率快、冷却均匀、能耗小、可冷却品种多等优点,但存在农产品干耗较大、货物堆放麻烦、冷库用率低等缺点。

冷水预冷采用 $0 \sim 3\ ℃$ 低温水作为媒介,冷水淋在农产品上或把农产品浸在冷水中,使被冷却农产品冷却到要求温度。水与空气相比,热容量大,冷却效果好,不仅能使农产品迅速冷却,还具有冷却均匀、加工时间短、加工能力大、干净卫生、抑制细菌及霉菌等微生物的优点。冷水预冷设备通常包括喷水式、浸渍式和混合式三种。

碎冰预冷采用冰作为媒介,冰是优良的冷却介质,冰融化成水,会吸收 $334\ J/g$ 的相变潜热。用碎冰冷却农产品时,碎冰与生鲜农产品直接接触,冰在融化时吸收农产品热量而使农产品冷却,主要应用于水产品的冷却,也可以应用于蔬菜和水果。此方法操作简单,成本低,但冷却速率较慢,为提高碎冰冷却效果,应尽量使用细碎冰,以增加冰与农产品的接触面积。

2.3.2 存储环境

存储是生鲜农产品物流中的重要环节,我国生鲜农产品在整个冷链环节的损失率高达 $25\% \sim 30\%$,建立良好的农产品存储环境具有重要意义。生鲜农产品是人类生活的必需品,生产和收获具有明显季节性,且具有易损伤、易腐烂、产地区域偏等特点,因此在冷链各个环节都需要较高的条件要求,使生鲜农产品在存储环节的损耗降到最低。对于在某个环节中停止维持低温环境、恢复常温环境的生鲜农产品,其会加速变质和腐败,影响每个环节的协调和配合,因此整合我国区域性产业链具有必要性。流通的各节点需要根据销售区域进行不同存储活动,智能化存储能够减少生鲜农产品物流过程中的不合理流动和不合理工作次数,提高生鲜农产品的流通效率,从而降低生鲜农产品的物流成本。生鲜农产品的生产者和消费者的地理位置分布具有不平衡性,生鲜农产品仓库需要靠近消费者生活的区域,以避免生鲜农产品供应出现"断链"现象,应发挥仓库的空间利用价值,降低仓库中不合理损耗和人力损耗,降低仓储环节的成本和费用,有效降低流通成本,加速物资的流通,节约物流费用,提升生鲜农产品的经营效益。

低温仓储设施组成结构包括冷间、冷库辅助设施、冷库配套设施、控制系统。冷库辅助设施包括制冷机房、设备间、配电室、锅炉房和水泵房。冷库配套设施包括冷库门、门帘和门斗、空气幕和货物装卸设施等。冷库制冷系统运行情况由温度、湿度、压力、压差、液位等参数反映。冷库设计应包括容量设计、热计算、隔热和防潮设计以及节能设计。冷库运营管理包括操作管理、卫生管理、安全管理以及库存管理。库存管理包括安全库存管理、储备库存管理和进出货量管理。生鲜农产品种类繁多，不同生鲜农产品货架期不同，存储环境也不同，应统计各类农产品的适宜存储温度，根据不同农产品设计不同存储环境，保证存储环境的差异性，改进仓储冷藏技术，保证不同农产品在全冷链环节保持适宜的贮藏温度，避免高温导致生鲜农产品损失。针对农产品冷库库存管理，应制定合理库存管理模式，提升保鲜制冷技术，保持冷库的环境稳定性。冷库管理人员要在满足消费者对生鲜农产品需求的同时，根据经济市场的需求预测生鲜农产品的市场，减轻仓储压力。同时，冷库管理人员需要加强生鲜农产品库存与贮藏环境管理，加强生鲜农产品进出库的检查力度及库内的实时监测，及时发现农产品变质腐败情况，清除变质产品，防止产生不良影响，对仓库存放农产品的生产日期和保质期等信息应了如指掌，以免因农产品过期造成损失。冷库管理人员需要掌握各类生鲜农产品的仓储要求和操作流程，规范生鲜农产品仓储库存管理，综合考虑多方面因素，借助地理信息系统（GIS）技术、大数据技术、物联网技术等新兴现代科学技术构建仓储库存管理信息化系统，科学高效管理仓储生鲜农产品的采摘日期、保质期等信息。为此，冷库管理人员需要学习发达国家先进的生鲜农产品仓储管理办法，引入发达的冷藏设备、仓储保管设备、物流配送设备等，提高仓储管理机械化水平[62]。

在乡村振兴背景下加强仓储管理系统建设，加强生鲜农产品源头的仓储管理网络构建，制定仓储保鲜关键指标参数一体化采集规范，借助互联网自动将鲜活农产品产地、品类、重量、价格、流向等市场流通信息和温度、湿度、气体浓度等贮藏环境信息传输至农业农村部重点农产品市场信息平台农产品仓储保鲜冷链物流信息系统，减小供应链源头生鲜农产品的仓储系统建设标准与实际运行情况之间的差距。依托农村原产地仓储系统建设，立足农村战略价值发展，建设高科技智慧农村，有利于实现农产品最终价值，巩固我国农业产业化的发展，有利于形成规模经济，实现农产品有效进入市场，促进农业主导产品的发展与支柱产业的基地化建设和专业化生产。此外，还应加强生鲜农产品源头产地仓储系统的建设，提升仓储管理的存储技术[62]。

研发果蔬仓储保鲜智能管理系统，集成冷链储运装备信息大数据，研究建立面向冷链储运装备的农产品品质预测模型、供需智能匹配模型、储运资源空间优化模型,系统分为 PC 端与移动端,采用主从备份机制、读写分离机制、分表分库机制实现对冷链大数据的集中快速管理,并针对主流冷链果蔬产品进行货架期预测,预测冷链仓储环节农产品新鲜度指标,给管理者提供预警服务。白铁成等基于物联网技术为农产品设计仓储智能管理系统[63]。仓储智能管理系统是一种基于信息技术的仓库管理系统,应用于生鲜农产品冷链仓储物流企业等机构,可实现对仓库内生鲜农产品的自动化管理、智能化管理和集成化管理,提高生鲜农产品管理效率,优化农产品库存管理,提高农产品追溯能力,从而提高生产效率和客户满意度。仓储智能管理系统避免了人为因素带来的错误和延误,实时监控农产品库存情况,实现农产品全流程追踪,包括农产品来源、出入库等追溯,方便企业进行农产品库存管理和资金周转;实现冷链车辆远程位置跟踪、车辆历史轨迹查询、车厢环境实时监控、订单配货、基于路线优化的订单配载、订单配送状态查询等功能。系统提供产品货架期预测功能,通过内置货架期预测模型,调控冷链环节的温湿度,实现农产品不仅能被安全食用,而且其感官特性基本保持不变。同时提供移动终端版本,通过配套手机 APP,管理人员可以随时随地查看冷库运行和经营情况,对冷库有需求的消费者可以通过 APP 查找附近的冷库租赁服务。

  吴琳娜[64]对农产品冷链仓储智能管理系统进行初步探究,为构建完善农产品物流体系奠定理论基础。宋艳等[65]研究"互联网+"环境下快消类农产品的仓储问题,使仓储智能管理系统进一步完善。结合新型冠状病毒肺炎(现已更名为新型冠状病毒感染)的影响,张喜才[66]对农产品供应链的影响提出应对机制,逐渐加强仓储系统的稳健性。吕利平等[67]研究基于绿色供应链管理的农产品流通模式优化,为农产品仓储的可持续发展提供有力依据。目前,我国已实现应用非接触式自动识别系统(RFID)技术建立数字化库存管理系统,RFID 系统软硬件与库存管理自动控制实现集成,顺畅实现数据识别、数据集成、数据交换、数据存储、数据录入自动化,减少大量人力物力消耗,保证了仓储环节对整个冷链的支撑,对冷库库存实现动态实时控制。当贴有 RFID 标签的货物进出仓库时,出入口处的读写器将自动识读标签,不需要人工扫描就能够实现出入库及移库操作。

  仓储智能管理系统能够根据信息管理系统自动更新存货清单,结合手持终端设备与计算机及货物 RFID 标签,实现数据交互、自动操作以及货物库位的精确对应和完整的出入库移库控制。盘点库存通过 RFID 技术跟踪操作,确定的货物位置更为精确具体,不需要人工检查或扫描条形码,减少了库存盘点工作量和不必要损耗。将温度传感器采集的温度定时写入 RFID 标签的芯片中，实时监测货物温度变化[68]。

目前，我国在农产品存储系统中应用大数据和云计算技术，大大提高了仓储自动化管理水平，实现了仓储条件的自动调节，提高了仓储作业管理效率，节省了库存管理成本。在生鲜农产品托盘和包装上贴 RFID 标签，在冷库出入口处安装智能读取器，减少人工操作，节省出入库作业时间，提高作业效率。对在储货物实现动态感知，在冷库安装各类感应器以感知冷库内货物数量、状态变化，为合理控制库存创造条件。仓储信息管理包括易腐货物管理、仓储配置管理、仓储作业计划管理、仓储作业执行控制、仓储资源管理、异常处理和作业成本管理。易腐货物种类、数量庞大，产品结构复杂，个性化要求较高，易腐货物管理需要库存合理，最大限度利用库房容积，合理安排冷库与冷库及产地与销售点之间衔接过程的装卸作业，保证实现冷链不断链，以及易腐货物的可追溯。

2.3.3 运输环境

运输是生鲜农产品物流的关键组成部分，拥有良好农产品运输环境至关重要。发达国家具有高质量、高产量的农产品，运输环境发挥重要作用。美国拥有庞大、通畅、高效的农产品物流体系，物流基础设施和设备发达，交通运输设施完备，公路、铁路、高速公路建设完善，通信设施和网络发达，农业机械化水平较高[69]。美国农业电子商务发展迅速，农产品物流服务的社会化程度高，农场主通过合作社出售农产品，各种行业协会为农民提供有力支持，代表农民与政府交涉，在农产品产销中发挥积极作用，政府发挥积极调控作用，定期发布全国农场耕地所种植农产品品种、面积、长势、产量等信息来指导农户生产经营[70]。

日本农产品以小单位生产为主，具有完善的物流基础设施，高速公路网、新干线铁路运输网等基础设施完善，农产品市场硬件设施完备，并实行严格的审批制度且具有完备的批发市场法律条例[71]。批发市场配备完善的保管设施、冷风冷藏设施、配送设施、加工设施等，设备与计算机信息处理技术结合，农业合作组织发挥着积极作用，由农协组织担当农产品批发市场的中介单位，将农产品集中统一销售，为广大农民提供可靠保障[72]。

荷兰位于欧洲的中心地区，结合物联网、大数据等计算机技术形成先进农业供应链，建立花卉园艺和农产品电子信息订货系统，向全球消费者提供服务。农产品物流中心、冷冻行业等发展成熟，工作效率高，充分保证农产品的运输、储存和配送服务的高效率[73]。

发达国家的运输环境具有农产品物流公共设施发达、流通网点布局合理、信息化程度高、交易水平高、物流标准化程度高等优点。农产品具有保鲜期短、易腐烂的特点，便利快捷的运输和合理的物流中心对于降低农产品损耗、提高农产品流通交易效率至关重要。发达国家政府注重发挥公共设施服务功能，不断完善基础设施，优化物流中心布局。如欧盟财政每年拨款用于改善农产品冷链物流等相关项目。欧盟各国具有合理的大规模农产品批发市场布局，如荷兰拥有大量靠近农产品种植区域的大型港口，其中鹿特丹港四周高速公路和水路运输网络非常发达，可充分利用交通设施便利优势，迅速便捷地将荷兰新鲜果蔬等农产品运往巴黎、伦敦、香港和东京等世界各大城市[74]。

发达国家的农产品物流信息化程度高，如日本大规模零售店安装自动订货系统，装备完善的信息设施，实现全世界批发市场联网，大大提高了流通效率。生鲜农产品零售服务利用电子网络实现，消费者网上下单，运输公司及时送货上门并保证质量。荷兰花卉园艺中心具有极为先进的拍卖系统和订货系统，为全球消费者提供服务[75,76]。

发达国家的农产品物流协同化、专业化、规模化程度较高，如日本的农协组织、美国的行业协会、荷兰的花卉拍卖协会、瑞典的合作社都是很有影响力的组织，这些组织能够提高农产品交易水平和交易效率，在加快农产品流通中所起的作用至关重要。日本的农协组织分散农户，负责农产品的集中挑选、包装冷藏、销售运输等，极大程度地保护了农产品生产者的利益[77]。

发达国家推行农产品物流标准化，能够提高农产品流通效率，降低农产品流通损耗，如日本已实现包装标准化，形成统一标准的集装箱、包装箱、托盘到运输设备、库房、搬运机械，极大程度地便利了现代化农产品流通。美国利用条形码技术建立追踪系统，使每件农产品都能追溯到生产，使农产品全供应链实现透明化高效管理[78]。

与发达国家相比，我国农产品物流公共设施落后，物流中心布局不合理，农业物流信息化水平较低，交易水平落后，物流标准化程度低，组织化、专业化和规模化程度不高[79]。目前，我国经济发展的不平衡性导致物流企业、物流设施等分布不平衡。发达地区物流活动高度集中，落后地区物流水平发展缓慢，有些区域的冷藏车和冷库数量不能满足生鲜农产品需求。农产品物流市场体系区域发展不平衡，东部沿海省份经济发达，农产品市场流通体制完善，而西部地区经济基础差，农产品物流市场发展滞后。并且我国农产品运输法规建设不完善，规范化程度不高，中间环节多，流通成本高，农产品物流规模小且水平低，运输难度高。应加强冷藏车建设和投入，最大限度避免发生断链现象，减少生鲜农产品运输损耗[80]。

张蓉[81]对新零售时代生鲜农产品"智慧+冷链"物流发展路径进行探究,确定农产品智慧物流运输将成为未来发展趋势。范如国等[82]采用 RFID 标签对生鲜农产品运输时间及零售商与物流商的收益进行分析,结果表明收益仅受到运输时间和 RFID 标签成本影响。孙曦等[83]研究低碳经济环境下农产品运输与配送问题,提出我国农产品运输配送低碳减排发展的合理化建议。郭玲[84]基于多目标综合评价农产品运输模式,针对不同农产品配对最优运输模式,为农产品运输提供参考意见。贺君鹏[85]设计农产品物流运输订单管理系统,在运输环节应用大数据和云计算技术,极大提高生鲜农产品运输效率,实现生鲜农产品的有效流通和运输车辆的及时、准确调度,提高冷藏车的运输效率。陈晓凤等[86]设计基于物联网技术的农产品冷链物流系统,车载数据记录设备或物流监控中心数据服务器能够记录每辆冷藏车每次的行动路线,通过统计和分析得到最佳运行路线,为将来冷链物流车辆运行路线优化提供依据。车辆跟踪管理系统通过集成全球定位系统(GPS)技术和 GIS 技术为运输途中的车辆提供即时定位服务、导航支持,控制冷藏车安全信息、事故信息、运行路线信息和车辆运行速度信息,选择最优运输线路。冷链运输信息中心根据相关运货单,派出合适的车辆和司机,监控包括车辆位置、车辆速度、油耗、车辆装载货的详细状况。刘伟等[87]构建基于 NFC-GPS 的农产品车载温控跟踪系统,通过传感器采集货物温度信息、车辆行驶速度信息、车载冷机运转信息等,司机在车辆终端发现数据异常可及时调整,冷链信息处理中心可以通过 GPS 技术收到车辆信息并进行指示,若出现车辆偏离预定运行路线或其他问题,冷链信息处理中心接到报警信息能够及时调整,保证农产品质量安全。

本章参考文献

[1] ZHANG X S, SUN G G, XIAO X Q, et al. Application of microbial TTIs as smart label for food quality: response mechanism, application and research trends[J]. Trends in Food Science & Technology, 2016, 51: 12-23.

[2] NUIN M, ALFARO B, CRUZ Z, et al. Modelling spoilage of fresh turbot and evaluation of a time-temperature integrator (TTI) label under fluctuating temperature[J]. International Journal of Food Microbiology, 2008, 127(3): 193-199.

[3] FENG Y, XIE L, CHEN Q, et al. Low-cost printed chipless RFID humidity sensor tag for intelligent packaging[J]. IEEE Sensors Journal, 2014, 15(6): 3201-3208.

[4] XIE M Z, WANG L F, DONG L, et al. Low cost paper based LC wireless humidity sensors and distance-insensitive readout system[J]. IEEE Sensors Journal, 2019, 19(12): 4717-4725.

[5] 陈雯钰, 卢立新. 包装内CO_2含量对冷却肉特征微生物生长的影响[J]. 包装工程, 2013, 34(5): 5-9.

[6] YU Y, ZHAO R Y, ZHOU C J, et al. Highly efficient luminescent benzoylimino derivative and fluorescent probe from a photochemical reaction of imidazole as an oxygen sensor[J]. Chemical Communications, 2019, 55(7): 977-980.

[7] LÓPEZ-CARBALLO G, MURIEL-GALET V, HERNÁNDEZ-MUÑOZ P, et al. Chromatic sensor to determine oxygen presence for applications in intelligent packaging[J]. Sensors, 2019, 19(21): 4684.

[8] YU J J, QIN X C, WANG D, et al. Light controlled configurable colorimetric sensing array[J]. Analytical Chemistry, 2019, 91(10): 6632-6637.

[9] 王瑞芳, 高建峰, 陈鹏忠, 等. 基于磷光猝灭的比率式光学氧气探针[J]. 科学通报, 2015, 60(4): 344-355.

[10] WON K, JANG N Y, JEON J. A natural component-based oxygen indicator with in-pack activation for intelligent food packaging[J]. Journal of Agricultural and Food Chemistry, 2016, 64(51): 9675-9679.

[11] DESHWAL G K, PANJAGARI N R, BADOLA R, et al. Characterization of biopolymer-based UV-activated intelligent oxygen indicator for food-packaging applications[J]. Journal of Packaging Technology and Research, 2018, 2(1): 29-43.

[12] 韩国程, 俞朝晖. 基于传感技术的智能食品包装与检测[J]. 数字印刷, 2020(6): 11-20.

[13] PFEIFER D, RUSSEGGER A, KLIMANT I, et al. Green to red emitting BODIPY dyes for fluorescent sensing and imaging of carbon dioxide[J]. Sensors and Actuators, B: Chemical, 2020, 304: 127312.

[14] FERNÁNDEZ-RAMOS M D, AGUAYO-LÓPEZ M L, DE LOS

REYES-BERBEL E, et al. NIR optical carbon dioxide gas sensor based on simple azaBODIPY pH indicators[J]. Analyst, 2019, 144(12): 3870-3877.

[15] SINGH B P, SHUKLA V, LALAWMPUII H, et al. Indicator sensors for monitoring meat quality: a review[J]. Journal of Pharmacognosy and Phytochemistry, 2018, 7(4): 809-812.

[16] POGHOSSIAN A, GEISSLER H, SCHÖNING M J. Rapid methods and sensors for milk quality monitoring and spoilage detection[J]. Biosensors and Bioelectronics, 2019, 140: 111272.

[17] MORSY M K, ZÓR K, KOSTESHA N, et al. Development and validation of a colorimetric sensor array for fish spoilage monitoring[J]. Food Control, 2016, 60: 346-352.

[18] BHADRA S, NARVAEZ C, THOMSON D J, et al. Non-destructive detection of fish spoilage using a wireless basic volatile sensor[J]. Talanta, 2015, 134: 718-723.

[19] SMALE N J, MOUREH J, CORTELLA G. A review of numerical models of airflow in refrigerated food applications[J]. International Journal of Refrigeration, 2006, 29(6): 911-930.

[20] XIE J, QU X H, SHI J Y, et al. Effects of design parameters on flow and temperature fields of a cold store by CFD simulation[J]. Journal of Food Engineering, 2006, 77(2): 355-363.

[21] CHOURASIA M K, GOSWAMI T K. Steady state CFD modeling of airflow, heat transfer and moisture loss in a commercial potato cold store[J]. International Journal of Refrigeration, 2007, 30(4): 672-689.

[22] 赵春江,韩佳伟,杨信廷,等.冷链物流研究中的计算流体力学数值模拟技术[J].农业机械学报,2015,46(3):214-222.

[23] 吴天,谢晶.果品冷藏库气体流场模拟及实验研究[J].流体机械,2006,34(6):9-12.

[24] 谢晶,瞿晓华,徐世琼.冷藏库内气体流场数值模拟与验证[J].农业工程学报,2005,21(2):11-16.

[25] 杨磊,汪小旵.冷藏库预冷降温过程中温度场的数值模拟与试验研究[J].西北农林科技大学学报(自然科学版),2008,36(9):119-223.

[26] HOANG M L, VERBOVEN P, DE BAERDEMAEKER J, et al. Analysis of the air flow in a cold store by means of computational fluid dynamics[J]. International Journal of Refrigeration, 2000, 23(2): 127-140.

[27] NAHOR H B, HOANG M L, VERBOVEN P, et al. CFD model of the airflow, heat and mass transfer in cool store[J]. International Journal of Refrigeration, 2005, 28(3): 368-380.

[28] 蔡芬, 胡平放. 超市内冷藏柜的冷过道效应的数值模拟[J]. 建筑热能通风空调, 2004, 23(5): 93-96.

[29] GIOVANNI C, MARCO M, GIANNI C. CFD simulation of refrigerated display cabinets[J]. International Journal of Refrigeration, 2001, 24(3): 250-260.

[30] GASPAR P D, CARRILHO GONCALVES L C, PITARMA R A. Three-dimensional CFD modelling and analysis of the thermal entrainment in open refrigerated display cabinets[C]//Proceedings of ASME 2008 Heat Transfer Summer Conference Collocated with the Fluids Engineering, Energy Sustainability, and 3rd Energy Nanotechnology Conferences, 2008: 63-73.

[31] YU K Z, DING G L, CHEN T J. A correlation model of thermal entrainment factor for air curtain in a vertical open display cabinet[J]. Applied Thermal Engineering, 2009, 29(14-15): 2904-2913.

[32] CAO Z K, GU B, HAN H, et al. Application of an effective strategy for optimizing the design of air curtains for open vertical refrigerated display cases[J]. International Journal of Thermal Sciences, 2010, 49(6): 976-983.

[33] CHOURASIA M K, GOSWAMI T K. CFD simulation of effects of operating parameters and product on heat transfer and moisture loss in the stack of bagged potatoes[J]. Journal of Food Engineering, 2007, 80(3): 947-960.

[34] CHOURASIA M K, GOSWAMI T K. Simulation of effect of stack dimensions and stacking arrangement on cool-down characteristics of potato in cold store by computational fluid dynamics[J]. Biosystems Engineering, 2007, 96(4): 503-515.

[35] MOUREH J, TAPSOBA S, DERENS E, et al. Air velocity characteristics within vented pallets loaded in a refrigerated vehicle with and without air ducts[J]. International Journal of Refrigeration, 2009, 32(2): 220-234.

[36] MOUREH J, MENIA N, FLICK D. Numerical and experimental study of airflow in a typical refrigerated truck configuration loaded with pallets[J]. Computers and Electronics in Agriculture, 2002, 34(1-3): 25-42.

[37] MOUREH J, FLICK D. Airflow pattern and temperature distribution in a typical refrigerated truck configuration loaded with pallets[J]. International Journal of Refrigeration, 2004, 27(5): 464-474.

[38] 郭嘉明, 吕恩利, 陆华忠, 等. 保鲜运输车果蔬堆码方式对温度场影响的数值模拟[J]. 农业工程学报, 2012, 28(13): 231-236.

[39] 韩佳伟, 赵春江, 杨信廷, 等. 基于CFD数值模拟的冷藏车节能组合方式比较[J]. 农业工程学报, 2013, 29(19): 55-62.

[40] DELELE M A, SCHENK A, TIJSKENS E, et al. Optimization of the humidification of cold stores by pressurized water atomizers based on a multiscale CFD model[J]. Journal of Food Engineering, 2009, 91(2): 228-239.

[41] 杨巧银, 南晓红. 气调库湿度场的CFD模拟及加湿设备的影响研究[J]. 建筑热能通风空调, 2017, 36(3): 55-59.

[42] 刘京. 产地预冷: 农产品"最先一公里"的重要保障[J]. 物流技术与应用, 2017, 22(13): 14-16.

[43] 韦晓洁, 万兴龙, 李雪. 基于农产品"最先一公里"的移动式产地预冷模式[J]. 全国流通经济, 2022(2): 28-30.

[44] SHEWFELT R L. Postharvest treatment for extending the shelf life of fruits and vegetables[J]. Food Technology, 1986, 40(5): 70-89.

[45] SULLIVAN G H, DAVENPORT L R, JULIAN J W. Precooling: key factor for assuring quality in new fresh market vegetable crops[M]. Arlington: ASHS Press, 1996.

[46] BAIRD C D, GAFFNEY J J. Numerical procedure for calculating heat transfer in bulk loads of fruits or vegetables[J]. ASHRAE Transactions, 1976(82): 525-540.

[47] 丁艳.预冷时间对生鲜农产品贮藏品质的影响[J].现代食品科技,2019,35(5):131-136,243.

[48] 陆昌华,何振峰,甘泉,等.猪肉生产过程中质量损耗分析与预冷过程优化[J].江苏农业学报,2015,31(2):468-470.

[49] 何旭东.鲜活农产品产地预冷研究与实践[J].物流科技,2017,40(11):1-4.

[50] BROSNAN T,SUN D W. Precooling techniques and applications for horticultural products—a review[J]. International Journal of Refrigeration,2001,24(2):154-170.

[51] 叶维,李保国.真空预冷双孢菇及其贮藏保鲜工艺[J].食品与发酵工业,2016,42(2):203-207.

[52] 张川,申江.真空预冷结合不同贮藏压力对韭菜品质的影响[J].食品科技,2017,42(3):33-37.

[53] 廖彩虎,单斌,钟瑞敏,等.基于真空预冷条件下的浸渍保鲜对鲜切莲藕品质的影响[J].现代食品科技,2015,31(6):243-248.

[54] 唐亚楠,廖彩虎.真空预冷复合可食性涂膜保鲜技术对新鲜猪肉品质的影响[J].江苏调味副食品,2015(2):34-37.

[55] 冯圣洪,张国强,陈在康,等.果蔬真空预冷技术及其应用分析[J].食品科技,2001(6):21-22.

[56] 杨洲,陈朝海,段洁利,等.荔枝压差预冷包装箱内气流场模拟与试验[J].农业机械学报,2012,43(z1):215-217,201.

[57] 李健,曹建康,姜微波.涂膜处理对芒果压差预冷效果的影响[J].食品科技,2013,38(7):34-37.

[58] 高恩元,刘升,李晓燕,等.开孔面积和包装方式对甜玉米压差预冷效果的影响[J].食品与机械,2013,29(5):179-181.

[59] 季阿敏,郭靖,孟庆海.番茄压差预冷理论模拟与实验[J].哈尔滨商业大学学报(自然科学版),2013,29(1):115-117,124.

[60] 金滔,李博,朱宗升,等.苹果垂直送风式压差预冷性能模拟与分析[J].农业机械学报,2021,52(9):369-375.

[61] 贾连文,贾斌广,王达,等.不同送风方式下樱桃压差预冷的数值模拟[J].保鲜与加工,2019,19(5):1-6.

[62] 罗俊,曹庆楼.绿色冷链物流视角下农产品运输保鲜系统设计[J].物流

科技,2019,42(7):51-52,58.

[63] 白铁成,孟洪兵.基于物联网技术的农产品仓储管理系统设计[J].湖北农业科学,2014,53(5):5:1173-1177.

[64] 吴琳娜.农产品冷链智能仓储管理信息系统的初步研究[J].商场现代化,2017(8):31-32.

[65] 宋艳,刘永悦,袁箐遥."互联网+"环境下快消类农产品的仓储问题研究[J].商业经济,2017(11):76-77.

[66] 张喜才.新冠肺炎疫情对农产品供应链影响及应对机制研究[J].农业经济与管理,2020(4):45-51.

[67] 吕利平,马占峰.基于绿色供应链管理的农产品流通模式优化[J].商业经济研究,2020,(5):116-119.

[68] 谢如鹤,刘广海.冷链物流[M].武汉:华中科技大学出版社,2017.

[69] 万晓宁,孙爱军.中国和印度对美国出口农产品贸易成本的比较研究[J].世界农业,2016(10):143-149.

[70] 梅淑娥.王士岭代表:优先发展农产品冷链物流[J].中国经济信息,2018(6):46.

[71] 杨静,王家敏,刘新素."互联网+"背景下我国生鲜农产品冷链物流发展问题与对策研究[J].中国高新区,2018(18):213.

[72] 陶倩,王旦.发达国家农产品物流系统的建设与经验[J].运输经理世界,2011(6):54-56.

[73] 李艳梅.专业、创新成就荷兰高效园艺产业——荷兰园艺产业之旅见闻(上)[J].中国花卉园艺,2015(11):58-61.

[74] 宗义湘,李先德.农产品出口机遇国别报告之三 荷兰篇 新鲜果蔬潜力巨大[J].WTO经济导刊,2005(3):48-49.

[75] 张燕华.发达国家物流信息化发展现状及对我国的启示[J].企业导报,2012(9):99.

[76] 陈火全,郭东强.发达国家和地区物流信息化平台商业模式研究[J].华中师范大学学报(人文社会科学版),2010(S2):28-31.

[77] 翟红红.发达国家农产品流通模式窥探与经验借鉴[J].商业经济研究,2018(2):1-6.

[78] 陶倩.农产品物流标准化探路[J].物流技术与应用,2011,16(5):50-53.

[79] 潘灿辉.供应链管理中的农产品运输问题与对策研究[J].物流工程与管

理,2019,41(1):79-80.
- [80] 张永亚,张娅丛.新时期农产品运输交通工程建设研究[J].核农学报,2021(8):14-15.
- [81] 张蓉.新零售时代生鲜农产品"智慧+冷链"物流发展路径探究[J].商业经济研究,2022(9):112-115.
- [82] 范如国,王丽丽.RFID对生鲜农产品运输时间及零售商与物流商收益的影响分析[J].技术经济,2011,30(7):118-121.
- [83] 孙曦,杨为民.低碳经济环境下农产品运输与配送问题研究[J].江苏农业科学,2014,42(4):392-395.
- [84] 郭玲.基于多目标综合评价的农产品运输模式研究[J].山东农业大学学报(自然科学版),2015(1):128-131.
- [85] 贺君鹏.农产品物流运输订单管理系统设计[J].农业工程,2018,8(11):40-43.
- [86] 陈晓凤,祝群.基于物联网技术的农产品冷链物流系统设计[J].安顺学院学报,2015,17(6):123-125.
- [87] 刘伟,陈真佳,张永辉.基于NFC_GPS的农产品车载温控跟踪系统的构建[J].电脑知识与技术,2016,12(27):208-210.

第3章
农产品品质信息感知技术

据统计,2020年欧盟浪费了超过1亿吨食品,这其中1/3是农产品。受国际环境影响以及随着粮食需求的增长,预计在2050年,食品浪费将超过2亿吨[1]。然而,可行的监管手段缺乏,导致20%以上仍然可食用的食品被浪费[2];同时,我国农产品的平均腐损率为15%,远远高于欧美等国家5%的农产品腐损率。农产品腐败降低了农产品质量,增加了消费者患食源性疾病的风险,同时严重制约了我国农产品产业的高效发展。据统计,过期食品的使用,使世界范围内每年超过42万人死于食源性疾病[3]。因此,农产品品质安全是重大的民生问题,关系我们每个人的日常生活和身体健康。基于上述情况,本章立足于农产品品质安全信息检测,结合食品安全技术与信息化检测技术,让生产者和消费者可以依靠更准确的食品质量和安全信息,从而最大限度地减少食源性疾病和死亡,有效管理食品供应链,避免饥饿和减少全球食品浪费。

3.1 农产品品质信息概述

3.1.1 农产品品质安全的概念

农产品品质安全是指农产品中不应含有可能损害或威胁人体健康的有毒、有害物质或因素,不可导致消费者急性或慢性毒害或感染疾病,不能产生危及消费者健康及其后代健康的隐患。农产品品质安全信息主要涉及农产品的卫生品质和感官品质这两种品质特征。

1. 卫生品质

凡是由通过摄食进入人体的各种致病因子引起的,通常具有感染性的或中毒性的一类疾病,统称为食源性疾病。引起人类食源性疾病,或者说与人体健康密切相关的品质指标统称为卫生品质。在食用农产品时,其表面的尘土、农药、重金属、亚硝酸盐和微生物数量等超标,都会对人体产生不良的影响,严重时甚至导致疾病或死亡。

卫生品质指标主要包括生物性指标和化学物质指标两类。其中,生物性指标包括细菌、真菌、霉菌、酶和寄生物以及它们的毒素,食品中有害微生物包括沙门氏菌、黄曲霉菌、葡萄球菌等。化学物质指标包括农产品中有危害的化学物质,例如,挥发性盐基氮(total volatile basic nitrogen,TVB-N),以及尸胺、腐胺、组胺和精胺等生物胺,其中,TVB-N 包括氨、三甲胺(TMA)和二甲胺(DMA)等挥发性碱性氮化合物[4]。这些化学物质指标在新鲜的农产品尤其是肉类产品中含量很低,然而,随着贮藏时间的延长,农产品品质信息发生变化,所含的 TVB-N 和生物胺等化学物质指标含量急剧增加,导致食用者发生食源性疾病。除此之外,农产品中残留的农药对人体危害很大。如有机氯农药,经过肠道吸收,会在脂肪含量较高的组织和脏器中蓄积,对人体产生慢性毒害作用,当人体摄入量达到每千克体重 10 mg 时,就会出现中毒现象。有机氯农药主要损害人体的肝、肾和神经系统,引发肝脏和神经细胞的变性,导致贫血、白细胞增多等病变,诱发肝癌。因此,我国对农药的使用和残留量做了全面的规定。

2. 感官品质

感官品质是指通过人体的感觉器官能够感受到的品质指标的总和,也就是通过视觉、触觉、嗅觉、味觉、听觉等感觉器官来评价食品。感官品质一般分为三类:外观、质地、风味。外观因素包括大小、形状、光泽度、新鲜度、透明度、色泽、质地等;质地因素包括软硬程度等;风味因素包括酸、咸、苦、辣、甜等。

感官品质是消费者最能直观感受到的农产品品质,也是目前消费者最为广泛使用的判别农产品好坏的指标。例如,通过农产品的色泽可以判断其成熟或腐败情况;通过气味能辨别农产品的新鲜程度,例如,腐败的肉类产品会散发出恶臭。然而,不同的农产品所具有的感官品质特性各不相同,需要依靠一定的经验才能准确判别。此外,感官品质的判断具有很大的主观性,除非是受过训练的专业人员,否则很难依靠感官品质准确判断农产品的品质。

3.1.2 农产品品质安全的现状

农产品品质安全与经济、民生息息相关。我国有关部门高度重视农产品品质安全与仓储保鲜冷链物流设施建设,发布了《国务院办公厅关于加快发展冷链物流保障食品安全促进消费升级的意见》《关于开展 2018 年流通领域现代供应链体系建设的通知》《中共中央 国务院关于坚持农业农村优先发展做好"三农"工作的若干意见》《中共中央　国务院关于深化改革加强食品安全工作的意见》《中共中央　国务院关于抓好"三农"领域重点工作确保如期实现全面小康的意见》以及《农业农村部关于加快农产品仓储保鲜冷链设施建设的实施意见》等文件,均提出要大力加强生鲜农产品、易腐食品物流品质劣变和腐损的生物学原理及其与物流环境之间的耦合效应等基础性研究;完善全国农产品流通主要网络和冷链物流体系建设;加强农产品冷链物流基础设施网络建设;发展现代农产品冷链仓储物流体系,支持建设一批示范冷链物流基地,从而提升行业规模化、标准化生产水平,促进行业升级转型;鼓励加强物联网、冷链全程探测技术等技术的应用,补齐冷链物流短板。

据不完全统计,全球每年超过1/3的人经历过食源性疾病;每年腹泻病例达15亿,其中70%是直接由生物或化学污染导致的。发展中国家由农产品安全问题造成的死亡人数每年高达300万人,尽管在国家政策的引导和行业标准不断规范、完善的趋势下,这一数字正在逐年下降,但是仍不容小觑。

为确保农产品的品质安全,国际社会建立了一系列监管体系和标准。例如,联合国粮食及农业组织(FAO)与世界卫生组织(WHO)合作发布了《食品法典》(*Codex Alimentarius*),该法典包含了全球食品安全标准和准则。此外,各国也建立了本国的农产品质量监管机构,加强对生产、加工和销售过程的监督。从农田到餐桌的整个供应链,各国目前已经建立了一系列农产品质量监管手段,旨在保障消费者的食品安全,促进农业可持续发展。

具体而言,生产加工阶段,农产品质量安全涉及土壤、水源、农药、化肥和其他农业用品的合理使用;食品加工厂的设备、卫生条件和生产实践环节也关系加工食品的污染和质量问题。此外,食品运输和储存过程是影响其品质安全的重要环节。运输过程中,温度、湿度等环境参数,以及存储环境的卫生标准,都是影响农产品品质安全和货架期的重要因素。最后,市场销售和零售环节是农产品到达消费者手中的"最后一公里",农产品品质信息直接关系消费者食品安全问题。本章所探讨的信息感知技术主要的应用环境为食品储存过程以及销售环节。

3.2　基于新型材料的农产品品质信息感知技术

新鲜度是农产品主要品质信息的体现。新鲜度与农产品的色香味以及营养价值,甚至与是否危害人体健康密切相关。然而,在农产品的储藏、运输、加工以及销售等环节中,农产品一方面受到微生物、酶等的作用,其有机成分发生分解、变质;另一方面,由于温度、湿度等作用,农产品内部也产生许多生化作用,使其成分受到破坏,营养价值下降的同时,产生对人体有害的物质。因此,农产品的新鲜度是其品质安全信息的重要指标之一。检测农产品的新鲜度,对于检测其品质变化,解决目前我国农产品储运现状中的腐损率高、流通量差等问题至关重要。

3.2.1 传统检测方法

用于评估农产品新鲜度的传统检测方法主要分为微生物法、理化分析法和感官评价法三种。农产品的理化指标分析中,主要以质构、色泽、电导率等物理指标和 TVB-N、K 值等化学指标为分析对象。物理指标主要使用质构仪和色差仪等进行分析,但农产品质构分布不均、不同储藏条件对质地存在影响等因素,给测定带来了较大的困难和误差。

K 值的测定(即 ATP 降解产物的测定)则主要采用高效液相色谱法。化学指标虽然能够比较准确地反映新鲜度,但传统的理化测定方法都存在操作烦琐和破坏样品的问题。感官评价法主要利用人的眼、口、鼻、手对农产品的外观色泽、挥发气味、食用味道、黏度和弹性等多种感官性质进行评定。但是,感官评价的结果往往依赖于评判者的个人经验。

对于 TVB-N,我国现行的国家标准《食品安全国家标准 食品中挥发性盐基氮的测定》(GB 5009.228—2016)规定的检测方法主要有三种,分别为半微量定氮法、自动凯氏定氮仪法和微量扩散法。然而,用这几种方法检测 TVB-N 通常需要对检测样品进行预处理,使得操作复杂、测量速度慢,无法实现 TVB-N 的无损快速检测。气相色谱-质谱法(GC-MS)与光谱法的检测设备昂贵、体积大,检测耗时长,难以满足鱼类产品在贮藏运输过程中 TVB-N 的实时在线监测需求[5]。目前在食品品质检测领域被广泛研究的电子鼻、电子舌等电化学法检测手段对单一气体参数针对性不强,难以实现对 TVB-N 的定量检测。水产品储运过程中产生的挥发性化合物成分复杂,且储运环境如温度、湿度的变化也给 TVB-N 的快速无损检测带来困难,因此,TVB-N 的快速无损检测仍然是新鲜度检测领域的一大难题。

纳米技术的发展给新鲜度的无损检测带来了新的发展机遇与挑战。表面官能化、纳米结构和元素掺杂等纳米工程设计,使得提高传感器灵敏度不再是主要问题,但纳米材料离工业化生产还有一定的距离。近年来,越来越多的学者开展了基于新型纳米材料的新鲜度检测方法研究,进一步推动了农产品品质安全信息的检测朝着更高性能、更低成本、更小型化的方向迈进。

3.2.2 电化学检测技术

在肉类新鲜度检测方面,电化学检测技术以挥发性胺类化合物(氨气、二甲胺、三甲胺)以及硫化氢等能够反映新鲜度变化的气体参数指标为检测对象。金属氧化物是构建气敏电极的常见半导体材料,ZnO、TiO_2、In_2O_3 等已经被广泛用于气敏电极的设计与开发[6,7]。以 N 型半导体金属氧化物的气敏电极为例,其以自由电子为载流子导电,在空气中吸附氧气,载流子密度降低,电阻值增加;当 N 型半导体金属氧化物暴露于待测目标气体环境中时,作为还原性气体,氨气为半导体金属氧化物提供导电的自由电子,载流子密度增加,电阻值降低。基于此原理,可通过半导体金属氧化物电阻值的变化来检测氨气的浓度。

值得注意的是,半导体金属氧化物表面积有限,因此其表面吸附的待测目标气体/氧气有限,导致其灵敏度不高;此外,这些基于金属氧化物的氨气敏电极的工作温度通常为 200～300 ℃,过高的工作温度不仅增加能耗,提高传感器的使用成本,而且降低使用寿命。

采用具有高表面积/体积比的纳米材料是提高氨气敏电极灵敏度的有效方法之一。通过控制这些半导体金属氧化物在纳米层级的微观结构,如纳米颗粒、纳米管和纳米簇等,可提高半导体金属氧化物的表面积/体积比,进而使电极对待测目标气体/氧气的活性吸附位点增加,达到提高灵敏度的目的。

此外,构建复合纳米材料体系,通过不同相的材料之间彼此增强作用来改善气敏电极的传感性能,是提高灵敏度、降低工作温度的又一有效方法。纳米复合材料体系兼具组分材料的多种功能,并在一定程度上具有增强效用,从而可克服单一材料的缺陷。例如,在半导体金属氧化物材料中添加贵金属纳米颗粒或稀有金属作为氧化还原反应的催化剂,能有效提高氨气敏电极灵敏度等。与传统单一的半导体金属氧化物氨气敏电极相比,基于复合纳米材料体系构建的氨气敏电极具有更强大的氨气/氧气的吸附和解吸能力,在室温下对 NH_3 也有良好的敏感性[8]。

然而,水蒸气可以吸附在传感器表面上,电化学传感器的检测易受到环境因素如温度、湿度的影响,因此,在使用电化学传感器检测氨气或其他气体时,对传感器的温度和湿度补偿是必要的。此外,受制于半导体金属氧化物检测气体的反应原理,电化学检测法在传感器的选择性方面,面临巨大的挑战。考虑生鲜食品的贮藏与运输环境,这些电极在低温下的氨气检测灵敏度会下降。

3.2.3 量子点荧光探针技术

纳米颗粒由于其小尺寸特性,通常具有独特的光学性质。纳米金颗粒、纳米银颗粒以及量子点等都在特定的尺寸形貌结构下具有荧光特性。与传统荧光染料相比,纳米颗粒的荧光具有发射波长可控、发光效率高、荧光强度强、持久抗光漂白等优点,是有机荧光材料的理想替代品。

量子点(quantum dots,QDs)是一种组成稳定、可溶于水的半导体纳米粒子,通常粒径在 10 nm 以下,量子点的光电特性可以通过调控量子点尺寸、表面修饰基团等来改善和提升[9]。然而,大多数高性能的量子点材料(Ⅱ—Ⅵ族材料或Ⅳ—Ⅵ族材料)通常含有镉或铅等剧毒的元素,会对操作人员和环境造成危害,且不适用于食品领域。碳量子点、石墨烯量子点和大部分的Ⅲ—Ⅴ族材料量子点,如 InP 等的毒性远远小于Ⅱ—Ⅵ族材料和Ⅳ—Ⅵ族材料,已被验证具有生物无毒性和细胞低毒性,目前高性能的碳量子点/碳点(CQDs/CDs)和核壳量子点(如 InP/ZnS QDs)已经能够作为高灵敏度、低毒的荧光探针,实现细胞内的成像和诊断。

CDs 具有优秀的光学性质、抗光漂白性能、水溶性且无生物毒性,近年来在食品领域受到广泛的关注。然而,CDs 也具有选择性差、难以合成大量具有均匀形态的粉末状结构等问题。掺杂其他元素(氮、硫、磷、硼、氟等)是解决这些问题的主要手段[10]。在食品安全检测领域中,基于 CDs 的荧光分析法已被应用于检测食品中的重金属离子、抗生素残留、农药残留、色素等。Xu 等[11]使用毛尖茶作为原料,开发了一种可用于分析废水、茶、大米等复杂样品中 Hg^{2+} 的抗坏血酸增强型 CDs,柠檬酸和抗坏血酸的多羧酸和多羟基结构使该碳量子点具有良好的抗氧化能力和特殊的荧光响应能力。Qian 等[12]制备了一种硅掺杂 CDs(Si-CDs)用于检测三聚氰胺,相对于纯 CDs,Si-CDs 的荧光响应明显增强。利用过氧化氢可以通过电荷转移猝灭 Si-CDs,以及三聚氰胺和过氧化氢之间会形成稳定的加合物并去除 Si-CDs 表面的过氧化氢恢复荧光的特点,该系统既可以检测过氧化氢,也可以检测三聚氰胺。近年来也有一些基于碳点的荧光检测方法,用于检测氨气含量。Yu 等[13]开发了一种基于 CDs 结合顶空-单液滴微萃取(HS-SDME)技术的智能手机双通道纳米探针,用于检测 pH 值和 NH_3 变化。然而这些研究并没有探讨 CDs 对金属离子和挥发性气体的抗干扰性,从而限制了 CDs 在实际样品中的应用。

作为典型的无毒量子点,核壳量子点具有细胞毒性低、生物相容性好、带隙可覆盖整个可见光范围等特点。在核壳量子点常见的核壳结构中,使用的壳层有 GaP、ZnS、ZnSe 与 CdS。壳核包覆结构不仅可提高内核的稳定性与量子产率，而且可降低内核泄漏风险，降低量子点的生物毒性，极大地拓展量子点的应用领域。近年来，越来越多的核壳量子点被用于检测领域。以 InP/ZnS QDs 为例，Ankireddy 和 Kim[14]合成了 L-半胱氨酸修饰的 InP/ZnS QDs，基于 InP/ZnS QDs 针对多巴胺的猝灭机制构建了超灵敏的荧光探针，成功用于生物体内多巴胺的快速检测；该团队还提出了多巴胺封端的 InP/ZnS QDs 荧光探针，并结合微流控芯片技术，成功实现了腺苷的检测[15]。

随着新型纳米材料研究的兴起，由于其在纳米尺度所表现出来的独特性质以及易于合成等优点被广泛应用在环境监测领域，近年来在食品安全领域也体现出良好的应用前景。在实际应用中，面对成分复杂的样品，如何降低共存干扰物影响，提高对目标分析物的选择性与灵敏性仍需进一步研究，对纳米材料进行表面官能化是提高其对特定分析物选择性的主要方法之一。纳米材料可与多种检测技术，如电化学、光学、生物等相结合，使其在食品安全检测领域的应用更加灵活多变，例如，针对不同的食品品质参数，可根据不同待测目标的生物或化学特性，对纳米复合材料体系进行设计与调整，从而提高对待测目标的敏感性。纳米材料在食品安全领域的应用具有光明的前景。然而，现在基于纳米材料的电化学方法或荧光法还多局限于实验室，在实际应用市场中并未普及，市场化是最大也是最后的难关。

3.2.4　基于天然染料的比色分析技术

在肉类产品包装中，随着 TVB-N 浓度的增加，密闭食品环境的 pH 值也会相应增加。基于这一原理，研究人员越来越关注通过加入 pH 敏感的染料来设计比色指示策略，以显著颜色变化指示 pH 值的变化。随着 pH 值的变化，比色指示标签的颜色变化能够有效反映肉类的新鲜程度，让消费者可以通过颜色变化获得新鲜度信息[16]。

在新鲜度比色检测中，通常使用薄膜或比色阵列形式的指示标签。比色指示标签的颜色参数由色度计测量。颜色参数包括 L（亮度）、a（红色-绿色）和 b（黄色-蓝色），用于评估色差（ΔE）。理论上，在理想情况（良好照明条件，测试样本紧邻标准颜色参照）下，肉眼可以观察到较小的差异（ΔE 值为 2）；当 ΔE 值大于 5 时，人眼可以较易查看标签上的颜色差异；而当色差值大于 12 时，即使未经培训的人员也可以识别到明显的差异。

在水产品中，通常初始 pH 值低于 5.61，当 pH 值高于 6.23 时就表明水产品已变质，因此，在 pH 值 5.61～6.23 范围内的酸碱高度敏感的材料，如酚酞、溴甲酚蓝、溴甲酚紫和甲基橙等有机染料被研究人员用于新鲜度的检测[17]。这些指示剂通常能够显示出明显的视觉颜色差异。然而,在新鲜度检测中,这些有机染料通常直接物理固定到基质上,虽然它们不直接接触食品,但由于染料的水溶性以及与基质之间缺乏固体化学结合,可能存在染料迁移到食品中的潜在风险;此外,这些有机染料大多数具有致癌性或潜在的致癌风险,给消费者的健康带来威胁。

因此,出于安全考虑,天然染料逐渐成为研究人员在设计比色指示标签时的首选替代品。天然染料是广泛存在于植物中的化合物,如花青素、姜黄素、叶绿素、微藻色素和茜素等。花青素作为最常用的天然染料之一,广泛存在于葡萄皮、紫甘薯等(蓝色、红色和紫色)颜色鲜艳的叶子、花朵和果实中[18]。随着 pH 值的变化,花青素溶液通常呈现由红色(pH 值为 2～3)到粉红色(pH 值为 5.0～5.5),最后变为绿色(pH 值大于 7)的颜色变化[19]。此外,通过混合不同天然色素,可以提高颜色变化的丰富程度,例如,姜黄素和花青素混合而成的指示标签,相比单一花青素指示标签,其颜色变化更加丰富[20]。

与有机染料相比,天然色素易于获取、安全无毒的特性使得研究人员越来越感兴趣。然而天然色素,尤其是花青素,其稳定性较差,易受光、酶、氧气、pH 值、温度等的影响而降解[21]。研究表明,多糖或多酚可以与花青素进行氢键和静电作用,从而提高其稳定性,因此,在制备指示标签的过程中,添加多糖或多酚有利于提高其稳定性。

3.3 农产品品质信息感知传感器及其在物流中的应用

3.3.1 便携式 TVB-N 传感器

鱼类作为一种富含蛋白质的健康经济食品,在人类日常饮食中扮演着重要的角色[22],本节以鱼类为例,介绍农产品品质信息感知传感器。然而,由于微生物繁殖、酶促作用和其他自溶化学反应,新鲜鱼肉很容易变质[23],这种变质不仅造成经济损失,还增加了消费者患食源性疾病的风险。因此,检测鱼肉的新鲜度并预防其在储运过程中的腐败具有重要意义。

在水产品捕获后,微生物会引起蛋白质氨基酸脱羧[24],进而导致 TVB-N 含量增加。因此,TVB-N 含量通常被认为是评价鱼肉新鲜度的重要指标之一。为了实现鱼肉新鲜度的快速、无损检测,近年来研究人员提出了多种方法,如电化学法[25]、比色法[26]、生物传感器法[27]和荧光法[28]。然而,受气敏机制的限制,这些方法在检测冷藏环境中存储鱼肉的新鲜度方面存在差异[29]。电化学法具有方便、响应时间短的优点。另外,指示剂薄膜已被研究用于根据 pH 值或胺敏感的比色指示剂的颜色变化来指示鱼类的新鲜程度[26,30]。然而,鱼肉储运过程中 pH 值的变化较小,鱼肉腐败后期比色指示剂缺乏明显的颜色变化[30]。虽然生物传感器显示出良好的选择性[31],但是对于某些目标分析物,如氨,很难找到能与它们发生特异性反应的分子识别元件。荧光法灵敏度高,设计方法简单。然而,大多数用于检测胺的树脂化合物,如异硫氰酸荧光素(fluorescein isothiocyanate,FITC)[28]和邻苯二甲醛(o-phthalaldehyde,OPA)[32]对人类有害,因此存在潜在的食品污染风险,限制了它们的应用。此外,这些比色指示剂和灰度指示剂均不能重复使用,增加了鱼肉新鲜度检测的成本。因此,有必要开发一种简单、灵敏、无毒、可重复使用的传感器来检测鱼肉新鲜度。

量子点由于制备简单和具有优良荧光特性的优点,在荧光法中受到越来越多的关注[33]。然而,硫化铅(lead sulfide,PbS)量子点、碲化镉(cadmium telluride,CdTe)量子点等量子点含有 Pb 或 Cd 元素,对人类和环境有害;碳量子点是无毒的,但选择性较差,在复杂环境中容易受到干扰[9]。磷化铟/硫化锌(indium phosphide/zinc sulfide,InP/ZnS)量子点具有低细胞毒性和优良的生物相容性,已被证明可用于医疗检测和食品安全领域[34,35]。此外,通过配体交换对 InP/ZnS 量子点进行表面修饰,可以实现对分析物的特异性检测[36]。根据调查,目前还没有关于用 InP/ZnS 量子点检测鱼肉新鲜度的报道。

本研究采用溶剂热法制备了 InP/ZnS 量子点,并使用 3-巯基丙酸(3-mercaptopropanoic acid,3-MPA)覆盖进行配体交换覆盖。随后,在 pH=3 的条件下引入玫瑰红酸钠(sodium rhodizonate,SR),通过基于荧光内滤效应(inner filter effect,IFE)和静态猝灭效应(static quenching effect,SQE)的方法开发了一种胺敏感的荧光可视化传感器。该原理如图 3-1 所示,以 NH_3 为模型气体,测试荧光传感器的灵敏度、稳定性、抗干扰性等传感性能。此外,该传感器还可以用于在室温和制冷条件下监测鲫鱼的新鲜度。该荧光可视化传感器在新鲜度检测领域具有广阔的应用前景。

3.3.1.1 MPA-InP/ZnS 量子点的合成

MPA-InP/ZnS 量子点是根据先前报道的程序合成的[37]。MPA-InP/ZnS 量子点主要通过溶剂热法来制备,具体过程如下:

将 100 mg(0.45 mmol)的 $InCl_3$ 和 300 mg(2.2 mmol)的 $ZnCl_2$ 加入 5.0 mL

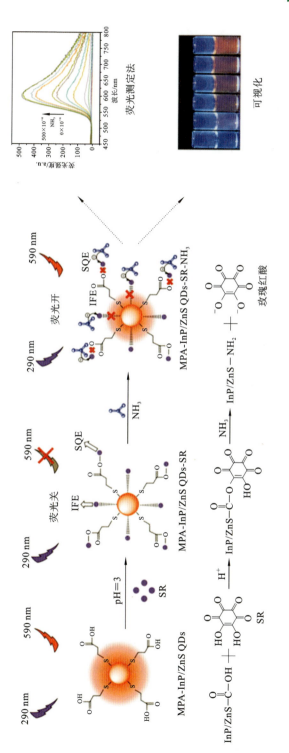

图 3-1 可视化检测氨的荧光示意图

(15 mmol)工业油胺中,120 ℃下脱气搅拌 1 h,并在氮气中加热至 180 ℃;随后将 0.45 mL(1.6 mmol)的三(二乙氨基)膦(磷铟物质的量之比为 3.6∶1)快速注入上述混合物中,合成 InP 纳米晶体。

在反应 20 min 时,将 1 mL 饱和 3-(N-乙基-3-甲基苯胺基)丙磺酸钠(TOP-S)(2.2 mol/L)缓慢注入含有 InP 纳米晶体的溶液中;反应 60 min 时,将温度从 180 ℃增加到 200 ℃;在反应 120 min 时,加入 4 mL 十八碳烯(ODE)和 1 g 硬脂酸锌盐,温度提升到 220 ℃;在反应 150 min 时,加入 0.7 mL TOP-S(2.2 mol/L),然后,将温度从 220 ℃升高到 240 ℃;反应 180 min 时,将 2 mL 的 ODE 和 0.5 g 硬脂酸锌盐缓慢注入溶液中,温度升高到 260 ℃,反应 30 min。形成三正辛基氧膦(trioctylphosphine oxide,TOPO)覆盖的 InP/ZnS 量子点。将 TOPO 覆盖的 InP/ZnS 量子点与 99%乙醇完全混合,并以 4800 r/min 离心 20 min,然后悬浮于氯仿中,以便进行下一步制备。

为了提高水介质中的单分散和光学性能,我们采用 MPA 覆盖 InP/ZnS 量子点的方法。将 100 mg 有机碱四甲基氢氧化铵(TMAH)与 50 μL MPA 在 1 mL 氯仿中充分混合,以维持 MPA 脱质子作用持续 1 h。然后,将含有脱质子化 MPA 的底部有机相转移到聚丙烯管中。然后,将 100 μL TOPO 覆盖的 InP/ZnS 量子点(0.1 μmol/L 氯仿)加入聚丙烯管中,在室温下混合 40 h,进行 TOPO 与 MPA 的配体交换反应。最后,产物用乙醇沉淀,4800 r/min 离心 20 min,然后用氯仿悬浮,得到 MPA-InP/ZnS 量子点。

3.3.1.2 荧光传感器的传感性能研究

将 2 mL(8 nmol/L)的 MPA-InP/ZnS 量子点水溶液和 0.1 mL(4 nmol/L)的 SR 溶液在 pH=3 下混合,以构建液体形式的荧光传感器。以氨、TMA、DMA 等为模型分析物,研究荧光传感器的传感性能。将传感器溶液置于气室中,并将不同浓度的氨与氩气混合,通过气体流量控制器,以均匀流速充入传感器溶液中,持续 3 min。将不同浓度的 DMA 和 TMA 以溶液的形式加入传感器中。在室温下孵育 3 min 后,记录荧光光谱(λ_{ex}=260 nm),并绘制传感器的荧光强度(λ_{em}=590 nm)与胺类气体浓度之间的校准曲线。

传感器的照片是通过相机在紫外线(365 nm)下拍摄的,并使用 Python 语言编写图像处理程序,对添加不同浓度氨的照片的颜色参数(亮度、RGB)进行提取。根据式(3-1)计算 ΔE[38]:

$$\Delta E=\sqrt{(L-L^*)^2+(a-a^*)^2+(b-b^*)^2} \quad (3-1)$$

式中:L^*、a^*、b^* 为照片的初始值;L、a、b 为提取的照片数据。根据所得数据绘

制 ΔE 值与氨浓度之间的校准曲线。

荧光传感器的稳定性、选择性和可重复性对评价该传感器的性能至关重要。在室温下,每小时记录荧光强度,共记录 12 h;每天在冷藏温度下记录,共计 12 天,以研究其稳定性。在传感器溶液中引入几种常见的化合物,包括乙酸、乙醇、二氧化碳、硫化氢、一氧化氮和二氧化氮(体积分数为 500×10^{-6}),以验证其选择性。为了研究重复性,在传感器溶液中依次加入 100 μL 氨(0.1 mol/L)和 100 μL 盐酸(0.1 mol/L),采用荧光光谱检测传感器的荧光强度变化,并在紫外光(365 nm)下拍摄传感器照片。

3.3.1.3 鱼肉新鲜度监测的应用

鳙鱼的活样本是从北京海淀区当地水产市场购买的,然后通过装满水和空气的泡沫箱快速运到实验室。随后,用木棒猛击头部一到两次,将鳙鱼击晕。实验中使用的昏迷方法和运输方法均符合世界动物卫生组织推荐的指导方针(2012)[39]。昏迷后,取下具有背脊纤维的大鳙鱼头部,取鳃后清洗排干,作为实验样本。

将制备的样品立即转移到一个密封的容器中,并将荧光传感器放置在一起。密封的容器分别在冷藏(4 ℃)和室温(25 ℃)下保存 12 天和 24 h。每隔 2 天和 4 h 分别采用凯氏定氮法和标准平板计数法测定样品的 TVB-N 含量和菌落总数(TVC)[40]。同时,每隔 2 天和 4 h 分别记录一次传感器的荧光强度(λ_{em}=590 nm)和照片(紫外光波长为 365 nm)。绘制传感器的荧光强度和 ΔE 与样品的 TVB-N 含量之间的校准曲线。

3.3.1.4 结果与讨论

1. MPA-InP/ZnS 量子点的表征

采用透射电子显微镜技术研究 MPA-InP/ZnS 量子点的形貌和尺寸。如图 3-2(a)所示,MPA-InP/ZnS 量子点呈现出单分散的特征,尺寸分布在 1.85～4.93 nm 之间,平均尺寸为 3.35 nm(图 3-2(a)(ii))。高分辨率透射电子显微镜(high resolution transmission electron microscope,HRTEM)图像(图 3-2(a)(i))显示,MPA-InP/ZnS 量子点呈现出圆形形态,并具备良好的发光特性。

我们采用傅里叶变换红外光谱仪(FTIR)研究了 MPA-InP/ZnS 量子点表面的基团。如图 3-2(b)所示,3438 cm^{-1} 的吸收峰对应羧基中 O—H 的拉伸振动,1074 cm^{-1}、1760 cm^{-1} 和 1486 cm^{-1} 的吸收带分别对应 C—O、C=O 和 N—H。FTIR 光谱表明,MPA-InP/ZnS 量子点表面存在羧基和氨基,这表明 InP/ZnS 量子点被 MPA 成功封装。由于引入—COOH,MPA 封装有利于 MPA-InP/

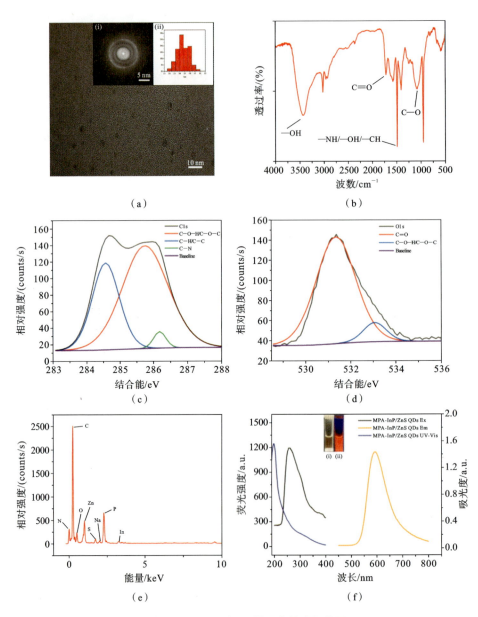

图 3-2　MPA-InP/ZnS 量子点的表征结果

（a）透射电子显微镜图像（(i) HRTEM 图像，(ii) 粒径分布）；(b) 红外光谱；(c) C1s XPS 光谱；(d) O1s XPS 光谱；(e) EDS 光谱；(f) MPA-InP/ZnS 量子点的紫外-可见吸收光谱和荧光光谱（(i) 阳光和 (ii) 365 nm 紫外光下 MPA-InP/ZnS 量子点的照片）

ZnS 量子点在水中实现均匀和稳定的分散,这与 TEM 结果一致[41]。

此外,我们利用 X 射线光电子能谱法(XPS)和能量色散 X 射线谱(EDS)研究了 MPA-InP/ZnS 量子点的表面元素和元素分布。高分辨率的 C1s XPS 谱显示 C—N、C—H/C—C、C—O—H/C—O—C 的存在(图 3-2(c)),O1s XPS 谱(图 3-2(d))显示 C=O、C—O—H/C—O—C 的存在,这与 FTIR 结果一致。如图3-2(e)所示,MPA-InP/ZnS 量子点含有 C、N、O、Zn、S、In、P、Na,相对原子比例分别为 76.52%、6.48%、8.08%、2.23%、1.78%、0.60%、2.83% 和 1.47%。

我们还研究了 MPA-InP/ZnS 量子点的荧光激发和发射光谱,以表征其光学性质。如图 3-2(f)所示,MPA-InP/ZnS 量子点的发射波长为 590 nm,激发波长为 260 nm。在可见光下,MPA-InP/ZnS 量子点溶液呈淡橙色,但在紫外光(365 nm)下发出非常强烈的明亮的橙红色光。发射峰的位置(在大约 590 nm 处)在激发波长从 200 nm 到 300 nm 下没有变化,如图 3-2(f)所示,表明 MPA-InP/ZnS 量子点的发射与激发波长无关。用积分球荧光光谱仪测定纯化的 MPA-InP/ZnS 量子点的量子产率为 14.45%。上述结果表明,我们成功合成了富含羧基、具有良好水溶性和光学特性的 MPA-InP/ZnS 量子点。

2. SR 诱导荧光猝灭

SR 以二水二酸的形式存在,pH<3,具有规则的碳酸氧酸结构[41]。在 pH=3 的 SR 存在下,MPA-InP/ZnS 量子点的荧光强度明显猝灭,在紫外光(365 nm)下颜色由橙红色变为无色,如图 3-3(a)所示。

我们采用紫外-可见吸收光谱、傅里叶变换红外光谱和荧光衰减寿命分析方法,研究了 SR 对 MPA-InP/ZnS 量子点荧光的猝灭机理。如图 3-3(b)所示,计算无和有 SR 的 MPA-InP/ZnS 量子点的荧光寿命,分别为 2.57 ns 和 2.50 ns;值几乎没有变化,说明 MPA-InP/ZnS 量子点与 SR 之间不发生动态猝灭[42]。SR 在 245 nm 和 320 nm 处呈现出特征吸收峰,随着 SR 在传感器溶液中的不断加入,这些特征吸收峰逐渐增强,如图 3-3(c)所示。探针溶液在 280～360 nm 的吸收带内的吸收峰在 320 nm 处,与 MPA-InP/ZnS 量子点(290 nm)的激发重叠,从而能够产生内滤效应猝灭 MPA-InP/ZnS 量子点的荧光[43]。

此外,可观察到在传感器溶液的紫外-可见吸收光谱中出现了一个新的吸收带(图 3-3(c)),位于 360 nm 处,表明 MPA-InP/ZnS 量子点与 SR 之间形成了基态配合物[44]。采用傅里叶变换红外光谱法进一步研究它们之间的反应,如图 3-3(d)所示,加入 SR 后,羧基中 O—H 的吸收峰在 3438 cm^{-1} 处明显减

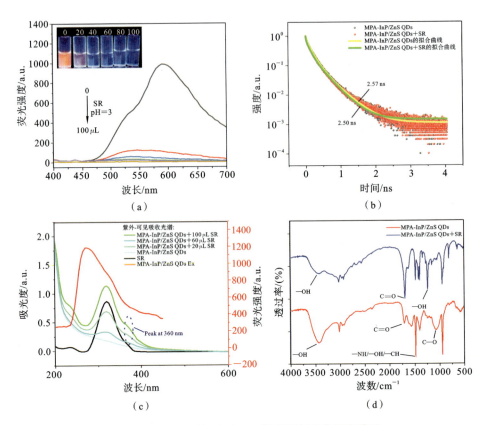

图 3-3　有无 SR 的 MPA-InP/ZnS 量子点的荧光猝灭

(a) MPA-InP/ZnS 量子点在不同浓度 SR 存在下的荧光光谱(插图:在 365 nm 紫外光下的颜色变化);
(b) 有无 SR 的 MPA-InP/ZnS 量子点的荧光寿命衰减曲线;
(c) SR 和 MPA-InP/ZnS 量子点添加不同浓度 SR 的吸收光谱以及 MPA-InP/ZnS 量子点的激发光谱;
(d) MPA-InP/ZnS 量子点在 pH=3 时的 FTIR 光谱

小,而在 1190 cm^{-1} 处吸收峰相比 MPA-InP/ZnS 量子点增加了,因此,可以合理推断 MPA-InP/ZnS 量子点协调表面上的羧基与 SR 的碳酸氧酸结构形成一个新的化学键。

据报道,表面基团可以影响 InP/ZnS 量子点的荧光强度,而被羧基覆盖的 InP/ZnS 量子点则具有更强的荧光强度[45]。在 pH=3 时,MPA-InP/ZnS 量子点与 SR 之间形成的新配合物由于羧基较少,荧光强度较低。这一观察结果进一步证明了 SR 诱导荧光猝灭的另一个原因:静态猝灭效应。

此外,根据 MPA-InP/ZnS 量子点的透射电子显微镜结果,可以看出它们存在聚集现象。这表明由于 MPA-InP/ZnS 量子点表面羧基耗尽,MPA-InP/ZnS 量子点的分散性降低;这一点与紫外-可见吸收光谱和傅里叶变换红外光谱结果一致。综上所述,根据 IFE 和 SQE,可以解释 SR 对 MPA-InP/ZnS 量子点荧光的猝灭机制。

3. 荧光传感器的传感性能

我们以氨为模型气体,研究了荧光传感器的传感性能,并探究了该传感器对 TMA 和 DMA 的荧光响应,此外,还研究了 pH 值对荧光强度的影响。如图 3-4(a)所示,当依次加入 SR 和氨时,在 pH=3 的条件下,猝灭率和恢复率最为明显,分别达到 99% 和 600%。因此,我们选择 pH=3 作为构建传感器的最佳条件。

此外,我们还研究了不同比例的 SR 和 MPA-InP/ZnS 量子点对氨的响应。如图 3-4(b)所示,在 pH=3 下构建三种不同的 SR 和 MPA-InP/ZnS 量子点浓度比的传感器。其中,浓度比为 1∶4 的传感器灵敏度最高,检测限为 $3×10^{-6}$。根据公式 $3\sigma/x$[46],浓度比为 1∶2 的传感器具有最佳的线性度($R^2=0.98$),且在 $(10\sim500)×10^{-6}$ 范围内具有最宽的响应范围,最低检测限为 $1×10^{-6}$。图 3-4(c)为加入不同浓度的氨后,浓度比为 1∶2 的传感器的荧光光谱,在 590 nm 处,荧光强度持续增加。这些结果表明,可以通过改变我们构建的传感器的浓度比来调整检测范围和灵敏度,这表明该传感器具有良好的应用适应性。为了实现最宽的响应范围和最佳的线性度,在后续实验中选择 SR 和 MPA-InP/ZnS 量子点的浓度比为 1∶2。

在不同浓度氨的存在下,浓度比为 1∶2 的传感器的照片如图 3-4(d)所示。颜色逐渐从无色变为橙红色,这种颜色的变化可以通过肉眼观察到。传感器的 ΔE 与 $(0\sim300)×10^{-6}$ 范围的氨浓度具有良好的线性关系。当 ΔE 大于 5 时,可以通过人眼区分颜色变化[47]。根据此信息,定性检测限计算为 $24×10^{-6}$。结果表明,该传感器不仅能通过荧光强度响应氨,还能在紫外光下进行可视化检测氨。

此外,我们还研究了在不同浓度的 DMA 和 TMA 存在下,浓度比为 1∶2 的传感器的荧光光谱。传感器的线性响应范围在 $(20\sim150)×10^{-6}$、$(20\sim250)×10^{-6}$ 之间,检测限分别为 $12×10^{-6}$ 和 $18×10^{-6}$。结果表明,该传感器对胺类气体的响应良好。

稳定性和选择性是评价传感器的实用性和可行性的重要指标。在研究中,我们探究了传感器在 4 ℃ 和 25 ℃ 下的稳定性,并发现传感器的荧光强度在 12 h

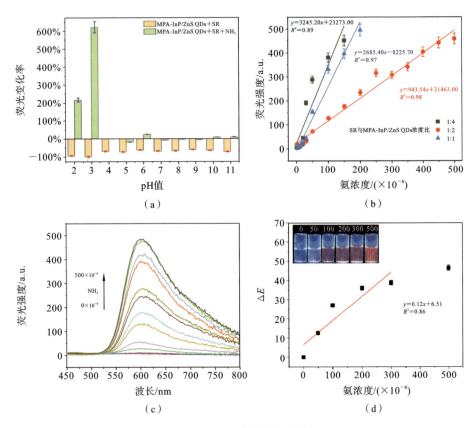

图 3-4　荧光传感器的传感性能

(a) MPA-InP/ZnS 量子点在不同 pH 值下添加 SR 和氨的荧光变化;(b) MPA-InP/ZnS 量子点和 SR 不同配比下荧光和氨浓度的校准曲线;(c) 传感器在不同浓度氨(0×10^{-6}、10×10^{-6}、20×10^{-6}、50×10^{-6}、100×10^{-6}、150×10^{-6}、200×10^{-6}、250×10^{-6}、300×10^{-6}、350×10^{-6}、400×10^{-6}、450×10^{-6} 和 500×10^{-6})下的荧光光谱;(d) ΔE 与氨的校准曲线(氨浓度为 0×10^{-6}、50×10^{-6}、100×10^{-6}、200×10^{-6}、300×10^{-6}、500×10^{-6})(插图:传感器在不同氨浓度下的照片)

内变化不超过 18%。同时,在 4 ℃条件下,传感器的荧光强度在 12 天内的变化也未超过 19%。这些结果表明该传感器具有良好的稳定性,如图 3-5(a)(b)所示。

我们还研究了潜在竞争的挥发性组分,包括乙酸、乙醇、二氧化碳、硫化氢、一氧化氮和二氧化氮等的影响,即使这些成分的浓度是胺类气体浓度的 10 倍,也没有明显地改变传感器的荧光强度或颜色。这些实验结果表明,该荧光传感器对胺类气体具有较高的选择性,如图 3-5(c)所示。

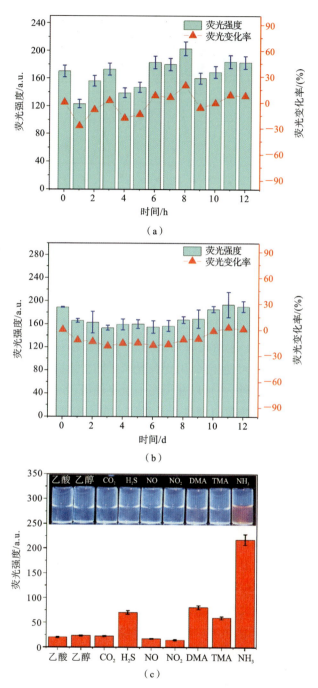

图 3-5 荧光传感器的稳定性、选择性和可逆性

(a)(b) 25 ℃、4 ℃下荧光传感器的稳定性；(c) 荧光传感器的选择性；(d) 荧光传感器的可逆性

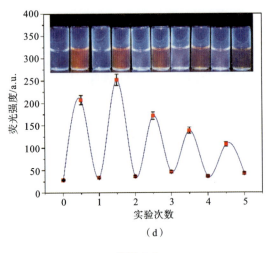

(d)

续图 3-5

荧光传感器和探针的区别在于其可逆性。在第三次重复实验中,该传感器仍能保证对氨气的响应性能为 83%。随后,传感器的响应性能逐渐下降到 51%,直到第五次实验。这种现象可能是由于反复添加盐酸导致 MPA-InP/ZnS 量子点表面基团不可逆损伤,阻止荧光恢复到初始值[48]。这些结果表明该传感器具有一定的可逆性,并可以在检测中重复使用,如图 3-5(d)所示。

随后我们对其荧光恢复机理进行了研究。在传感器溶液中加入氨后,其在 280~360 nm 范围内的吸收量逐渐降低,如图 3-6(a)所示。这导致 IFE 效率降低,这是荧光恢复的原因之一。此外,在氨的存在下,在 480 nm 处出现了一个新的吸收带,表明新化合物形成。加氨传感器溶液的傅里叶变换红外光谱显示,在 —NH_2 组的 3141 cm^{-1} 处,—NH 的拉伸振动出现,表明—NH_2 组在 MPA-InP/ZnS 量子点表面被修饰[49],如图 3-6(b)所示。研究表明,具有 —NH_2 表面基团的 MPA-InP/ZnS 量子点发出强烈的荧光,因此 MPA-InP/ZnS 量子点在 MPA-InP/ZnS 表面的改性可能是荧光恢复的另一个原因。然而,—NH_2 修饰的 MPA-InP/ZnS 量子点的荧光弱于—COOH 修饰的 MPA-InP/ZnS 量子点[49],因此传感器溶液的荧光强度不能恢复到初始值,进一步影响了傅里叶变换红外光谱结果。因此,氨对传感器荧光的恢复机制可能可以通过 IFE 和 SQE 的降低来解释。

此外,图 3-6(c)(d)所示的透射电子显微镜图也进一步印证了上述分析。

4. 在鱼肉新鲜度监测中的应用

为了评价荧光传感器的实用性,我们使用该传感器对鳊鱼样品的新鲜度进

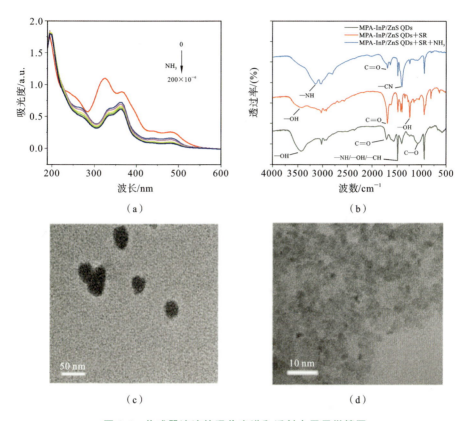

图 3-6　传感器溶液的吸收光谱和透射电子显微镜图
(a) 加氨传感器的吸收光谱;(b) 加氨传感器的 FTIR 光谱;
(c) 加入 SR 的 MPA-InP/ZnS 量子点的透射电子显微镜图;(d) 加氨传感器的透射电子显微镜图

行测定,研究鳙鱼在室温(图 3-7(a))和冷藏(图 3-7(b))贮藏下的 TVB-N 和 TVC,以评估其新鲜度。在室温下,新鲜鱼肉的初始 TVB-N 值为 9.10 mg/100 g,24 h 后增加到 23.45 mg/100 g,超过了评价淡水鱼肉新鲜度的建议参考值(20 mg/100 g)[50],表明样品已变质。同样,TVB-N(20.18 mg/100 g)在冷藏条件下储存 12 天时也超过了参考值。此外,新鲜鱼肉的初始 TVC 为 4.89 lg CFU/g,在室温下储存 20 h 后增加到 7.53 lg CFU/g,冷藏条件下 10 天后增加到 7.54 lg CFU/g,超过了淡水鱼肉新鲜度评价参考值(7 lg CFU/g)[51]。因此,鳙鱼在室温下 20~24 h 或在冷藏温度下 10~12 天后就会变质。与之前的研究类似[52],达到 TVB-N 阈值的时间滞后于达到 TVC 阈值所需的时间,因为 TVB-N 是由微生物种群产生的。

绘制 TVB-N 与传感器荧光强度之间的校准曲线,如图 3-7(红线)所示,传感器在整个贮藏期间内在室温和冷藏温度下均表现出良好的线性,TVB-N 分别为 7.20 mg/100 g 和 2.04 mg/100 g;这些检测限均低于推荐值(10 mg/100 g)[53],表明该传感器可通过荧光强度监测鱼肉的保质期。

此外,随着时间的推移,我们还拍摄了传感器在紫外光(365 nm)下的照片。如图 3-7(蓝线)所示,ΔE 和 TVB-N 的校准曲线在室温和冷藏温度下成良好的

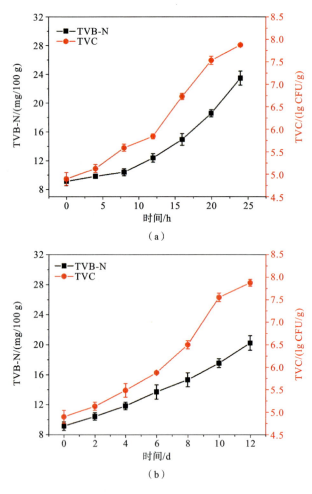

图 3-7 鲫鱼样品的 TVB-N 和 TVC 及校准曲线

(a)(b)鲫鱼样品分别在 25 ℃ 24 h 和 4 ℃ 12 天时的 TVB-N 和 TVC;(c)(d) 传感器的荧光强度与样品 ΔE 和 TVB-N 值分别在 25 ℃ 和 4 ℃ 时的校准曲线(插图:传感器溶液在 25 ℃ 和 4 ℃ 时的照片)

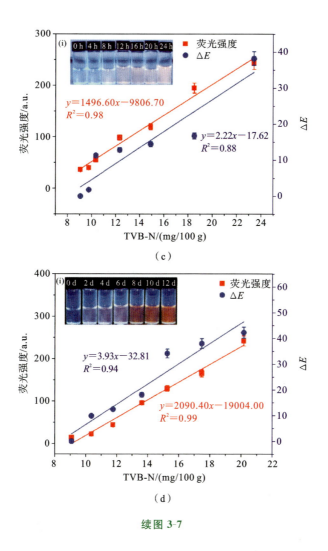

续图 3-7

线性关系，传感器的荧光颜色变成淡橙红色。在室温下第 8 小时和第 1 天，ΔE 超过 5，说明肉眼可以区分不同颜色，传感器发出非常浅的橙红色光；在室温下第 12 小时和第 4 天，ΔE 超过 12，显示出不同的颜色空间，肉眼更容易观察到[50]；在室温第 16 小时和冷藏第 6 天，该传感器会发出强烈的亮橙红色光。

这些结果表明，鱼肉生产者可以通过荧光强度来定量检测 TVB-N，以评价鱼肉的新鲜度。我们还将该方法与之前报道的几种检测方法进行了比较。研究结果显示，与之前大多数研究相比，该方法在检测范围和检测限方面表现出可比或更好的性能。之前的研究主要基于对包装顶空中的胺类气体的敏感性来检测鱼肉的新鲜度。然而,在肉类变质过程中,产生的气体类型极其复杂,其中包括二氧化碳和硫化氢等气体[54]。尽管干扰性气体可能会降低传感器的准确度,但目前报道中几乎没有关于传感器的抗干扰性能的研究。

3.3.1.5 结论

综上所述,我们成功开发了一种基于 InP/ZnS QDs-SR 的荧光可视化胺敏感传感器,并成功将其应用于鳙鱼的新鲜度检测。通过在 InP/ZnS 量子点表面进行 MPA 配体交换修饰,MPA-InP/ZnS 量子点在 pH=3 下以一定比例与 SR 混合,制备基于 IFE 和 SQE 的传感器。传感器表现出对氨敏感的荧光响应,其线性响应范围为 $(10\sim500)\times10^{-6}$($R^2=0.98$),最低检测限为 1×10^{-6}。传感器的 ΔE 响应氨的范围为 $0\sim300\times10^{-6}$,在紫外光(365 nm)下颜色从无色变成橙红色。此外,传感器的荧光响应和 ΔE 与鳙鱼在室温和冷藏温度下储存过程中积累的 TVB-N 含量成高度线性关系。该传感器制备简单,响应范围广,具有作为便携式传感器用于检测鱼肉新鲜度的应用潜力。

3.3.2 智能 pH 指示标签

随着人们生活水平的提高,传统包装已无法满足消费者对新鲜健康高品质食品的需求和偏好[55]。智能包装因其可以实时监控食品质量和/或储存条件的变化而引起了广泛的兴趣和关注。智能 pH 指示膜是智能包装的一种代表形式,通常由 pH 敏感染料和固体基质组成[56]。这种智能 pH 指示膜可以通过实时颜色变化告知消费者食品的新鲜度,因为它对食品变质过程中的 pH 值变化很敏感[57]。鱼是一种极易腐烂的产品,因此,在食用前确定其新鲜度非常重要。在腐败过程中,鱼体内的微生物作用会导致形成 TVB-N,这会影响包装顶部空间的 pH 值[58]。比色 pH 敏感指示剂是一种监测鱼和水产品的新鲜度的快速、无创、廉价、可靠的方法。

花青素是一类无毒、水溶性的天然色素,广泛分布于水果和蔬菜中。一般来说,花青素会因 pH 值的变化而呈现出不同的颜色(例如,蓝色、紫色、黄色和红色)。这些特性使它们在智能包装方面具有潜在的应用价值[59]。在人类饮食中最常见的花青素是花青素-3-葡萄糖苷(C3G),在黑莓[60]、黑米[61]和彩色豆类[62]等中大量存在。然而,植物粗提花青素通常含有糖类、有机酸和蛋白质等副产物,这些物质可能会影响花青素的显色性[63]。因此,本研究选择纯化的 C3G 作为 pH 敏感色素来指示鱼的新鲜度。

固体基质的选择对于智能 pH 敏感指示剂的制备非常重要。除了需要对广泛的 pH 值敏感外,固体基质还必须能够快速与食物产生的胺类气体发生反应[50]。一般来说,细菌纤维素(bacterial cellulose,BC)化学纯度高,不含木质素或半纤维素,同时具备高保水性、高亲水性、高抗拉强度和超细网络结构的特点[64]。此外,与植物纤维素相比,BC 具有更多的晶体结构,并形成特征性的带状微纤维,使 BC 的多孔性更强[65,66]。由于 BC 具有多孔网络,花青可以很容易地嵌入 BC 的三维网络中,并在食物变质过程中与挥发性气体快速相互作用[67]。因此,BC 薄膜作为一种很有前景的固体基质,在开发灵敏、快速响应的智能 pH 指示剂方面具有巨大的潜力。

在本项工作中,我们以 BC 为固体基质,C3G 为 pH 敏感色素开发了一种颜色指示膜;研究了 BC 和 C3G 之间的相互作用,并评估了该薄膜的性能,包括力学性能、微观结构、颜色稳定性、抗氧化活性;评价了该指示膜在监测罗非鱼片新鲜度方面的实际性能。此外,我们研究了薄膜颜色变化与典型腐败指标(TVB-N 和 TVC)之间的相关性。

3.3.2.1 材料和方法

1. 材料

实验中,凝胶状薄膜形式的湿 BC 纳米纤维薄膜由广西启鸿科技有限公司(中国广西桂林)生产,C3G 购自 Sigma-Aldrich(美国密苏里州圣路易斯)。

共 80 条罗非鱼(*Oreochromis mossambcus*)(质量为(1060±127) g,长度为(55.5±1.7) cm),购自中国北京健翔桥市场,并在 30 min 内存活运至实验室。抵达后,所有罗非鱼都被去头、去鳞、去内脏,并用冷水清洗。然后,将鱼切成鱼片,每片鱼片分成两份(质量为(300±20) g)。

2. pH 指示膜的制备

将 BC 薄膜在蒸馏水中浸泡 24 h,换水 5 次,去除膜的介质和杂质。之后,将 BC 薄膜浸入 0.05 mol/L 的 NaOH 溶液中并在 80 ℃下加热 80 min。然后,用蒸馏水洗涤,直到水的 pH 值达到 7.0。在我们的初步实验中,BC 薄膜用浓度为 0.1 mg/mL、0.125 mg/mL 和 0.15 mg/mL 的 C3G 溶液染色以进行比较。结果表明,用 0.125 mg/mL C3G 溶液染色的薄膜在 pH=3~10 范围内测试时颜色变化最明显。因此,滴 2 mL C3G 溶液(0.125 mg/mL)到 BC 薄膜上制备 BC-C3G 薄膜(4 cm×4 cm),并将该薄膜在(30±1) ℃下进一步干燥 24 h。

3. 表征

厚度和力学性能:使用扫描电子显微镜(scanning electron microscope,

SEM)进行六次测量来测量单个膜的厚度。将 BC 和 BC-C3G 薄膜切成 4 cm×1 cm 用于测量断裂伸长率(elongation at break,EB)和抗拉强度(tensile strength,TS)。根据 ASTM D-882 标准方法,使用质地分析仪(TA-XT2i,Stable Micro System;Surrey,UK)同时测量薄膜的断裂伸长率和抗拉强度。初始夹持间距为 4 cm,速度为 25 mm/min。

衰减全反射傅里叶变换红外光谱(attenuated total reflection-Fourier-transform infrared spectroscopy,ATR-FTIR):使用 Nicolet iS50 FTIR 光谱仪(Thermo Fisher Scientific,美国马萨诸塞州沃尔瑟姆)收集样品的 ATR-FTIR 光谱,光谱范围为 400~4000 cm^{-1},分辨率为 4 cm^{-1},扫描次数为 32。

X 射线衍射(X-ray diffraction,XRD)分析:样品通过 XRD 衍射仪(D/max-rB,理学(Rigaku),日本东京)在 Cu-Ka 辐射($\lambda=0.154$ nm)、40 mA 和 40 kV 下进行分析。在 $2\theta=2°\sim40°$ 范围内记录衍射角光谱,步长为 0.02°,扫描速度为 1(°)/min[68]。

SEM 分析:通过 SEM(SU8010,日立(Hitachi),日本东京)在 3.0 kV 的加速电压下捕获薄膜的表面和横截面形态。在观察之前,使用双面胶带将薄膜样品沉积在铝柱上,并用薄金溅射薄膜的表面和横截面。

4. 颜色指示膜的特性

抗氧化活性:用 DPPH(2,2-二苯基-1-苦肼基,2,2-diphenyl-1-picrylhydrazyl)测定薄膜的抗氧化活性。为此,将薄膜样品(2 cm×2 cm)浸入含有 4 mL 甲醇的试管中,然后在 25 ℃ 下搅拌 2 h。然后,将 150 μmol/L DPPH 甲醇溶液(1 mL)和样品溶液(3 mL)混合,并在室温下避光放置 60 min。使用紫外-可见分光光度计(UV-2600A,尤尼柯(Unico),中国上海)在 517 nm 处测量混合溶液的吸光度。使用式(3-2)计算薄膜的抗氧化活性:

$$\text{DPPH 自由基清除活性(SA)}=(A_0-A_1)/A_0\times100\% \quad (3-2)$$

式中:A_0 是对照膜的 DPPH 吸光度;A_1 是测试膜的 DPPH 吸光度。

C3G 释放性:基于 Razavi 等[69,70]的方法测量 C3G 从指示膜释放到水性食品和食品乳液中的性能。将 20 mL 食品模拟物(水或 50% 乙醇溶液)加入锥形瓶,然后将尺寸为 2 cm×2 cm 的薄膜样品浸入 37 ℃ 的模拟溶液中并不断摇动。在 30 min、90 min、180 min、270 min 和 360 min 时取 3 mL 上清液,并使用紫外-可见分光光度计在 420 nm 处测定其吸光度。

颜色稳定性:薄膜的颜色稳定性根据随时间变化的颜色变化来确定。为了模拟高含水量的食物,将薄膜储存在(25±1)℃ 和(4±1)℃ 的黑暗环境中,相对湿度(RH)为85%。使用 Hunterlab 色度计(LabScan XE,Hunterlab,美国弗吉尼亚州雷斯顿)每两天测量一次样品,持续14天。测量前,将薄膜置于白色标准背景上。测量每张膜上6个随机位置的 L^*(亮度)、a^*(红色-绿色)和 b^*(黄色-蓝色)的值。总色差 ΔE 按照 Shi 等[71]的方法计算。

指示膜颜色变化的可逆性:根据 Ezati 等[72]的方法获得指示膜颜色变化的可逆性。简而言之,将指示膜暴露于氨蒸气(0.8 mol/L)中3 min,然后暴露于乙酸蒸气(99.7%)中3 min。该过程重复3次以评估可逆性。

C3G 溶液的紫外-可见光谱:使用紫外-可见分光光度计在400~700 nm 的波长范围内检测 C3G 溶液在 pH 值为3~10的范围内的紫外-可见光谱。

薄膜的色度变化:根据 Prietto 等[17]描述的方法鉴定薄膜的颜色响应,并进行一些修改。将薄膜(4 cm×4 cm)暴露于不同 pH 值(pH=3、4、5、6、7、8、9和10)的缓冲溶液中,并在30 ℃下干燥15 min。在室温下通过色度计测量薄膜之间的颜色变化。

鱼的新鲜度监测:将指示膜应用于罗非鱼片包装,以监测鱼在储存过程中的腐败情况。将鱼片装入塑料保鲜盒(15 cm×9.5 cm×4 cm)中,将薄膜(1 cm×1 cm)贴在塑料盖内侧(不与鱼样直接接触),监测顶部空间的 pH 值。将制备好的样品储存在(25±1)℃和(4±1)℃的高精度恒温培养箱中,储存期间每8小时在(25±1)℃和每2天在(4±1)℃下随机抽取8个样品进行分析。

5. TVB-N 和 TVC 的测定

TVB-N 值是基于 Yu 等[73]报道的半微量凯氏定氮法测量的,TVC 是使用 Basha[74]等描述的连续稀释法估计的。

6. 统计分析

所有实验数据均从三个重复实验中收集并使用 SPSS Statistics 20.0 软件(IBM,美国纽约州阿蒙克)基于邓肯检验和单向方差分析(ANOVA)进行处理。用最小显著性差异(LSD)程序测试平均值之间的差异(使用 $p<0.05$ 的显著性)。

3.3.2.2 结果与讨论

1. 厚度和力学性能

表 3-1 显示了 BC 薄膜和 BC-C3G 薄膜的厚度、抗拉强度和断裂伸长率。BC 薄膜和 BC-C3G 薄膜的厚度没有显著差异。抗拉强度和断裂伸长率是指示膜的重要力学性能,可以决定其对物理损伤的抵抗力,它们可以间接影响其保护食品免受物理和化学影响的能力[75]。添加 C3G 后,BC-C3G 薄膜的强度提

高,抗拉强度达到(102.36±4.16) MPa,这可能是由于 C3G 的酚羟基与 BC 的羟基之间的分子间相互作用[76]。与 BC 薄膜相比,BC-C3G 薄膜的断裂伸长率从 3.77% 下降到 2.10%($p<0.05$)。这一结果可能与 C3G 的加入提高了 BC 的结晶度并加强了薄膜的刚性结构有关。一般来说,抗拉强度随着聚合物结晶度的增加而增加,因此,结晶聚合物比无定形聚合物更脆,延展性更差[77],这与本研究的结果一致。

表 3-1　BC 薄膜和 BC-C3G 薄膜的力学性能

膜	厚度/μm	抗拉强度/MPa	断裂伸长率/(%)
BC 薄膜	12.59±2.13[a]	42.83±5.37[b]	3.77±0.51[a]
BC-C3G 薄膜	17.02±2.64[a]	102.36±4.16[a]	2.10±0.42[b]

注:数值为平均值±标准偏差。a,b 代表显著性差异($p<0.05$)。

2. 微观表征

BC 薄膜和 BC-C3G 薄膜的 XRD 图谱如图 3-8(a)所示。在 BC 薄膜中,在 $2\theta=14°$ 和 $2\theta=23°$ 观察到两个特征衍射峰,表明 BC 薄膜具有良好的纤维素结晶度。BC-C3G 薄膜在 $2\theta=14°$ 和 23°也有特征衍射峰,但这两个衍射峰的强度大于 BC 薄膜的强度。这可能是由于 C3G 和 BC 之间形成了氢键,显著提高了 BC 的结晶度并减少了其非晶区,导致薄膜的力学性能发生变化[78]。

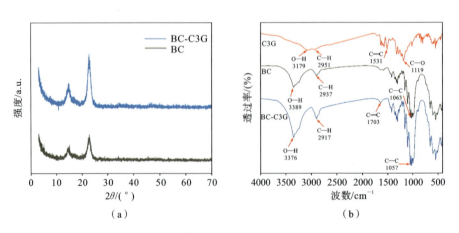

图 3-8　不同薄膜的 XRD 图谱和 FTIR 光谱
(a) BC 薄膜和 BC-C3G 薄膜的 XRD 图谱;(b) BC、C3G 和 BC-C3G 的 FTIR 光谱

FTIR 光谱用于研究 BC 和 C3G 官能团之间的相互作用,获得的 BC、C3G 和 BC-C3G 的光谱如图 3-8(b)所示。C3G 的主要能带分别与 3179 cm^{-1}、2951 cm^{-1}、1531 cm^{-1} 和 1119 cm^{-1} 处的 O—H、C—H、C=C(芳香核)和 C—O(吡喃环)的伸缩振动有关。BC 薄膜和 BC-C3G 薄膜的 FTIR 光谱相似,在 3500～500 cm^{-1} 范围内显示出相似的纤维素特征峰,分别是:3389 cm^{-1} 和 3376 cm^{-1},这是由于 O—H 的伸缩振动;2937 cm^{-1} 和 2917 cm^{-1},由于 C—H 的伸缩振动;1063 cm^{-1} 和 1057 cm^{-1},由于 C—C 的伸缩振动。然而,C3G 中芳香族 C=C 键的拉伸增加了 BC-C3G 薄膜在 1703 cm^{-1} 处的键强度。这些光谱变化表明 C3G 成功固定在 BC 基质中。此外,随着 C3G 的添加,BC-C3G 的特征峰强度与 BC 相比显著增加,这些变化证实了 BC 链和 C3G 分子之间形成了新的分子间氢键[50]。

BC 薄膜和 BC-C3G 薄膜的表面和横截面 SEM 图像如图 3-9 所示。比较

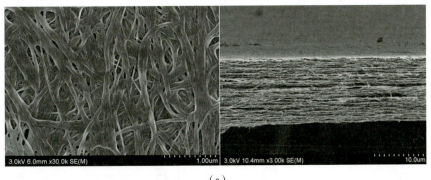

(a)

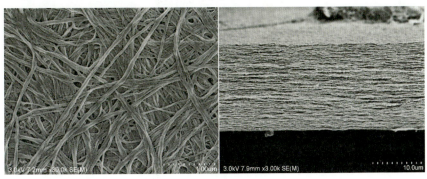

(b)

图 3-9 BC 薄膜和 BC-C3G 薄膜的表面和横截面 SEM 图像
(a) BC 薄膜;(b) BC-C3G 薄膜

BC 薄膜和 BC-C3G 薄膜的 SEM 图像,可发现 BC 薄膜的横截面有一些皱纹,因为纤维素结晶度低,说明薄膜结构粗糙。SEM 图像中可检测到具有丝状结构的 BC 薄膜的纳米纤维,还可以观察到 BC 薄膜相对开放的结构和多孔网络。添加 C3G 后,仍然可以识别到纤维素的丝状形态,但 BC-C3G 薄膜的横截面和表面变得致密且均匀。BC-C3G 薄膜的致密结构可能是由于 C3G 的酚羟基和 BC 的羟基之间新形成了氢键。结果表明,C3G 成功嵌入 BC 薄膜中,并且与 BC 具有良好的相容性[79]。

3. 颜色指示膜的特性

C3G 的抗氧化活性和释放率:采用 DPPH 自由基清除法来评估 BC 薄膜和 BC-C3G 薄膜的抗氧化活性,如图 3-10(a)所示。BC-C3G 薄膜的抗氧化活性随着 C3G 的加入而显著提高,这主要是由于 C3G 中丰富的酚基团可以通过形成苯氧基团来清除自由基[80,81]。此外,BC-C3G 薄膜的抗氧化活性还受薄膜的微观结构、C3G 的释放速率及其与 BC 的相互作用的影响[82]。有研究结果表明,BC-C3G 薄膜不仅可以应用于智能包装的新鲜度监测,还可以应用于活性包装以延长食品的保质期。

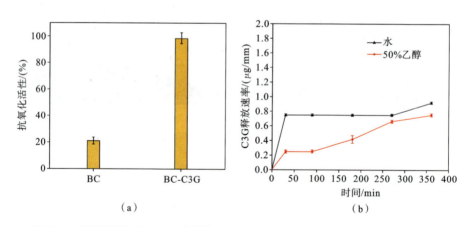

图 3-10 BC 薄膜和 BC-C3G 薄膜的抗氧化活性和 C3G 在 BC 薄膜中的释放速率
(a) BC 薄膜和 BC-C3G 薄膜的抗氧化活性;(b) C3G 在 BC 薄膜中的释放速率

如图 3-10(b)所示,使用两种食品模拟物(50% 乙醇和水)来确定 C3G 在 BC 薄膜中的释放速率。在最初的 30 min 内,C3G 在水和 50% 乙醇溶液中迅速释放,这可能是由于刺激剂溶液对固体基质的完整性和结构的破坏性影响[80]。然而,30 min 后,C3G 在 50% 乙醇中的释放速率低于在水中的释放速率。释放速率不同,主要是因为 C3G 在水中比在乙醇中更易溶解[72],这表明水比酒精更容易破坏 C3G 和 BC 之间的氢键。Razavi 等[69]进行的另一项研究也证实了食品模拟溶液类型对 BC 膜中功能活性成分的释放速率有影响。

4. 颜色稳定性

颜色稳定性是 pH 敏感指示膜的一个重要参数,因为它影响消费者收到的视觉反馈的准确性。图 3-11 显示了 BC-C3G 薄膜在 4 ℃ 和 25 ℃ 下的颜色稳定性。随着贮藏时间的延长,4 ℃ 和 25 ℃ 下贮藏 2 天内 ΔE 显著增加。薄膜的显色性变化可能是由 BC-C3G 薄膜上的水渗透聚集造成的,因为它们在高相对湿度(RH)(85%) 环境条件下储存。然后,在 4 ℃ 和 25 ℃ 下储存 2~14 天的 BC-C3G 薄膜中,可观察到颜色稳定性的稳态趋势($|\Delta E| \leqslant 3$)。然而,BC-C3G 薄膜在 4 ℃ 下储存的 $|\Delta E|$ 值低于 25 ℃ 下储存的值,表明 BC-C3G 薄膜在 4 ℃ 下储存时具有更高的颜色稳定性。这一结果表明,温度升高可改变 C3G 的结构,并加速黄酮类阳离子向甲醇假碱和查耳酮的反应[83]。

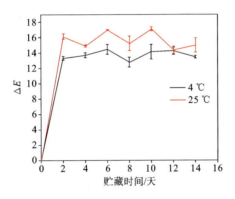

图 3-11 BC-C3G 薄膜在 4 ℃ 和 25 ℃ 下的颜色稳定性

5. 指示膜的颜色可逆性

指示膜的颜色可逆性如表 3-2 所示。在本研究中,BC-C3G 薄膜在反复暴露于氨和乙酸蒸气中 3 次后仍保持完整,这表明 BC 在遇到极端情况时仍能保持完整。BC-C3G 薄膜在氨蒸气中呈淡蓝色,在乙酸蒸气中变为淡紫色或近乎无色。结果表明,BC-C3G 薄膜具有很高的不可逆性,可以防止储存过程中外部环境变化引起的显色性变化。鱼肉中的 TVB-N 含量随着储存时间的延长而增加,导致包装盒密封环境中顶部空间的 pH 值升高。因此,罗非鱼在密封包装环境下贮藏过程中,薄膜颜色的变化是不可逆的。

表 3-2　指示膜反复暴露于氨和乙酸蒸气时颜色变化

实验次数	第 1 次		第 2 次		第 3 次	
	氨	乙酸	氨	乙酸	氨	乙酸

6. pH 响应变色特性

我们测试并记录了 C3G 溶液在 pH＝3～10 范围内的颜色变化，以评估使用这种花青素作为 pH 指示染料的可能性。如图 3-12(a)所示，随着 pH 值从 3 变为 10，C3G 溶液的颜色发生明显变化，这些变化很容易被肉眼识别。C3G 溶液的颜色变化可归因于 C3G 结构形式在不同 pH 值条件下的转化[84]。在 pH＜4 时 C3G 的主要形式是黄酮类阳离子，C3G 溶液的颜色呈红色。C3G 的结构在 pH＝5～6 时逐渐变为甲醇假碱和查耳酮，溶液近乎变为无色。当 C3G 溶液的 pH 值为 6～8 时，C3G 的结构转变为醌式无水碱，颜色逐渐变为紫/蓝。当 pH 值超过 8 时，C3G 的形式为查耳酮，颜色变为黄绿色和黄色[85]。

图 3-12(b)显示了 C3G 溶液在 pH＝3～10 的范围内的紫外-可见光谱。在本研究中，花青素的最大吸收波长在可见光区(500～600 nm)，这与 Zhao 等[86]报道的结果一致。C3G 溶液(pH＝3)的最大吸收峰在 520 nm，当 pH 值达到 4～5 时，它转移到 540 nm。之后，C3G 溶液的颜色随着 pH 值从 6 增加到 10 而发生变化，最大吸收峰在 590 nm 处。一般来说，随着 pH 值的增加，花青素的最大吸收峰会转移到更高的波长范围，这种现象称为红移[87]。这可能是由花青素的化学结构因酸或碱含量不同造成的。

总之，C3G 溶液的颜色变化和紫外-可见光谱中相应的峰位移可能是由 C3G 在 pH＝3～10 范围内的结构不同造成的[88]。

7. pH 指示剂的颜色响应分析

BC-C3G 薄膜在 pH＝3～10 的范围内的颜色变化与 C3G 溶液的颜色变化趋势相似，相应的颜色参数（L^*、a^*、b^* 和 ΔE）如表 3-3 所示。BC-C3G 薄膜的颜色不均匀，边界处较暗。C3G 溶液对 BC 薄膜的不均匀染色可能是由于界面现象导致 C3G 溶液表现出表面张力并迫使混合物中的某些组分到达边界[89]。BC-C3G 薄膜的亮度（L^*）在 pH 值变化期间大致保持稳定。然而，随着 pH

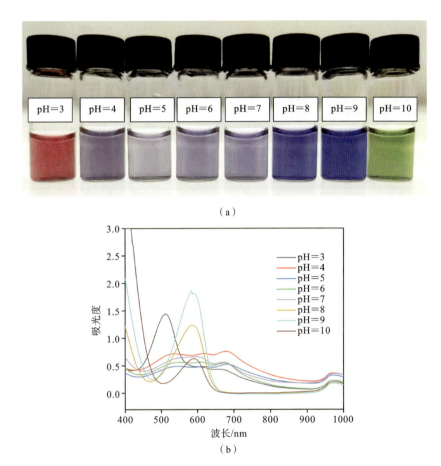

图 3-12　C3G 溶液在不同 pH 范围内的可见颜色和紫外-可见光谱
(a) 可见颜色；(b) 紫外-可见光谱

值从 3 增加到 10,参数 a^* 的值从 47.57±1.43 下降到 -14.26±0.51,表明 BC-C3G 薄膜的颜色从红色变为绿色。此外,参数 b^* 的值从 -6.96±0.59 增加到 1.23±0.34,这也证实了 BC-C3G 薄膜中出现了黄绿色。颜色参数 a^* 和 b^* 的变化与 Chen 等[90]报告的结果相似。在他们的研究中,由纤维素纳米纤维和紫甘薯花青素制成的 pH 指示剂在 pH 值变化(pH=2~10)下表现出明显的从红色到黄色的颜色变化。根据 Andretta 等[91]先前的报告,当 ΔE 值大于 12 时,人眼可以观察到薄膜之间的颜色差异。在这项研究中,所有具有 C3G 的薄膜在 pH=3~10 的范围内都呈现出视觉上可感知的差异。因此,由于新鲜鱼和变质鱼之间的 pH 值差异很大,BC-C3G 薄膜可能可用于监测鱼的新鲜度[92]。

表 3-3 pH＝3～10 时 BC-C3G 薄膜的颜色响应

pH值	pH=3	pH=4	pH=5	pH=6	pH=7	pH=8	pH=9	pH=10
颜色变化								
L^*	64.62±0.28e	85.50±0.12a	82.77±1.00b	80.86±0.21c	78.26±0.45d	79.59±0.28cd	81.38±0.45bc	79.68±0.31cd
a^*	47.57±1.43a	−2.45±0.22b	−2.00±0.16b	−2.09±0.13b	−4.71±0.02c	−7.24±0.12d	−10.78±0.14e	−14.26±0.51f
b^*	−6.96±0.59d	−3.57±0.09b	−6.75±0.24d	−6.59±0.02d	−7.78±0.51d	−6.72±0.44d	−4.73±0.07c	1.23±0.34a
ΔE	55.68±1.01a	11.43±1.41d	15.04±1.24c	18.53±0.51c	18.32±0.08bc	17.53±0.26bc	19.20±0.76bc	20.60±0.39b

注：数值为平均值±标准偏差。a,b 等字母代表显著性差异（$p<0.05$）。

8. 薄膜在罗非鱼片新鲜度监测中的应用

TVB-N 是由自溶活动、游离氨基酸和核苷酸的降解以及微生物活动产生的,通常用于评估鱼类的腐败情况[93]。根据 TVB-N 含量的不同,鲜鱼可分为三类：一级鲜度（＜13 mg/100 g）、二级鲜度（＜20 mg/100 g）和变质阶段（＞20 mg/100 g）[94]。罗非鱼片在 25 ℃和 4 ℃下储存期间的 TVB-N 含量变化如图 3-13(a)(b)所示。罗非鱼片在 25 ℃和 4 ℃下的 TVB-N 初始值为 10.54 mg/100g,表明鱼片的新鲜度处于一级。TVB-N 值在 25 ℃ 下储存 24 h 后增加到 40.04 mg/100 g,在 4 ℃ 下储存 8 天后增加到 24.16 mg/100 g。TVB-N 含量在 4 ℃时延迟增加表明低温可以抑制由生化和微生物活动引起的鱼片腐败变质。

罗非鱼片在 25 ℃和 4 ℃下储存的 TVC 含量变化如图 3-13(a)(b)所示。储存初期的 TVC 值为 3.84 lg CFU/g,表明鱼片质量良好[95]。罗非鱼片的 TVC 值在 25 ℃下储存 24 h 期间显著增加。然而,罗非鱼片在 4 ℃下储存 4 天后,TVC 值缓慢增加,超过了最大可接受水平,表明低温条件下细菌生长受到抑制[96]。

如图 3-13(a)(b)所示,随着鱼腐败过程的进行,BC-C3G 薄膜的 ΔE 值在 25 ℃和 4 ℃下呈递增趋势。BC-C3G 薄膜的初始 ΔE 值为 0,在 25 ℃和 4 ℃下储存时,它分别在 8 h 和第 2 天增加到 35.71 和 33.95。随着储存时间延长,BC-C3G 薄膜的最高 ΔE 值出现在鱼片 25 ℃下贮藏 24 h(49.03)和 4 ℃下贮藏第 8 天(47.38)。根据 Prietto 等[17]的说法,当 ΔE 值大于 12 时,人眼可以直接检测到颜色变化。因此,肉眼可以很容易地识别每个新鲜度阶段的颜色变化。

9. BC-C3G 薄膜响应与罗非鱼片新鲜度的相关性

本研究结果证实了 BC-C3G 薄膜的颜色变化与 TVB-N 的产生和细菌生长之间的有效对应关系。如表 3-4 所示，罗非鱼片在一级鲜度阶段呈亮白色，BC-C3G 薄膜呈玫瑰红色。随着储存时间的延长，罗非鱼片处于二级鲜度阶段

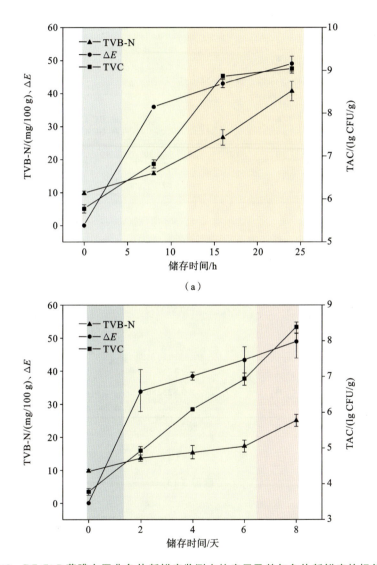

图 3-13 BC-C3G 薄膜在罗非鱼片新鲜度监测中的应用及其与鱼片新鲜度的相关性

(a)(b)罗非鱼片的 TVB-N 和 TVC 变化以及 BC-C3G 薄膜在 25 ℃ 和 4 ℃ 储存过程中的 ΔE 变化；(c)(d) 罗非鱼片中 TVC、TVB-N 与 BC-C3G 薄膜在 4 ℃ 和 25 ℃ 下的 ΔE 之间的相关性

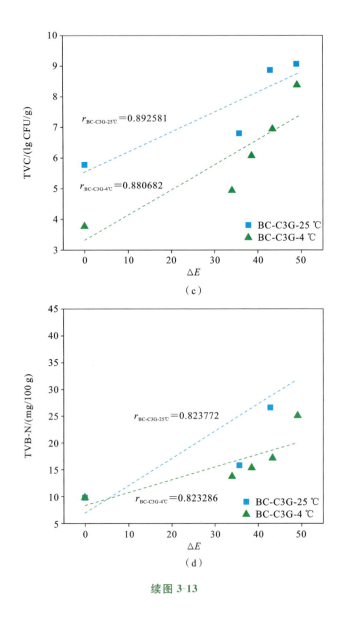

续图 3-13

时，BC-C3G 薄膜的颜色变为紫色。最后，在罗非鱼片处于变质阶段，保质期结束时，BC-C3G 薄膜的颜色变成了淡紫色。同时，BC-C3G 薄膜在储存过程中表现出较高的 ΔE 值，表明所开发的薄膜具有监测罗非鱼片新鲜度的能力。挥发性碱性化合物是由鱼类样品中的细菌生长和酶作用导致营养物质（即脂肪、蛋白质和碳水化合物）降解而产生的，导致 pH 值升高，从而导致 BC-C3G 薄膜颜色变化[97]。

BC-C3G 薄膜在储存初期呈玫瑰红色，在罗非鱼片 25 ℃ 下储存 24 h 和 4 ℃ 下储存 8 天后变为淡紫色，表明 TVC 和 TVB-N 含量超过可接受极限。此外，BC-C3G 薄膜的 ΔE 对在 25 ℃ 和 4 ℃ 下储存的罗非鱼片的腐败情况很敏感。罗非鱼片中 TVC、TVB-N 与 BC-C3G 薄膜在 25 ℃ 和 4 ℃ 下的 ΔE 之间的相关性采用 Pearson 相关系数（$r > 0.75$）[78]进行估计，如图 3-13(c)(d) 所示。ΔE 在储存期间与 TVC 相关性良好（图 3-13(c)），相关系数在 25 ℃ 和 4 ℃ 储存条件下分别为 0.892581 和 0.880682。在 ΔE 和 TVB-N 之间也可观察到良好的线性相关性（图 3-13(d)），并且在 25 ℃ 和 4 ℃ 储存条件下相关系数分别为 0.823772 和 0.823286。制备的 BC-C3G 指示膜与罗非鱼片腐败过程中释放的挥发性氮化合物发生快速、准确的显色反应。结果表明，BC-C3G 薄膜在腐败过程中 pH 值升高的食品智能包装中具有巨大的商业应用潜力。

表 3-4　附在罗非鱼片包装上的 BC-C3G 薄膜在 4 ℃ 和 25 ℃ 下的一级鲜度、二级鲜度和变质阶段的颜色变化

储存条件	一级鲜度	二级鲜度	变质阶段
4 ℃			
25 ℃			

3.3.2.3　小结

本研究以 BC 为固体基质，以 C3G 为 pH 敏感染料，开发了用于罗非鱼片新鲜度监测的智能标签。SEM 结果表明，C3G 均匀分布在纤维素基质中。FTIR 和 XRD 分析表明 BC 链和 C3G 分子之间形成了新的分子间氢键，而不影响它们的化学结构。此外，随着 C3G 的加入，BC-C3G 薄膜的力学性能和抗氧化活性得到改善。BC-C3G 薄膜表现出可靠的颜色响应（ΔE）及对 TVB-N

和 TVC 的高灵敏度，并且 BC-C3G 薄膜在鱼片新鲜度监测过程中的颜色变化肉眼可察觉。此外，BC-C3G 薄膜的 ΔE 与罗非鱼片的 TVC 和 TVB-N 表现出良好的相关性。总体而言，BC-C3G 薄膜可应用于新型无损智能包装，用于实时评估罗非鱼片的新鲜度。

本章参考文献

[1] VARŽINSKAS V, MARKEVIČIŪTĖ Z. Sustainable food packaging: materials and waste management solutions[J]. Environmental Research, Engineering and Management, 2020, 76(3): 154-164.

[2] LEMES A C, EGEA M B, DE OLIVEIRA FILHO J G, et al. Biological approaches for extraction of bioactive compounds from agro-industrial by-products: a review[J]. Frontiers in Bioengineering and Biotechnology, 2021, 9: 802543.

[3] YOUSEFI H, SU H M, IMANI S M, et al. Intelligent food packaging: a review of smart sensing technologies for monitoring food quality[J]. ACS Sensors, 2019, 4(4): 808-821.

[4] LI H H, CHEN Q S, ZHAO J W, et al. Nondestructive detection of total volatile basic nitrogen (TVB-N) content in pork meat by integrating hyperspectral imaging and colorimetric sensor combined with a nonlinear data fusion[J]. LWT-Food Science and Technology, 2015, 63(1): 268-274.

[5] 杨俊超, 曹树亚, 杨柳. 气相色谱与离子迁移谱仪联用的研究[J]. 现代仪器与医疗, 2014, 20(3): 20-24.

[6] SHI Y Q, LI Z H, SHI J Y, et al. Titanium dioxide-polyaniline/silk fibroin microfiber sensor for pork freshness evaluation[J]. Sensors and Actuators B: Chemical, 2018, 260: 465-474.

[7] DIKOVSKA A O, ATANASOVA G B, NEDYALKOV N N, et al. Optical sensing of ammonia using ZnO nanostructure grown on a side-polished optical-fiber[J]. Sensors and Actuators B: Chemical, 2010, 146(1): 331-336.

[8] KUMAR A, SANGER A, KUMAR A, et al. Fast response ammonia sen-

sors based on TiO_2 and NiO nanostructured bilayer thin films[J]. RSC Advances, 2016, 6(81): 77636-77643.

[9] HUANG H, HAO M W, SONG Y L, et al. Dynamic passivation in perovskite quantum dots for specific ammonia detection at room temperature [J]. Small, 2020, 16(6): 1904462.

[10] ZHANG J R, XU Z Y, SHI C, et al. A fluorescence method based on N, S-doped carbon dots for detection of ammonia in aquaculture water and freshness of fish[J]. Sustainability, 2021, 13(15): 8255.

[11] XU Y, FAN Y, ZHANG L, et al. A novel enhanced fluorescence method based on multifunctional carbon dots for specific detection of Hg^{2+} in complex samples[J]. Spectrochimica Acta Part A: Molecular and Biomolecular Spectroscopy, 2019, 220: 117109.

[12] QIAN Z S, SHAN X Y, CHAI L J, et al. Si-doped carbon quantum dots: a facile and general preparation strategy, bioimaging application, and multifunctional sensor[J]. ACS Applied Materials & Interfaces, 2014, 6(9): 6797-6805.

[13] YU D Y, WANG L, ZHOU H Y, et al. Fluorimetric detection of *Candida albicans* using cornstalk N-carbon quantum dots modified with amphotericin B[J]. Bioconjugate Chemistry, 2019, 30(3): 966-973.

[14] ANKIREDDY S R, KIM J. Selective detection of dopamine in the presence of ascorbic acid via fluorescence quenching of InP/ZnS quantum dots [J]. International Journal of Nanomedicine, 2015, 10 (Spec Iss): 113-119.

[15] ANKIREDDY S R, KIM J. Dopamine-functionalized InP/ZnS quantum dots as fluorescence probes for the detection of adenosine in microfluidic chip[J]. International Journal of Nanomedicine, 2015, 10 (Spec Iss): 121-128.

[16] WOOD C A, JACOBSON R E, ATTRIDGE G G. Minimum perceptible differences in the colour reproduction of photographic prints in colour appearance terms[J]. The Journal of Photographic Science, 1989, 38(4-5): 101-104.

[17] PRIETTO L, MIRAPALHETE T C, PINTO V Z, et al. pH-sensitive

films containing anthocyanins extracted from black bean seed coat and red cabbage[J]. LWT, 2017, 80: 492-500.

[18] FLEISCHMANN C, CHENG J, TABATABAI M, et al. Extended applicability of classical phenolphthalein: color changing polymeric materials derived from pH-sensitive acrylated phenolphthalein derivatives[J]. Macromolecules, 2012, 45(13): 5343-5346.

[19] CHOI I, LEE J Y, LACROIX M, et al. Intelligent pH indicator film composed of agar/potato starch and anthocyanin extracts from purple sweet potato[J]. Food Chemistry, 2017, 218: 122-128.

[20] CHEN H Z, ZHANG M, BHANDARI B R, et al. Novel pH-sensitive films containing curcumin and anthocyanins to monitor fish freshness[J]. Food Hydrocolloids, 2020, 100: 105438.

[21] LIANG T S, ZHANG Z T, JING P. Black rice anthocyanins embedded in self-assembled chitosan/chondroitin sulfate nanoparticles enhance apoptosis in HCT-116 cells[J]. Food Chemistry, 2019, 301: 125280.

[22] TIDWELL J H, ALLAN G L. Fish as food: aquaculture's contribution [J]. EMBO Reports, 2001, 2(11): 958-963.

[23] MACAGNANO A, CARECHE M, HERRERO A, et al. A model to predict fish quality from instrumental features[J]. Sensors and Actuators B: Chemical, 2005, 111-112: 293-298.

[24] HU Y Y, MA X J, ZHANG Y B, et al. Detection of amines with fluorescent nanotubes: applications in the assessment of meat spoilage[J]. ACS Sensors, 2016, 1(1): 22-25.

[25] SENAPATI M, SAHU P P. Onsite fish quality monitoring using ultra-sensitive patch electrode capacitive sensor at room temperature[J]. Biosensors and Bioelectronics, 2020, 168: 112570.

[26] SUTTHASUPA S, PADUNGKIT C, SURIYONG S. Colorimetric ammonia (NH_3) sensor based on an alginate-methylcellulose blend hydrogel and the potential opportunity for the development of a minced pork spoilage indicator[J]. Food Chemistry, 2021, 362: 130151.

[27] FAZIAL F F, TAN L L, ZUBAIRI S I. Bienzymatic creatine biosensor based on reflectance measurement for real-time monitoring of fish fresh-

ness[J]. Sensors and Actuators B: Chemical, 2018, 269: 36-45.

[28] JIA R N, TIAN W G, BAI H T, et al. Amine-responsive cellulose-based ratiometric fluorescent materials for real-time and visual detection of shrimp and crab freshness[J]. Nature Communications, 2019, 10(1): 795.

[29] SENAPATI M, SAHU P P. Onsite fish quality monitoring using ultra-sensitive patch electrode capacitive sensor at room temperature[J]. Biosensors and Bioelectronics, 2020, 168: 112570.

[30] SHI C, ZHANG J R, JIA Z X, et al. Intelligent pH indicator films containing anthocyanins extracted from blueberry peel for monitoring tilapia fillet freshness[J]. Journal of the Science of Food and Agriculture, 2021, 101(5): 1800-1811.

[31] FAZIAL F F, TAN L L. Phenylalanine-responsive fluorescent biosensor based on graphene oxide-chitosan nanocomposites catalytic film for nondestructive fish freshness grading[J]. Food Control, 2021, 125: 107995.

[32] KAMP J N, SØRENSEN L L, HANSEN M J, et al. Low-cost fluorescence sensor for ammonia measurement in livestock houses[J]. Sensors, 2021, 21(5): 1701.

[33] GIDWANI B, SAHU V, SHUKLA S S, et al. Quantum dots: prospectives, toxicity, advances and applications[J]. Journal of Drug Delivery Science and Technology, 2021, 61: 102308.

[34] SANNAIKAR M S, INAMDAR L S, INAMDAR S R. Interaction between human serum albumin and toxic free InP/ZnS QDs using multi-spectroscopic study: an excellent alternate to heavy metal based QDs[J]. Journal of Molecular Liquids, 2019, 281: 156-165.

[35] WANG Y B, MA J J, LI H, et al. A sensitive immunosensor based on FRET between gold nanoparticles and InP/ZnS quantum dots for arginine kinase detection[J]. Food Chemistry, 2021, 354: 129536.

[36] MANDANI S, REZAEI B, ENSAFI A A. Developing a highly-sensitive aptasensor based on surface energy transfer between InP/ZnS quantum dots and Ag-nanoplates for the determination of insulin[J]. Journal of Photochemistry and Photobiology A: Chemistry, 2022, 423: 113601.

[37] TESSIER M D, DUPONT D, DE NOLF K, et al. Economic and size-tunable synthesis of InP/ZnE (E=S, Se) colloidal quantum dots[J]. Chemistry of Materials, 2015, 27(13): 4893-4898.

[38] LEÓN E, MERY D, PEDRESCHI F, et al. Color measurement in $L^*a^*b^*$ units from RGB digital images[J]. Food Research International, 2006, 39(10): 1084-1091.

[39] World Organization for Animal Health. Welfare aspects of stunning and killing of farmed fish for human consumption[M]// World Organization for Animal Health. Aquatic Animal Health Code. 15th ed. Paris: World Organization for Animal Health, 2012.

[40] ZHANG L N, SHEN H X, LUO Y K. A nondestructive method for estimating freshness of freshwater fish[J]. European Food Research and Technology, 2011, 232(6): 979-984.

[41] PATTON E, WEST R. New aromatic anions. VIII. Acidity constants of rhodizonic acid[J]. Journal of Physical Chemistry, 1970, 74(12): 2512-2518.

[42] MENG Y T, JIAO Y, ZHANG Y, et al. Multi-sensing function integrated nitrogen-doped fluorescent carbon dots as the platform toward multi-mode detection and bioimaging[J]. Talanta, 2020, 210: 120653.

[43] ZHANG J Y, ZHOU R H, TANG D D, et al. Optically-active nanocrystals for inner filter effect-based fluorescence sensing: achieving better spectral overlap[J]. TrAC Trends in Analytical Chemistry, 2019, 110: 183-190.

[44] YANG L, WEN J X, LI K J, et al. Carbon quantum dots: comprehensively understanding of the internal quenching mechanism and application for catechol detection[J]. Sensors and Actuators B: Chemical, 2021, 333: 129557.

[45] CHEN T, LI L, XU G X, et al. Cytotoxicity of InP/ZnS quantum dots with different surface functional groups toward two lung-derived cell lines[J]. Frontiers in Pharmacology, 2018, 9: 763.

[46] ALI H R H, HASSAN A I, HASSAN Y F, et al. Development of dual function polyamine-functionalized carbon dots derived from one step

green synthesis for quantitation of Cu^{2+} and S^{2-} ions in complicated matrices with high selectivity[J]. Analytical and Bioanalytical Chemistry, 2020, 412(6), 1353-1363.

[47] AGHAEI Z, EMADZADEH B, GHORANI B, et al. Cellulose acetate nanofibres containing alizarin as a halochromic sensor for the qualitative assessment of rainbow trout fish spoilage[J]. Food and Bioprocess Technology, 2018,11(5): 1087-1095.

[48] ZHANG Y, XIAO Y T, ZHANG Y J, et al. Carbon quantum dots as fuorescence turn-off-on probe for detecting Fe^{3+} and sscorbic scid[J]. Journal of Nanoscience and Nanotechnology, 2020,20(6): 3340-3347.

[49] COOPER J E, FRANCO A M, GUL S, et al. Characterization of primary amine capped CdSe, ZnSe, and ZnS quantum dots by FT-IR: determination of surface bonding interaction and identification of selective desorption[J]. Langmuir,2011, 27(3): 8486-8493.

[50] EZATI P, TAJIK H, MORADI M. Fabrication and characterization of alizarin colorimetric indicator based on cellulose-chitosan to monitor the freshness of minced beef[J]. Sensors and Actuators B: Chemical, 2019, 285: 519-528.

[51] TALIADOUROU D, PAPADOPOULOS V, DOMVRIDOU E, et al. Microbiological, chemical and sensory changes of whole and filleted Mediterranean aquacultured sea bass (*Dicentrarchus labrax*) stored in ice[J]. Journal of the Science of Food and Agriculture, 2003, 83(13): 1373-1379.

[52] ZHU S C, LUO Y K, HONG H, et al. Correlation between electrical conductivity of the gutted fish body and the quality of bighead carp (*Aristichthys nobilis*) heads stored at 0 and 3 ℃[J]. Food and Bioprocess Technology, 2013, 6: 3068-3075.

[53] KOSTAKI M, GIATRAKOU V, SAVVAIDIS I N, et al. Combined effect of MAP and thyme essential oil on the microbiological, chemical and sensory attributes of organically aquacultured sea bass (*Dicentrarchus labrax*) fillets[J]. Food Microbiology, 2009, 26(5): 475-482.

[54] HONG X Z, WANG J, HAI Z. Discrimination and prediction of multiple

beef freshness indexes based on electronic nose[J]. Sensors and Actuators B: Chemical, 2012, 161(1): 381-389.

[55] YAM K L. Intelligent packaging to enhance food safety and quality[M]// YAM K L, LEE D S. Emerging Food Packaging Technologies (Principles and Practice). Cambridge: Woodhead Publishing, 2012: 137-152.

[56] HUANG S Y, XIONG Y B, ZOU Y, et al. A novel colorimetric indicator based on agar incorporated with *Arnebia euchroma* root extracts for monitoring fish freshness[J]. Food Hydrocolloids, 2019, 90: 198-205.

[57] JIANG G Y, HOU X Y, ZENG X D, et al. Preparation and characterization of indicator films from carboxymethyl-cellulose/starch and purple sweet potato (*Ipomoea batatas* (L.) lam) anthocyanins for monitoring fish freshness[J]. International Journal of Biological Macromolecules, 2020, 143: 359-372.

[58] DUDNYK I, JANECEK E R, VAUCHER-JOSET J, et al. Edible sensors for meat and seafood freshness[J]. Sensors and Actuators B: Chemical, 2018, 259: 1108-1112.

[59] LIRES C M L, DOCTERS A, HORAK C I. Evaluation of the quality and shelf life of gamma irradiated blueberries by quarantine purposes[J]. Radiation Physics and Chemistry, 2018, 143: 79-84.

[60] DING M, FENG R T, WANG S Y, et al. Cyanidin-3-glucoside, a natural product derived from blackberry, exhibits chemopreventive and chemotherapeutic activity[J]. Journal of Biological Chemistry, 2006, 281(25): 17359-17368.

[61] UM M Y, AHN J, HA T Y. Hypolipidaemic effects of cyanidin 3-glucoside rich extract from black rice through regulating hepatic lipogenic enzyme activities[J]. Journal of the Science of Food and Agriculture, 2013, 93(12): 3126-3128.

[62] HARLEN W C, JATI I R A P. Antioxidant activity of anthocyanins in common legume grains[M]// WATSON R R, PREEDY V R, ZIBADI S. Polyphenols: mechanisms of action in human health and disease. 2nd ed. Cambridge: Elsevier, 2018: 81-92.

[63] DE OLIVEIRA FILHO J G, BRAGA A R C, DE OLIVEIRA B R, et

al. The potential of anthocyanins in smart, active, and bioactive eco-friendly polymer-based films: a review[J]. Food Research International, 2021, 142: 110202.

[64] KLEMM D, SCHUMANN D, UDHARDT U, et al. Bacterial synthesized cellulose—artificial blood vessels for microsurgery[J]. Progress in Polymer Science, 2001, 26(9): 1561-1603.

[65] JONAS R, FARAH L F. Production and application of microbial cellulose[J]. Polymer Degradation and Stability, 1998, 59(1-3): 101-106.

[66] CHAWLA P, BAJAJ I, SURVASE S, et al. Microbial cellulose: fermentative production and applications[J]. Food Technology and Biotechnology, 2009, 47(2): 107-124.

[67] POURJAVAHER S, ALMASI H, MESHKINI S, et al. Development of a colorimetric pH indicator based on bacterial cellulose nanofibers and red cabbage (*Brassica oleraceae*) extract[J]. Carbohydrate Polymers, 2017, 156: 193-201.

[68] BOONTRANURAK K, RAVIYAN P, PANYA J, et al. Preparation of film incorporating spray-dried red cabbage anthocyanin encapsulated with bagasse carboxymethyl cellulose[J]. Chiang Mai Journal of Science, 2020, 47(5): 926-942.

[69] RAZAVI R, MOLAEI R, MORADI M, et al. Biosynthesis of metallic nanoparticles using mulberry fruit (*Morus alba* L.) extract for the preparation of antimicrobial nanocellulose film[J]. Applied Nanoscience, 2020, 10: 465-476.

[70] EZATI P, BANG Y J, RHIM J W. Preparation of a shikonin-based pH-sensitive color indicator for monitoring the freshness of fish and pork[J]. Food Chemistry, 2021, 337: 127995.

[71] SHI C, ZHANG J R, JIA Z X, et al. Intelligent pH indicator films containing anthocyanins extracted from blueberry peel for monitoring tilapia fillet freshness[J]. Journal of the Science of Food and Agriculture, 2021, 101(5): 1800-1811.

[72] EZATI P, RHIM J W, MORADI M, et al. CMC and CNF-based alizarin incorporated reversible pH-responsive color indicator films[J]. Carbohy-

drate Polymers, 2020, 246: 116614.

[73] YU H D, ZUO S M, XIA G H, et al. Rapid and nondestructive freshness determination of tilapia fillets by a portable near-infrared spectrometer combined with chemometrics methods[J]. Food Analytical Methods, 2020, 13: 1918-1928.

[74] BASHA K A, KUMAR N R, MURUGADAS V, et al. Molecular detection of antibiotic resistance genes in multidrug resistant *Listeria monocytogenes* isolated from fish retail markets[J]. Fishtech Reporter, 2020, 6(2): 5-8.

[75] LACROIX M. Mechanical and permeability properties of edible films and coatings for food and pharmaceutical applications[M]// HUBER K C, EMBUSCADO M E. Edible Films and Coatings for Food Applications. New York: Springer New York, 2009: 347-366.

[76] PEREDA M, AMICA G, RÁCZ I, et al. Preparation and characterization of sodium caseinate films reinforced with cellulose derivatives[J]. Carbohydrate Polymers, 2011, 86(2): 1014-1021.

[77] GE Y J, LI Y, BAI Y, et al. Intelligent gelatin/oxidized chitin nanocrystals nanocomposite films containing black rice bran anthocyanins for fish freshness monitorings[J]. International Journal of Biological Macromolecules, 2020, 155: 1296-1306.

[78] NILSUWAN K, GUERRERO P, DE LA CABA K, et al. Properties of fish gelatin films containing epigallocatechin gallate fabricated by thermocompression molding[J]. Food Hydrocolloids, 2019, 97: 105236.

[79] TIRTASHI F E, MORADI M, TAJIK H, et al. Cellulose/chitosan pH-responsive indicator incorporated with carrot anthocyanins for intelligent food packaging[J]. International Journal of Biological Macromolecules, 2019, 136: 920-926.

[80] EZATI P, RHIM J W. pH-responsive chitosan-based film incorporated with alizarin for intelligent packaging applications[J]. Food Hydrocolloids, 2020, 102: 105629.

[81] FOGARASI A L, KUN S, TANKÓ G, et al. A comparative assessment of antioxidant properties, total phenolic content of einkorn, wheat, bar-

ley and their malts[J]. Food Chemistry, 2015, 167: 1-6.

[82] PIÑEROS-HERNANDEZ D, MEDINA-JARAMILLO C, LÓPEZ-CÓRDOBA A, et al. Edible cassava starch films carrying rosemary antioxidant extracts for potential use as active food packaging[J]. Food Hydrocolloids, 2017, 63: 488-495.

[83] ZHANG J J, ZOU X B, ZHAI X D, et al. Preparation of an intelligent pH film based on biodegradable polymers and roselle anthocyanins for monitoring pork freshness[J]. Food Chemistry, 2019, 272: 306-312.

[84] LI J, SONG H G, DONG N, et al. Degradation kinetics of anthocyanins from purple sweet potato (*Ipomoea batatas* L.) as affected by ascorbic acid[J]. Food Science and Biotechnology, 2014, 23: 89-96.

[85] RAWDKUEN S, FASEHA A, BENJAKUL S, et al. Application of anthocyanin as a color indicator in gelatin films[J]. Food Bioscience, 2020, 36: 100603.

[86] ZHAO Y Y, ZHANG H F. Current situation and investigation of anthocyanidin and its progressive trend[J]. Journal of Anhui Agricultural Sciences, 2005, 33(5): 904-905, 907.

[87] CHOI I, LEE J Y, LACROIX M, et al. Intelligent pH indicator film composed of agar/potato starch and anthocyanin extracts from purple sweet potato[J]. Food Chemistry, 2017, 218: 122-128.

[88] GRAJEDA-IGLESIAS C, FIGUEROA-ESPINOZA M C, BAROUH N, et al. Isolation and characterization of anthocyanins from hibiscus sabdariffa flowers[J]. Journal of Natural Products, 2016, 79(7): 1709-1718.

[89] ADKINS C J. Equilibrium thermodynamics[M]. Cambridge: Cambridge University Press, 1983.

[90] CHEN S L, WU M, LU P, et al. Development of pH indicator and antimicrobial cellulose nanofibre packaging film based on purple sweet potato anthocyanin and oregano essential oil[J]. International Journal of Biological Macromolecules, 2020, 149: 271-280.

[91] ANDRETTA R, LUCHESE C L, TESSARO I C, et al. Development and characterization of pH-indicator films based on cassava starch and blueberry residue by thermocompression[J]. Food Hydrocolloids, 2019,

93：317-324.

[92] KATO N, KUNIMOTO M, KOSEKI S, et al. Freshness and quality of fish and shellfish (supplementary edition)[J]. 東海大学紀要海洋学部［海—自然と文化］, 2009, 7(2)：87-99.

[93] SALLAM K I, AHMED A M, ELGAZZAR M M, et al. Chemical quality and sensory attributes of marinated Pacific saury (*Cololabis saira*) during vacuum-packaged storage at 4 ℃[J]. Food Chemistry, 2007, 102(4)：1061-1070.

[94] ZHANG L N, HU S M, WANG R H, et al. Changes in quality of grass carp tablets during storage between refrigeration and partial freezing[J]. Food Science and Technology, 2010, 35(8)：175-179.

[95] ERKAN N. The effect of thyme and garlic oil on the preservation of vacuum-packaged hot smoked rainbow trout (*Oncorhynchus mykiss*)[J]. Food and Bioprocess Technology, 2012, 5：1246-1254.

[96] ARASHISAR Ş, HISAR O, KAYA M, et al. Effects of modified atmosphere and vacuum packaging on microbiological and chemical properties of rainbow trout (*Oncorynchus mykiss*) fillets[J]. International Journal of Food Microbiology, 2004, 97(2)：209-214.

[97] ZENG P, CHEN X, QIN Y R, et al. Preparation and characterization of a novel colorimetric indicator film based on gelatin/polyvinyl alcohol incorporating mulberry anthocyanin extracts for monitoring fish freshness[J]. Food Research International, 2019, 126：108604.

第 4 章
农产品货架期预测技术

早在1993年,国际食品科学技术联合会就对货架期进行了定义:食品经过加工和包装后,在确定贮藏条件下产品的保持时间;在这个期限内食品必须是安全的,且保持期望的感官、物理、化学、微生物的特性和功能性,同时与标签上的营养信息相一致。通常根据食品的微生物、物理化学和感官指标分别评价微生物货架期、物理化学货架期和感官货架期。产品的货架期能反映理想贮藏条件下各方面作用(物理化学、微生物等)对产品品质的综合影响。目前食品货架期的概念不仅适用于加工和包装后的食品,也适用于生鲜类食品,包括肉类产品、水产品、水果等。然而传统货架期的测定面临很多问题:一方面,虽然传统包装加工食品在稳定贮藏环境下的货架期是恒定的,但生鲜类食品的货架期却不能准确地提前预知。这主要是因为食品的初始微生物菌落、物理性质、化学性质及感官值不同,其货架期之间存在差异。为了及时掌握生鲜类食品的品质和货架期结果,需要对产品进行相关检测,不仅费时费力,而且检测结果具有滞后性,并不能达到及时预知的效果。另一方面,由于冷链物流发展滞后,食品在生产、运输、销售、贮存等各个环节中,可能会受到冷链过程的影响从而导致贮藏环境发生波动,例如温度、氧气含量、湿度等发生变化,而食品品质受贮藏环境影响较大,这些都会导致最终货架期的改变。由于不能对货架期进行及时预知和实时监控,肉类、水产品、水果蔬菜在流通环节的腐损率极高,造成极大的资源浪费,进而造成我国农产品及相关食品产业的发展受到流通过程的严重影响。

4.1 影响农产品货架期的主要因素

影响农产品货架期的因素有许多,这些因素可被分成外在因素和内在因素。外在因素包括贮藏和分配过程中的微生物控制、温度、相对湿度,以及包装过程中的气体成分和加工过程中的时间-温度关系。此外,消费者的处理操作和热处理的顺序等也是外在因素之一。内在因素则包括菌落总数、pH值和总酸度、酸的类型、水分活度、有效含氧量、氧化还原电势等。这些影响农产品货架期的因素可以被简单地归纳为以下几类:微生物因素、化学因素和物理因素。

4.1.1 影响货架期的微生物因素

微生物引起的食品变质和腐败是影响货架期的主要因素之一。这些微生物主要分为三大类:细菌、霉菌和酵母菌。细菌通常在水分含量较高、营养较丰富的食品中繁殖,如牛奶、蔬菜及肉制品等,霉菌易于在水分活度低的食品中滋生,而酵母菌则主要生长在偏酸性、潮湿的含糖环境中[1]。这些微生物通过将食品中的营养成分分解,使高分子物质分解为低分子物质,从而造成食品品质下降,引发变质和腐败,进而缩短食品的货架期。

4.1.1.1 微生物对果蔬腐败的影响

水果的 pH 值大多低于细菌生长的 pH 范围,因此,由细菌引起的水果腐败不常见,导致水果腐败变质的微生物主要是霉菌和少数酵母菌[2]。引起水果腐败变质的霉菌主要有炭疽菌属(Colletotrichum)、葡萄孢属(Botrytis)、青霉属(Penicillium)、根霉属(Rhizopus)和链格孢属(Alternaria),酵母菌主要包括掷孢酵母属(Sporobolomyces)、梅奇酵母属(Metschnikowia),这些微生物会使水果腐烂或发霉而导致不能食用,从而缩短货架期。表 4-1 中是引起水果腐败变质常见的腐败菌和腐败症状。

表 4-1 水果中常见的腐败菌及腐败症状[3]

水果种类	腐败菌类型	主要腐败症状
苹果、梨、柑橘、葡萄、香蕉、杧果、番木瓜、番石榴等	半知菌亚门炭疽菌属霉菌	初期病斑为浅褐色圆形小斑点,后逐渐扩大、变黑,趋凹陷,果软烂,高湿条件下病斑上产生粉红色黏状物
苹果、梨等	半知菌亚门小穴壳属真菌	初期出现以皮孔为中心的褐色水浸状圆斑,斑点不断扩大,呈深浅相间的褐色同心轮纹,病斑不凹陷,烂果呈酸臭味
苹果、梨、柑橘等	半知菌亚门青霉属真菌	初期果实局部表面出现浅褐色病斑,稍凹陷,病斑表面产生霉状块,初为白色,后出现青绿色粉状物覆盖其上
苹果、梨	担子菌亚门胶锈菌属	初期为橙黄色小点,后期病斑变厚,背面呈淡黄色孢状隆起,散出黄褐色粉末(锈孢子),最后病斑变黑、干枯

续表

水果种类	腐败菌类型	主要腐败症状
葡萄、草莓等	半知菌亚门葡萄孢属真菌	病果先出现褐色病斑,迅速扩展腐烂,病果上产生灰色霉层
桃	子囊菌亚门链核盘菌属真菌	果面出现褐色圆斑,果肉变褐、变软、腐烂,病斑表面产生褐色绒状霉层
草莓	接合菌亚门根霉菌属真菌	初期出现褐色水浸状病斑,组织软烂,并长出灰色绵霉状物,上有黑色小点
柑橘、荔枝	半知菌亚门地霉属真菌	病部初期出现水浸状小斑点,后扩大,稍凹陷,出现白色霉层,皱褶状轮纹,发出酸臭味
荔枝	半知菌亚门刺盘孢霉属真菌	初期出现褐色斑点,白色霉层,后全果变褐,腐烂成肉浆状,有强烈酒味和酸臭味

新鲜蔬菜含有大量水分,且其 pH 值处于很多细菌的生长范围之内,因此引起蔬菜腐败的常见微生物为细菌,这些细菌主要有嗜麦芽糖寡养单胞菌(*Stenotrophomonas maltophilia*)、荧光假单胞菌(*Pseudomonas fluorescens*)、皱纹假单胞菌(*Pseudomonas corrugata*)[4],另外,在一些水分含量较低的蔬菜中,霉菌也是造成蔬菜腐败的原因之一。蔬菜和水果的腐败症状大都相同,但蔬菜中多了由鞭毛菌引起的疫病这种病状,病部初期呈水浸状暗绿色小斑块,而后形成黑褐色且微缩的病斑并产生不可见白色稀疏霉层。这些腐败微生物会使蔬菜软烂或长霉,发出难闻的气味,从而缩短货架期。表 4-2 是蔬菜中常见的腐败菌及主要腐败症状。

表 4-2 蔬菜中主要的腐败菌及腐败症状[3]

蔬菜种类	腐败菌类型	主要腐败症状
十字花科蔬菜(大白菜、甘蓝、萝卜、花椰菜)、番茄、黄瓜、莴苣等	欧氏杆菌、鞭毛菌亚门霜霉属真菌	病部呈水浸状病斑,微黄色,后扩大成黄褐色而腐烂,呈黏滑软腐状,并发出恶臭味;初期为淡绿色病斑,后逐渐扩大,转为黄褐色,呈多角形或不规则形,病斑上有白色霉层
番茄、茄子、辣椒、白菜、黄瓜、莴苣、胡萝卜等	半知菌亚门葡萄孢属真菌	病部呈灰白色,水浸状,软化腐烂,常在病部产生黑色菌核

续表

蔬菜种类	腐败菌类型	主要腐败症状
番茄、马铃薯、茄子、辣椒	半知菌亚门链格孢属真菌	病斑呈黑褐色,稍凹陷,有同心轮纹
辣椒、黄瓜、冬瓜、南瓜、丝瓜等	鞭毛菌亚门疫霉属真菌	初为暗绿色小斑块,后形成黑褐色明显微缩的病斑,并产生不可见白色稀疏霉层
番茄	半知菌亚门地霉属真菌	病斑暗淡,呈油污水浸状,表面变白,组织变软,发出特有的酸臭味
瓜类、菜豆、辣椒	半知菌亚门刺盘孢霉属真菌	病斑凹陷,呈深褐色或黑色,潮湿环境下病斑上产生粉红色黏状物

4.1.1.2 微生物对肉、蛋农产品腐败的影响

微生物在肉类腐败变质的过程中起着决定性作用,主要分为腐败菌和致病菌两大类。腐败菌会造成肉类的腐败变质,缩短货架期,其中肠杆菌是主要的代表微生物。致病菌不仅会使肉类腐败变质,还会产生毒素等对人体有害的有毒物质,这类微生物主要有产碱杆菌属(*Alcaligenes*)、梭菌属(*Clostridium*)、弧菌属(*Vibrio*)、普通变形杆菌(*Proteus*)、假单胞菌属(*Pseudomonas*)、气单胞菌属(*Aeromonas*)、葡萄球菌属(*Staphylococcus*)、明串珠菌属(*Leuconostoc*)及棒状杆菌属(*Corynebacterium*)等[5]。细菌可分解肉类中的蛋白质和脂肪,造成肉类品质下降,其中分解蛋白质能力较强的属有芽孢杆菌属(*Bacillus*)、梭菌属、变形杆菌属等,分解脂肪能力较强的细菌有荧光假单胞菌等。无论是蛋白质、脂肪,还是糖类,都有很多种霉菌能将其分解利用,如根霉属(*Rhizopus*)、毛霉属(*Mucor*)、曲霉属(*Aspergillus*)、青霉属(*Penicillium*)等。另外,少数酵母也具有分解利用蛋白质和脂肪的能力,例如解脂假丝酵母(*Candida lipolytica*)的蛋白酶、解脂酶活性较强,红酵母(*Rhodotorula*)可在肉类及酸性食品上产生色素,形成红斑[6]。

微生物引起的肉类腐败现象主要有发黏、变色、长霉及产生异味等。发黏主要是由酵母菌、乳酸菌及一些革兰氏阴性菌的生长繁殖引起的。肉的变色现象以绿变为主,绿变分为两种:一种是由 H_2O_2 引起的绿变,另一种是由 H_2S 引起的绿变。异味主要是乳酸菌和酵母菌的作用产生的酸味,以及蛋白质分解而产生的恶臭味等。这些微生物可将肉中的蛋白质和脂肪分解成小分子物质,造成肉类的营养价值和可食用价值降低,同时还产生难闻的气味,使肉变色、发霉

和发黏等,从而缩短货架期。表 4-3 是一些肉类中的腐败菌和主要腐败症状。

表 4-3　肉类中的腐败菌及主要腐败症状

种类	腐败菌类型	主要腐败症状
新鲜肉 (猪肉、牛肉 等畜类)	产碱杆菌属、梭菌属、普通变形杆菌、荧光假单胞菌	腐烂变臭
	腐败假单胞菌	变黑
	曲霉属、根霉属、青霉属	发霉
家禽	假单胞菌属、产碱杆菌属	变黏、有气味
冷藏肉	假单胞菌属、微球菌属	变酸
	乳杆菌属、明串珠菌属	变绿、变黏

蛋类的主要营养成分是蛋白质,引起蛋类腐败变质的主要是能分解蛋白质的细菌和一部分霉菌。蛋类中常见的腐败菌有假单胞菌属、不动杆菌属($Acinetobacter$)、变形杆菌属、产碱杆菌属、埃希菌属($Escherichia$)、片球菌属($Pediococcus\ Claussen$)、沙门菌属($Salmonella$)、沙雷氏菌属($Serratia$)、黄杆菌属($Flavobacterium$)及葡萄球菌属($Staphylococcus$)等,霉菌有毛霉属、青霉属、单孢枝霉属、芽枝孢霉属等,以及圆酵母。

蛋类的货架期缩短主要是因为外部环境中的微生物进入蛋壳后,使蛋白质分解,从而引起蛋类腐败变质,造成蛋类发臭、变色和发霉。这些微生物从蛋壳上的小孔进入蛋类后,首先分解蛋白质使系带断裂,蛋黄因失去固定作用而移动。随后蛋黄膜被分解,蛋白与蛋黄混合成散蛋黄,发生早期变质现象。散蛋黄被腐败微生物进一步分解,产生硫化氢、吲哚等腐败分解产物,形成灰绿色的稀薄液并伴有恶臭,此时蛋已完全腐败。当霉菌进入蛋内并在壳内壁和蛋白膜上生长繁殖时,会形成大小不同的霉斑,蛋上有蛋黏着液,成为黏壳蛋或霉蛋[3]。

微生物在水产品腐败变质的过程中同样起着决定性作用。微生物存在于鱼体的体表、鳃、皮肤黏膜、消化道等部位。当鱼体死后,附着在鱼体上的腐败微生物迅速繁殖,分解水产品中的氨基酸和蛋白质,产生挥发性硫化物、三甲胺、有机酸和一些腐败代谢产物,产生不良气味并使水产品腐败变质,导致感官、风味和鲜度下降,货架期缩短。研究发现,鲜活鱼类附着的微生物大多属于低温微生物,特定腐败菌主要是弧菌属等发酵型革兰氏阴性菌;冷藏条件下假单胞菌和希瓦氏菌($Shewanella$)等是主要的特定腐败菌;真空或者气调包装条件下特定腐败菌是发光杆菌($photobacterium$)、乳酸菌和肠杆菌;此外,水产品在捕获后至加工、流通环节,还可能受到环境中病原微生物和腐败微生物的二次污染,进一步加快腐败速度,缩短货架期。因此,微生物是引起水产品加工运输及贮藏过程中腐败变质的主要原因,特定腐败菌的选择对水产品货架期的准确预测十分重要[7,8]。表 4-4 是不同水产品中主要的腐败微生物。

表 4-4　水产品中主要的腐败微生物种类

水产品种类	主要腐败微生物
海水鱼	假单胞菌、无色杆菌、莫氏杆菌、黄杆菌、片球菌、棒状杆菌、葡萄球菌
虾等甲壳类	假单胞菌、不动杆菌、莫氏杆菌、黄杆菌、片球菌
牡蛎、蛤、乌贼、扇贝等软体动物	假单胞菌、无色杆菌、莫氏杆菌、不动杆菌
淡水鱼	假单胞菌、无色杆菌、莫氏杆菌、黄杆菌、片球菌、棒状杆菌、葡萄球菌、产碱杆菌属、气单胞菌属、短杆菌

4.1.1.3　微生物对冷冻、干制农产品腐败的影响

冷冻食品和干制食品的温度和水分含量较低,其中的微生物不活跃,因此货架期相对较长。常见的腐败微生物主要是嗜冷细菌及部分嗜温细菌,嗜冷细菌有假单胞菌属、产碱杆菌属和片球菌属等,嗜温细菌有金黄色葡萄球菌(*Staphylococcus aureus*)、沙门菌属及芽孢杆菌等,有些情形下还可发现酵母菌和霉菌,如酵母菌属(*Saccharomyces*)和圆酵母属(*Torulaspora*),霉菌有曲霉属、根霉属和青霉属等。冷冻食品中存在的腐败微生物的种类与食品种类和所处温度等因素有关[3]。表 4-5 所示是不同冷冻食品的主要微生物种类。

表 4-5　不同冷冻食品的主要微生物种类

种类	主要腐败微生物
肉类	沙门菌、无色杆菌、假单胞菌及曲霉、枝霉、交链孢霉等
鱼类(微冻)	假单胞菌、莫氏杆菌、弧菌
鱼类(冻结)	片球菌、葡萄球菌、黄杆菌、莫氏杆菌及假单胞菌等

干制食品由于水分活度较低,大多数微生物不能生长,但也有少数微生物可以在干制食品中生长,主要是霉菌和酵母菌,而细菌较为少见。

4.1.2　影响货架期的化学因素

食品和食品原料的化学组成成分复杂,有机物质和水分占主要部分,其中

蛋白质、脂肪、碳水化合物、维生素、色素等物质的稳定性较差,因此在食品和食品原料的生产、贮运、加工、销售、消费的各个环节,始终伴随着复杂的化学变化。有些变化对食品的质量产生积极的影响,有些则会产生消极的甚至有害的影响,导致食品的感官价值和营养价值丧失,进而影响食品货架期[9]。其中对食品质量产生不良影响的化学因素主要有酶的作用和非酶作用(非酶褐变、氧化作用等)。

4.1.2.1 酶对货架期的影响

各种酶的作用,例如氧化酶类、水解酶类的催化会导致发生多种酶促反应,造成食品品质的变化。另外,食品及食品周边环境中也存在多种微生物,这些微生物中含有的多种酶类同样能够导致食品发酵、酸败和腐败,它们与食品自身的酶类一同作用,严重影响食品的货架期。

动物性食品和植物性食品中都含有丰富的酶,常见的酶主要有脂肪酶、蛋白酶、果胶酶、淀粉酶、过氧化物酶、酚氧化酶等。大部分食物发生的酶促褐变都是由酚氧化酶和过氧化物酶引起的[10],例如果蔬在发生酶促褐变后,其外观和风味会有较大的变化,进而导致果蔬的营养物质损失,影响果蔬产品的货架期,降低消费者的可接受程度[11]。由酶的作用引起的其他食品腐败变质现象还有虾的黑变、鱼类和贝类的自溶作用、脂质的水解和氧化酸败,以及蔬果的软烂等[12]。

1. 水产类食品

鱼贝类体内的多种组织酶在短时间内会将蛋白质水解为氨基酸等含氮化合物以及不含氮的化合物,脂肪分解成游离的脂肪酸,糖原酵解成乳糖。在这些酶的作用下,组织中氨基酸等有机物质大量增多,为腐败微生物的增殖提供了有利条件,最终导致食品品质急剧下降,严重影响货架期[12]。

虾肉中含有酚氧化酶,在酚氧化酶作用下,虾体中的单酚类化合物氧化,生成无色的醌类物质,醌类物质再转化成黑色聚合物,导致虾体黑变。此外,虾类在保藏过程中易受微生物的侵染而腐败变质[13]。

2. 肉制品

在加工、贮藏及运输过程中,肉类食品的蛋白质存在变性或水解的过程,会导致蛋白质的天然结构完整性发生变化,而这些变化主要体现在质地特征、色泽、风味、持水能力和生物功能等方面,进而影响食品的质量及货架期[14]。牲畜被屠宰放血后,肌肉组织在本身所含酶的作用下,要经历僵直、成熟的过程。处于僵直期的肌肉呈酸性,坚硬干燥不易加工,对肉的食用品质和加工品质具有负面影响。处于成熟期的肌肉,组织重新变得柔软,并且汁水增加,富有肉香风味。但在成熟期以后,肉类产品如果继续保存在较高的温度条件下,蛋白质在蛋白酶的作用下分解产生氨,为腐败细菌的增殖创造了有利环境,最终引起肉的腐败变质,严重影响货架期[3]。

3. 植物性食品

蔬菜和水果属于易腐农产品,易受到环境以及机械损伤的影响,因此容易变质乃至腐烂,较难贮运保鲜,货架期较短[15]。植物性食品中由于氧化酶的作用,其在采摘脱离植株母体后也在进行着呼吸作用及新陈代谢,使得原本新鲜、富含汁液的蔬菜变得枯萎干燥、发黄,失去了原有的风味与色泽。同时,伴随着呼吸作用的进行,植物性食品会向外散发热量,导致温度升高,加快蔬果的腐败变质。

4.1.2.2 非酶作用对货架期的影响

引起食品变质的化学反应大部分是由于酶的作用,但也有一部分不与酶直接相关,主要包括氧化作用、非酶褐变等。

1. 氧化作用

当食品中含有较多的不饱和脂肪酸、维生素等不饱和化合物,而在贮藏、加工及运输等过程中又经常与空气接触时,氧化作用将成为导致食品变质的重要因素。这会导致食品的色泽、风味变差,营养价值下降及生理活性丧失,甚至会生成有毒有害物质,严重影响货架期。例如油脂的酸败,即油脂中的不饱和脂肪酸被氧化最终形成短碳链醛、酮、酸等物质,产生刺激性的"哈喇味"[16]。

2. 非酶褐变

非酶褐变是食品加工和贮藏过程中最常见、最基本的反应之一,主要包括美拉德反应、焦糖化反应以及抗坏血酸氧化引起的褐变等。这些褐变常常是由加热及长期贮藏引起的,常见于奶粉、蛋粉、脱水蔬菜及水果、肉干、鱼干、玉米糖浆、水解蛋白、麦芽糖浆等食品中。

美拉德反应是由还原性糖与氨基酸引起的羰氨反应,可用于产生香味等挥发性产物或增加食品的抗氧化性[17],因此被广泛应用于食品加工过程中。除了氨基化合物和糖的结构外,美拉德反应还受温度、pH 值、食品的含水量影响。同时光线,氧及铁、铜等金属离子都能促进美拉德反应[3]。因此,为了有效延长食品货架期,降低美拉德反应的影响,食品应当避光、隔绝氧气保存。

焦糖化反应是糖类在没有氨基化合物存在时,加热到熔点以上因糖发生脱水与降解而产生褐变的反应。一般可将焦糖化反应产生的成分分为两类：一类是糖脱水后的聚合产物，即焦糖或称酱色；另一类是一些热降解产物，如挥发性的醛、酮和酚类等物质[18]。

抗坏血酸具有酸性和还原性，是天然的抗氧化剂。抗坏血酸的氧化有两种途径：一是有氧条件下，最终形成可参与美拉德反应的最终阶段的还原酮；二是在体系中存在氧化还原电位比抗坏血酸更高的成分时，抗坏血酸会因失氢而被氧化，生成脱氢抗坏血酸或抗坏血酸酮式环状结构，在有水存在时，抗坏血酸酮式环状结构开环并进一步脱羧、脱水，形成醛和还原酮类物质。上述物质均会参与美拉德反应，生成含氮的褐色物质[19]。

非酶褐变除了影响食品的色泽、风味以外，还会造成氨基酸、糖、维生素C等营养物质的损失，同时也会产生一些对人体有害的物质，例如美拉德反应产生的D-萄糖胺存在损伤DNA的风险[18]。但非酶褐变产生的醛、酮等产物对食品有一定的抗氧化能力，可以防止食品中的油脂氧化。

4.1.3 影响货架期的物理因素

物理因素直接关乎农产品贮藏环境的优劣，因此物理因素对货架期的影响至关重要。其中影响较大的物理因素包括温度、水分、光照、氧气和一些其他物理因素等。

1. 温度对货架期的影响

温度对食品质量的影响表现在许多方面，是影响食品质量最重要的环境因素。其中食品中的酶促反应、化学变化、新鲜食品的生理作用、微生物的生长繁殖等都受温度的制约[20]。一般温度每升高10 ℃，化学反应速率就可以增加2倍多。因此降低环境温度，能够延长食品的贮藏时间。

食品的酶促反应对温度要求高，温度适度升高，酶促反应速率加快，同时也促进了微生物的生长和繁殖。但是达到一定的高温时，酶促反应及微生物的生长和繁殖就会被抑制甚至终止，这是因为温度超出一定范围后酶的活性被钝化，微生物中的蛋白质受热后凝固变性，从而终止了生命活动[3]。低温一般不能杀死全部的微生物，但却能阻碍存活微生物的生长和繁殖，也不会对贮藏的食品产生破坏。因此在控制的低温条件下来贮藏食品，可以有效抑制微生物的生长和繁殖，甚至杀死微生物[21]。未加控制的低温也会使食品变质。牛奶冻结后脂肪就会分离出来，这是因为其乳状液受到破坏。牛奶冻结还会使牛乳蛋白质变性而凝固。另外在冻结食品时，要保证低温的恒定，波动的低温会缩短食品的保质期,这是因为波动低温下食品内部的冰晶会发生变化[22]。

温度过高和过低都会对农产品的贮藏产生影响,从而影响农产品的货架期。高温虽然可以灭菌,但也会对食品造成蛋白质变性、乳状液破坏、脱水变干以及维生素破坏等影响。过低的温度也会影响农产品的品质。在加以控制的低温下贮藏农产品,可以有效地使微生物失去分解食品的能力,达到低温贮藏食品的目的。

2. 水分对货架期的影响

食品中的水分有两种存在形式:结合水和自由水。只有自由水才能被酶、生化反应和微生物所利用。食品无论是干的还是湿的,在搬运或储存过程中都会受到水分损失、增加或迁移的影响。水分迁移会影响产品的质量、稳定性和安全性,并影响其保质期。水果和蔬菜的最佳储存相对湿度范围较高(水果和蔬菜分别为 $85\%\sim95\%$ 和 $90\%\sim98\%$),在正常条件下储存时,水果和蔬菜很容易失水。水分损失或吸收会导致产品萎蔫、收缩以及水分、脆度和肉质的损失[23]。鲜肉制品中含水量高,而在微生物的生命活动中水分必不可少,因此微生物在鲜肉中的繁殖能力很强,尤其是在适宜的温度下。为此,我们一般采用低温冷藏的方式来延长鲜肉的货架期。食品含水量和水分迁移对食品的质量和安全至关重要。理想情况下,食品制造商开发具有规定含水量的产品,生产具有最佳保质期的安全产品。

3. 光照对货架期的影响

光照能促使食品内部发生一系列变化,其中包括食品中营养成分分解、食物腐败反应等,更重要的是食品中对光敏感的成分能吸收并转换光能,进而激发食品内部发生变质的反应[24]。光催化反应被认为是自然界中最复杂的反应之一,光照可能会对食物产生一些不良影响。紫外线可氧化不饱和脂肪酸,导致脂肪变质,形成难闻的异味;光照会使温度升高,加快微生物繁殖,导致食物变质。光照对色素的稳定性存在很大影响。有些维生素受光照也会发生变化,最不稳定的是维生素 C 和维生素 B 族[25]。日光、紫外光照射也会对蛋白质及氨基酸产生影响:酪蛋白溶液的色氨酸会被分解,从而导致营养价值下降;胱氨酸、色氨酸、酪氨酸、甲硫氨酸等会因光而分解[26]。因此,食品一般要求避光贮藏或用不透光的材料包装,以延长货架期。

4. 氧气对货架期的影响

氧气的性质活泼,对食品的变质反应和腐败都有影响[27]。首先,氧气能产生氧化反应,对食品的营养物质、色素、风味物质和其他组分产生破坏作用。其次,许多微生物的生长离不开氧气,有氧情况下,微生物繁殖会导致食品变质速度加快,食品货架期缩短。脂类氧化是食品腐败的主要原因之一[28],它导致食用油脂、含脂肪食品产生各种异味和臭味。另外,食品的其他成分(如维生素、天然色素等)也会发生氧化作用,使食品的营养价值降低,某些氧化产物可能具有毒性。

5. 其他物理因素对货架期的影响

农产品在运输和贮藏过程中,会不可避免地出现破损等机械损伤,释放出酶类物质,产生生物化学反应[29],情况严重的会导致货架期结束。食品的货架期在一定程度上受到环境因素的影响,所以必须对贮藏环境的条件进行控制,尤其是二氧化碳、湿度、温度和乙烯浓度等条件。农药残留也会影响农产品的货架期,只有用水清洗才可以有效去除大部分农药残留。适当地使用食品添加剂有助于改善食品色香味,延长食品的货架期,但用量不当会危害人类健康[30]。适当的农产品包装可以有效防止气味污染、产品滴汁、氧化等问题,延长农产品的货架期。因此,在食品的储存和流通过程中,应考虑上述几种物理因素可能会产生的问题[31]。

4.2 农产品货架期预测技术研究思路

农产品货架期预测是指以特定环境下农产品微生物生长、化学反应、物理变化为基础,选择合适的数学模型,通过研究贮运过程中微生物指标、理化指标以及消费者拒绝阈值等,对农产品货架期进行预测。即基于合适的数学模型,在得知初始品质指标后,不需要经过传统的检测分析,就可快速评估农产品的品质,进而预测其货架期或剩余货架期。目前农产品货架期预测的研究思路主要分为基于农产品动力学变化的预测技术和基于变量拟合的预测技术。

4.2.1 基于农产品动力学变化的货架期预测技术

基于农产品动力学变化的货架期预测技术的研究思路是根据传统的食品品质损失、微生物变化的动力学等理论知识,依据农产品在贮运过程中的化学反应和微生物变化,判断这些品质变化规律、劣变速率变化是否符合某个数学公式或方程式,对这个数学公式或方程式的参数等进行修正,得到符合研究对象的品质和微生物变化的动力学方程,比如阿伦尼乌斯(Arrhenius)方程[32,33]、冈珀茨(Gompertz)方程[34]、平方根(square-root)方程[32]等,进而对农产品货架期进行预测。基于农产品动力学变化的货架期预测技术关键在于探究农产品在贮运过程中品质变化规律与已知的数学公式或方程式之间的相关性,即选择合适的数学公式或方程式。这种预测技术有助于研究者了解农产品发生的物理、化学、微生物等变化,但是由于要考虑生物体机理、微生物变化等,在环境条件不稳定的情况下存在一定误差。

构建一个正确、有效的模型来预测农产品货架期非常重要。目前国内外的农产品货架期实验主要采用货架期加速实验(accelerated shelf-life testing,ASLT)。它是由 Labuza 和 Schmidl[35]在 1985 年建立的一种高效预测食品货架期的有效方法。其原理是利用化学动力学量化外来因素对变质反应的影响,即改变食品贮藏的环境条件(如温度),在短时间内加速其对产品品质的影响过程,最终促使食品到达劣变的终点,期间定期检测食品相应的指标,收集食品在劣变过程中的各项数据,通过分析计算并结合已有的数学公式或方程式,推算出食品在预期贮藏环境下的货架期。采用 ASLT 加速实验时,要求实验温度不能过高,否则食品在实验过程中的变化机理会发生变化,得到的回归直线与实际情况偏差较大[20]。

4.2.2 基于变量拟合的货架期预测技术

基于变量拟合的货架期预测技术的研究思路是在特定环境下进行农产品货架期实验后,不考虑农产品品质劣变机理的具体过程,即不考虑农产品在贮运过程中化学反应速率、微生物繁殖速率等变化及变化规律,仅通过所研究的各变量数据之间的相关性分析在特定环境下农产品品质变化,比如采用反向传播神经网络(back-propagation neural network,BPNN)[36]、径向基函数神经网络(radial basis function neural network,RBFNN)[37]、长短期记忆(long short-term memory,LSTM)神经网络[38]、广义回归神经网络(generalized regression neural network,GRNN)[39]等。Jia 等[40]使用电子鼻结合主成分分析和径向基函数神经网络,开发了三文鱼鱼片货架期预测模型,以确定不同温度下冷藏期间三文鱼鱼片的新鲜度,更好地预测货架期。基于变量拟合的货架期预测技术不仅适用于恒温条件下对农产品货架期进行预测,还适用于波动温度、条件不稳定的情况,通过不断地拟合数据,可更加智能化地预测农产品货架期,达到良好的预测效果,但是根据这种研究思路建立的模型不能精确分析农产品贮藏过程中各项品质指标的变化及食品品质劣变机理[41]。

4.3 农产品货架期预测方法及应用

选择合适的数学模型和数据分析技术进行农产品货架期预测是至关重要的[42]，可以对环境条件的变化进行实时监控，以更加准确地预测农产品货架期。近年来，国内外学者研究了蔬菜、水果、肉制品、水产品等的品质变化，并对其货架期进行预测。可通过分析影响产品品质变化的主要因素确定标志货架期结束的关键指标，形成基于品质衰变原理的货架期预测方法体系。食品品质衰变一般包括化学品质衰变、食品感官失效和微生物生长动力三个方面的改变[42]。

4.3.1 基于农产品品质损失的动力学模型

4.3.1.1 微生物预测模型

农产品品质变化的主要原因是微生物的生命活动，可通过研究特定环境条件（环境温度、贮藏时间、pH值、水分活度等）下农产品微生物的生长、存活和死亡，构建一系列不同环境条件下微生物生长和衰亡的模型，通过模型判断农产品中微生物的生长繁殖状态，预测农产品的剩余货架期。农产品的腐败是由一小部分微生物生长繁殖引起的，因此目前微生物预测模型主要根据引起农产品腐败的特定腐败菌的变化来建立。最早应用的预测模型——Bigelow模型是1920年提出的，用于预测不同加热时间和温度下微生物失活。目前国际上学者将微生物预测模型分为三类，分别是初级模型、二级模型和三级模型，如表4-6所示[43]。初级模型主要描述微生物与时间的关系，常用的模型有修正的Gompertz方程、逻辑斯谛(logistic)模型。研究表明，修正的Gompertz方程可用于预测多宝鱼[44]、玉米秸秆[45]的优势腐败菌生长曲线。此外，Fujikawa[46]开发了一种新的logistic模型，可以精确描述和预测各种温度模式下的微生物生长，并将其应用在日本食品工业中心。二级模型用于描述环境因素对微生物生长的影响，其中环境因素主要分为内因（pH值、水分活度等）和外因（环境温度、气体构成等），常用的模型主要有Arrhenius模型、平方根模型等。Tsironi等[47]采用修正的Arrhenius模型建立了金头鲷鱼片中假单胞菌(*Pseudomonas* spp.)的生长速率方程，通过方程准确预测了假单胞菌的生长状态及金头鲷鱼片的剩余货架期；Pang等[48]采用二阶多项式模型拟合不同环境温度、不同抑菌剂浓度和气调包装下鲶鱼片中铜绿假单胞菌(*Pseudomonas aeruginosa*)的迟滞期和鲶鱼片的剩余货架期，准确预测了鲶鱼片的剩余货架期。三级模型是将初级模型和二级模型与计算机结合起来的计算机程序,三级模型也被称为专家模型,通过程序可计算不同环境下微生物的活动。除此之外,三级模型还可考虑外污染源和病原菌、微生物的数量,培养基和环境因素(例如 pH 值、水分活度、温度、有机酸等)的影响[49,50]。例如:西班牙学者开发的 FISHMAP,能够根据温度和 CO_2 浓度的变化建立微生物的最大比生长速率模型;丹麦学者建立的 food spoilage and safety prediction (FSSP),能够同时考虑多种环境因素对微生物生长的影响[51];中国水产科学院东海水产研究所开发的 FSLP(fish shelf life predictor)[52],能够用于罗非鱼品质控制。2013 年,第 8 届食品预测模型国际会议(the 8th International Conference on Predictive Modelling in Food)预测微生物学与风险评估软件展销会显示,预测软件得到进一步改进,考虑了模型参数的可变性和多样性;此外,有研究根据不同的货架期预测模型系统在 Web-GIS 平台上实现了实时保质期预测[53]。这些模型在农产品剩余货架期研究中都有广泛的应用。

表 4-6　常用模型分类

类别	初级模型	二级模型	三级模型
模型	Gompertz 方程、修正的 Gompertz 方程、logistic 模型、Baranyi 模型、一级 Monod 模型、修正 Monod 模型、非热杀菌 D 值模型	平方根模型、Arrhenius 模型、修正的 Arrhenius 模型、概率模型、Z 值模型、多项式或响应面模型、曲面模型	Food Micromodel[54]、Pathogen Modeling Program[55]、fish shelf life predictor (FSLP)[52]、FISHMAP、food spoilage and safety prediction (FSSP)[56]

4.3.1.2　化学反应动力学预测模型

食品劣变大多由化学反应引起,肉制品、水产品、蔬菜、水果中的化学反应是其品质变化的基础[56],一般采用化学反应动力学模型来进行货架期预测,通过研究农产品在储藏、流通过程中品质损失的机理,来确定影响农产品货架期终点的关键指标。常用的化学反应动力学模型为 Arrhenius 模型,其主要应用于易被脂肪氧化、美拉德反应、蛋白质变性等化学反应破坏的食品[57]。在不考虑环境因素影响的情况下,大多数农产品质量损失符合品质函数:

$$-\frac{\mathrm{d}[A]}{\mathrm{d}t}=k[A]^n \tag{4-1}$$

$$-\frac{\mathrm{d}[B]}{\mathrm{d}t}=k'[B]^{n'} \tag{4-2}$$

式中：A 为可定量的、期望的品质指标；B 为不期望的品质指标；k，k' 为反应速率常数；n，n' 为反应级数。

不同的反应级数代表不同的函数表达式：

$$C = C_0 - kt, \quad n = 0 \tag{4-3}$$

$$C = C_0 \exp(-kt), \quad n = 1 \tag{4-4}$$

$$C = \frac{C_0}{1 + C_0 kt}, \quad n = 2 \tag{4-5}$$

式中：C_0 为 $t = 0$ 时的初始值。

早在 1889 年，阿伦尼乌斯受范托夫方程的启发，提出了描述反应速率常数与温度关系的经验方程——Arrhenius 方程[58]：

$$k = k_0 e^{-E_a/(RT)} \tag{4-6}$$

线性化形式为

$$\ln k = \ln k_0 - E_a/(RT) \tag{4-7}$$

式中：k_0 为指前因子（也称频率因子），k_0 的物理意义是当所有分子都有足够的反应能量（$E_a = 0$ kJ/mol）时的速率常数；E_a 为活化能，kJ/mol，由 $\ln k$ 与 $1/T$ 的线性回归方程求得；R 为摩尔气体常数，8.3144 J/(mol·K)；k 为温度 T 时的变化速率（常数）。

Arrhenius 方程可用于描述温度变化对反应速率的影响，且在温度范围不大的情况下具有良好的精准性[59]，因此，被广泛应用于研究农产品贮藏环境下生化反应的变化及货架期的预测。为了更好地描述环境因素影响下农产品化学反应的变化规律，通常将 Arrhenius 方程与食品品质函数结合，表达不同温度条件下农产品的品质劣变、成分分解等的变化，求得各品质指标的活化能，建立基于不同加工或贮藏温度的农产品货架期预测模型[60,61]。

选择合适的反应级数才能使农产品品质函数准确模拟化学反应的变化，农产品的化学反应一般符合零级、一级或二级反应动力学方程（式(4-3)至式(4-5)）。对于零级反应，反应速率与反应物的浓度无关，因此改变其浓度对反应速率没有影响，浓度随时间线性变化。当存在限制可以同时反应的反应物分子数量的瓶颈时，例如如果反应需要与酶或催化表面接触，则可能会发生零级反应[62]；一级反应仅取决于一种反应物的浓度（单分子反应），可以存在其他反应物，但它们的浓度对反应速率没有影响；二级反应的速率可能与一个浓度的平方或者两个浓度的乘积成正比。目前，化学反应动力学模型更多地与 Arrhenius 方程结合，用于预测农产品品质变化及货架期。Hong 等[63]、张倩钰等[64]、Kong 等[60]、Goncalves 等[65]发现鳙鱼、苹果片、三文鱼和胡萝卜的部分品质指标符合零级反应动力学方程-Arrhenius 方程;另有研究表明,一级反应动力学方程-Arrhenius 方程能够描述小黄鱼干[66]、草鱼[67]、金枪鱼[68]、鲫鱼[69]、胡萝卜[65]、西红柿[70]、葡萄[71]和圣女果[72]等大部分农产品在不同温度贮藏条件下品质及货架期变化;Kong 等[60]通过二级反应动力学方程-Arrhenius 方程建立了三文鱼剪切力和维生素 B1 的降解变化预测模型,都具有较好的拟合精度。由于食品品质函数没有考虑环境因素的影响,仅简单描述化学反应的变化规律,在预测农产品货架期上的应用有一定的局限性。

4.3.2 基于温度变化的预测模型

加工温度和贮藏温度是影响农产品货架期的重要外因之一,加工和贮藏温度条件的不同对农产品货架期的影响十分显著。而且,温度波动也会对农产品品质造成很大的影响[73]。因此,采用模型及时监测多种温度下农产品的货架期具有实用性和简便性,不需要进行传统检测就可快速对不同温度下农产品剩余货架期进行预测。通常用来描述温度对畜禽、蛋、水产、蔬菜、水果等品质变化影响的预测模型有 Arrhenius 模型、Q_{10} 模型和 Z 值模型等,以下对 Q_{10} 模型、Z 值模型进行介绍。

1. Q_{10} 模型

一般情况下,化学反应的速率随着温度升高而加快,导致产品质量下降的速度加快。在 Arrhenius 模型中,用 Q_{10} 这个概念来确定温度对反应的敏感程度,然而 Q_{10} 模型侧重于温度对货架期的影响,从而导致其预测精度比较低。Q_{10} 模型是指当温度升高 10 ℃时,反应速率为原来速率的倍数或货架期寿命的变化率[71]。

$$Q_{10}=Q_s(T)/Q_s(T+10)=k(T)/k(T+10) \quad (4-8)$$

式中:Q_s 为货架寿命,天;k 为反应速率;T 为温度,℃。

Q_{10} 模型一般与 Arrhenius 模型结合使用:

$$Q_{10}=\exp\left(\frac{10E_a}{RT^2}\right) \quad (4-9)$$

借助 Arrhenius 模型求出相差 10 ℃的活化能 E_a,综合感官评定和理化指标判断货架寿命终点后,可得到 Q_{10} 预测模型。佟懿等[74]通过电子鼻研究鲳鱼货架期预测模型时发现,可通过引起气味变化的切分点来选择温度范围,运用 Q_{10} 模型建立的预测模型能够很好地对剩余货架期进行预测。佟懿等[75]采用电子鼻来评价不同贮藏期和贮藏温度下带鱼的品质,预测保质期与实际保质期之间的可靠性评估结果表明,用预测模型计算出的带鱼保质期的相对误差在20%以内,使用Q_{10}模型可在268~293 K的贮藏温度下预测带鱼的剩余保质期。对比Arrhenius模型与Q_{10}模型可发现,Q_{10}模型的温度范围较小,应用范围有限;但可根据品质变化的突变切分点自由选择温度范围。

2. Z值模型

Z值是微生物热死亡时间计算中使用的术语。它是为了使D值降低至原来的1/10(即1 $\log_{10}$)而必须提高的温度,换句话说,是热破坏曲线移动一个对数周期所需的温度。生物体的D值是在给定介质、给定温度下,生物体数量减少至原来的1/10所需的时间,在检查不同条件下热灭活的有效性时很有用,例如在食品烹饪和保存中。Z值是D值随温度变化的量度,是Arrhenius方程的简化版本,相当于$Z=2.303RT^2/E_a$。

Z值是D值的对数与获得D值时的温度曲线的斜率的倒数。D值给出了在特定温度下杀死90%的生物体所需的时间,Z值将生物体对不同温度的抵抗力联系起来。如果D值和Z值已知,则可用Z值计算两个热过程的等效性。

$$Z=\frac{2.303RT^2}{E_a}=\frac{10}{Q_{10}} \tag{4-10}$$

Z值模型与Arrhenius模型都反映温度对反应速率的影响,Z值模型是杀菌过程中微生物致死的动力模型,指孢子对数的降低情况与时间成线性关系;而Arrhenius模型主要代表微生物的理想生长状态,在杀菌致死过程中,微生物的变化不符合理想生长状态,因此杀菌致死预测中常用Z值模型[76]。

4.3.3 基于统计学的预测模型

1. 韦布尔危害分析法

1937年,Waloddi Weibull教授(1887—1979年)首次提出了韦布尔分布,其是广泛用于失效数据分析的分布方法之一[77],也用于寿命数据分析,目前用于研究机械、化工、电气、电子材料以及食品的失效,甚至人体疾病方面[78,79]。1975年韦布尔分布被引入食品行业,主要用于通过感官评价中判定感官失效的数据进行危害分析,随后逐渐通过理化或微生物等品质指标来进行危害分析。韦布尔分布主要有以下几个优点:① 可进行较为准确的失效分析和小样本的失效期预测,可针对出现的问题制定相应的解决方案;② 因为单个失效模式也具备简单且实用的图表,因此即使在数据不足的情况下分析结果也能被理解和接受;③ 能够通过分布状态形状的描述选择相对合理的分布;④ 能够提供基于韦布尔概率图斜率的物理失效的线索[80]。

韦布尔模型是在韦布尔分布的基础上建立起来的,通常用来描述时间与质量参数的动力学降解过程的关系,能弥补 Arrhenius 方程在实验温度范围受限方面的不足[81]。张卓[80]、蔡超[82]运用韦布尔危害分析法分别研究了在温度波动下速冻水饺和酸奶的品质变化指标,建立它们与货架期之间的关系,货架期预测值与实际测定值拟合较好。此外,基于韦布尔危害分析的货架期预测方法还用于果蔬[49]、粮油[83]、肉制品[84]、水产品[85]等。然而选取感官评价方法进行韦布尔危害分析时,对感官评价人员的专业知识和实验技能要求较高,对采样量及感官评价人员数量需求大[7]。

2. 最小二乘法

最小二乘法(又称最小平方法)是一种基于统计学来处理和分析测量数据的方法,能够综合处理和分析数据,得到最佳函数关系,从而确定未知数据,求得的数据与实际数据之间的误差平方和最小。它能消除随机成分和噪声,可通过降低均方误差和提高模型的相关系数来提高预测模型的稳定性[86]。最小二乘法还可用于曲线拟合,可以通过最小化能量或最大化熵来解决很多优化问题,在食品、经济、建筑、商品销售等领域得到了应用[80]。最小二乘法之所以能广泛应用,主要有以下三个原因:① 能够充分利用光谱信息,可随意选取,可以选择其中的部分数据,也可以选择全谱;② 与多元线性回归、主成分回归等分析方法相比,它不仅能将响应矩阵进行分解来提取主因子,还可将浓度矩阵进行分解提取主因子,提供信息能力强,构建的模型预测残差平方和较小,所建立的校正模型更稳定,抗干扰能力更强;③ 适用于复杂的分析体系,能够高效抽提信息。

励建荣等[87]以 K 值为鲜度预测的指标,采用偏最小二乘法结合大黄鱼近红外光谱的特征光谱区进行建模,以快速检测其新鲜度。张欣欣等[88]、谢雯雯等[89]、方瑶等[90]通过近红外光谱技术测定了镜鲤、鱼肉、金鲳鱼的相关新鲜度指标,构建了基于最小二乘法的货架期分析模型,具有较高的精度,为快速检测新鲜度提供理论依据。Bonilla 等[91]以感官评价值为预测货架期的变量,采用偏最小二乘法建立冰藏条件下鳄鱼片的剩余货架期预测模型。最小二乘法通常与快速检测技术(近红外光谱技术、电子鼻分析等)联合使用共同预测食品的货架期,但因最小二乘法使用过程中默认采用线性估计,故使用具有一定局限性。

4.3.4 人工神经网络

人工神经网络是一种具有人工智能的数学方法,通过模拟人脑的功能进行运算[73]，近年来，广泛应用在肉制品、水产品、水果蔬菜或其他农产品品质及货架期预测领域。大多数情况下人工神经网络作为一种自适应性系统，可以在外界信息的基础上改变内部结构，也就是具备学习功能。现代神经网络是一种非线性统计性数据建模工具，在人工智能学的人工感知领域，我们可以通过数学统计学的应用来解决人工感知方面的决定问题，这种方法比正式的逻辑学推理演算更具有优势。神经网络是数学统计学方法的一个实际应用，通过统计学的标准数学方法，我们能够得到大量的可以用函数表达的局部结构空间，通常可以通过一个基于数学统计学类型的学习方法得以优化。近年来，越来越多的神经网络技术应运而生。表 4-7 所示为人工神经网络主要分类[92]。

表 4-7 人工神经网络主要分类

神经网络种类	主要算法
前馈神经网络	反向传播(BP)神经网络
	径向基函数(RBF)神经网络
	全连接前馈反向传播(FFBP)神经网络
	感知器神经网络
卷积神经网络	LeNet-5
	AlexNet
	Inception 网络
	残差网络
循环神经网络	长短期记忆神经网络
	门控循环单元网络
	堆叠循环神经网络
	双向循环神经网络
	递归神经网络
	图神经网络

随着科技水平的提高与交叉学科的发展，目前越来越多的人工神经网络技术应用于农产品品质及货架期预测。前馈神经网络，简称前馈网络，是人工神经网络的一种。前馈神经网络采用一种单向多层结构，其中每一层包含若干个神经元。在此种神经网络中，各神经元可以接收前一层神经元的信号，并产生信号输出到下一层。第 0 层称为输入层，最后一层称为输出层，其他中间层称为隐含层(或隐藏层、隐层)。隐层可以是一层，也可以是多层[93]。目前，前馈神

经网络如 BP 神经网络、RBF 神经网络和多层感知神经网络,已经广泛应用于肉制品[94,95]、水产品[36,37,96,97,98]和果蔬[99,100]的品质及货架期预测。

卷积神经网络(CNN)的结构能够利用输入数据的二维结构,这是因为卷积神经网络由一个或多个卷积层和顶端的全连通层(对应经典的神经网络)组成,同时也包括关联权重和池化层。与其他深度学习结构相比,卷积神经网络在语音识别和图像方面能够给出更好的结果。相比于其他前馈、深度神经网络,卷积神经网络可以使用反向传播算法进行训练,而且需要考量的参数少,这使之成为一种颇具吸引力的深度学习结构[101]。Taheri-Garavand 等[102]基于从鲤鱼中获得的图像并应用深度卷积神经网络,提出了一种新颖而准确的鱼类新鲜度检测方法,与传统分类方法相比,所提出的基于卷积神经网络的方法具有更低的复杂度和更高的准确度。Guo 等[103]将交叉反应比色条码组合和深度卷积神经网络相结合,形成一个用于监测肉类新鲜度的系统,同时提供气味指纹和指纹识别,然后将深度卷积神经网络整合到智能手机应用程序中,形成了一个简单的平台,用于快速扫描条形码和实时识别食品新鲜度。该系统快速、准确且无损,可使消费者和食品供应链中的所有利益相关者都能够监控食品新鲜度。

循环神经网络具有记忆性,能进行参数共享且图灵完备,因此在对序列的非线性特征进行学习方面具有一定优势[92]。循环神经网络在自然语言处理,例如语音识别、语言建模、机器翻译等领域有所应用,也被用于各类时间序列预报。Abie、Tan 通过测试不同解冻方法对猪肉质量的影响[104]和不同冷冻温度贮藏条件下鱿鱼品质变化[105],发现长短期记忆神经网络模型的实验结果提供了更高的预测准确性。虽然人工神经网络模型预测精度更高,但与传统动力学方法相比,从神经网络本身得不到任何语义信息,需要后续加以解释说明。

4.3.5 TTT 理论

时间-温度-容许期(time-temperature-tolerance,TTT)理论是美国 Arsdel 等基于大量的实验总结出来的:为保持冷冻食品的优良品质所容许的贮藏时间和贮藏温度之间的关系。在冷链物流过程中温度对食品品质的影响起决定性作用,冷冻食品的温度越低,食品的品质保持得越好。对于大多数冷冻食品来说,-18 ℃是最经济的贮藏温度,能够保持良好的品质。然而冷冻食品的温度在贮藏、运输、配送等冷链环节经常会上下波动,温度-时间经历会使食品品质下降,该过程的品质下降是可积累且不可逆的,与温度-时间经历的顺序无关[106]。

因此,我们可以通过在冷链流通过程中记录温度-时间经历以及品质下降量,制作 TTT 线图,计算每个阶段品质下降量,并通过累计得到最终农产品品质变化程度,以此来预测货架期和剩余货架期[106]。如图 4-1 所示,某冷冻食品实用贮藏期是 A,这时品质设为 100%,经过 A 时间后品质为 0,那么该温度下每天的品质下降量为 $B=100/A$,以此绘制 B 曲线。图 4-1 中,①—⑦表示该冷冻食品流通过程中不同环节品质下降量,食品温度变化越大,阴影面积越大,品质下降量越大,品质下降量达到 100% 时,说明该冷冻食品已经失去商品价值。谷雪莲等[107]和 Limbo 等[108]采用 TTT 理论分别研究了不同温度下牛乳、牛肉的品质变化,预测并验证了牛乳、牛肉的劣变。除此之外,TTT 理论还可预测鲜切菠萝的保质期[109]。

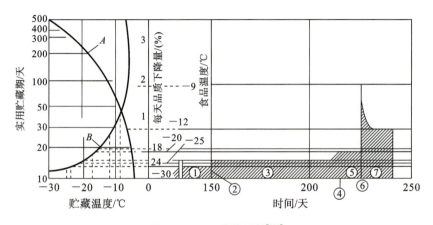

图 4-1　TTT 曲线图例[110]

TTT 理论能够用于建立描述波动温度条件下水产品货架期的预测模型,为冷链流通过程中货架期的预测提供了思路。但是 TTT 理论一般用于冷冻食品[111],因为温度波动对冷冻食品的影响比对其他食品的影响要小,故其在冷冻食品中的应用更广泛[112]。

4.3.6　其他

近年来,计算机领域中的深度学习被引入食品货架期预测。区别于传统的浅层学习,深度学习的不同在于:① 明确了特征学习的重要性;② 强调了模型结构的深度,通常有 5 层、6 层,甚至 10 多层的隐藏层节点。深度学习通过逐层特征变换,将样本在原空间的特征表示变换到一个新特征空间,从而更容易完成分类或预测。利用大数据来学习特征比人工规则构造特征更能够刻画数据丰富的内在信息。可通过设计建立适量的多层运算层次结构和神经元计算节点，选择合适的输入层和输出层，通过网络的学习和调优，建立起从输入到输出的函数关系，虽然不能完全找到输入与输出的函数关系，但是可以尽可能地逼近现实的关联关系。使用训练成功的网络模型，就可以实现我们对复杂事务处理的自动化要求[113]。

随着研究的逐渐深入，农产品货架期预测逐渐从理论性研究朝准确性和应用性研究发展，任何预测失误都会导致农产品安全卫生问题。实现准确性和应用性的前提是模拟农产品实际流通环境，因此，准确反映农产品理化和感官变化的特征指标和在多种环境(非恒温、CO_2浓度变化等)下农产品货架期的预测仍是研究热点。另外，不少学者将预测模型与快速检测设备(电子鼻、电子眼等)、智能检测技术(近红外光谱、荧光光谱等)结合，并通过将实测结果与预测结果相互对应，验证预测结果的准确性及模型的可行性[114-116]。为了更好地持续监控从生产到消费过程中贮藏条件对农产品品质和安全性的影响，一些学者着眼于研究将农产品货架期预测应用于智能包装系统等[117]。这些都为农产品货架期预测提供了新的思路。

本章参考文献

[1] 申海鹏.影响食品货架期的三大因素[J].食品安全导刊,2015(31):34-35.

[2] 李俊英,高喜源.水果腐败关键病原微生物检测研究进展[J].食品安全质量检测学报,2016,7(9):3510-3515.

[3] 谢晶.食品冷藏链技术与装置[M].北京:机械工业出版社,2010.

[4] 陈湘宁,钟思琼,金文斌,等.膜包装鲜切蔬菜中主要腐败菌的分离与鉴定[J].中国食品学报,2012,12(5):154-160.

[5] GIL L, BARAT J M, BAIGTS D, et al. Monitoring of physical-chemical and microbiological changes in fresh pork meat under cold storage by means of a potentiometric electronic tongue[J]. Food Chemistry, 2011, 126(3):1261-1268.

[6] 郑海鹏.肉类腐败微生物[J].肉类研究,2008(8):54-59.

[7] 史策,钱建平,韩帅,等.水产品货架期预测模型的研究进展[J].食品科学, 2017,38(15):294-301.

[8] 易正凯,谢晶.水产品腐败菌生物膜的形成及调控机制研究进展[J].中国食品学报,2022,22(3):342-352.

[9] 宋晨,刘宝林,董庆利.冷冻食品货架期研究现状及发展趋势[J].食品科学,2010,31(1):258-261.

[10] 李京赞,刘玉德,石文天,等.植物果蔬的褐变及抑制的研究[J].包装与食品机械,2019,37(1):63-68.

[11] 李彩云,李洁,严守雷,等.果蔬酶促褐变机理的研究进展[J].食品科学,2021,42(9):283-292.

[12] 包建强.食品低温保藏学[M].2版.北京:中国轻工业出版社,2011.

[13] 钱韻芳,谢晶,吴文惠.虾类保藏过程中酚氧化酶酶促黑变作用机理及其抑制方法的研究进展[J].食品工业科技,2012,33(22):400-405.

[14] 胡春林,谢晶.蛋白质氧化对肉食用品质影响的研究进展[J].食品科学,2021,42(17):275-281.

[15] 郑秋丽,王清,高丽朴,等.蔬菜保鲜包装技术的研究进展[J].食品科学,2018,39(3):317-323.

[16] 曹文明,薛斌,袁超,等.油脂氧化酸败研究进展[J].粮食与油脂,2013,26(3):1-5.

[17] 戚繁.美拉德反应在食品工业中的研究进展[J].现代食品,2020(19):44-46.

[18] 汪东风,孙丽平,张莉.非酶褐变反应的研究进展[J].农产品加工·学刊,2006(10):9-19.

[19] 孙浩月,刘洋锋,温欣冉,等.非酶褐变对食品质量的影响及其控制技术研究进展[J].农业科技与装备,2017(10):59-61.

[20] 史波林,赵镭,支瑞聪.基于品质衰变理论的食品货架期预测模型及其应用研究进展[J].食品科学,2012,33(21):345-350.

[21] 徐倩,谢晶.食品安全与食品低温流通中的温度监控[J].上海水产大学学报,2007,16(2):180-184.

[22] 余亚英,袁唯.食品货架期概述及其预测[J].中国食品添加剂,2007,5:77-79.

[23] 郝发义.多组分食品防潮包装货架期的研究[D].无锡:江南大学,2016.

[24] BEKBÖLET M. Light effects on food[J]. Journal of Food Protection,1990,53(5):430-440.

[25] SATTAR A, DEMAN J M, FURIA T E. Photooxidation of milk and milk products: a review[J]. Critical Reviews in Food Science and Nutri-

tion, 1975, 7(1): 13-37.

[26] ALLEN C, PARKS O W. Photodegradation of riboflavin in milks exposed to fluorescent light[J]. Journal of Dairy Science, 1979, 62(9): 1377-1379.

[27] 林启训, 卢永芬, 陈颖, 等. 干燥过程气体的温度和氧气含量对蘑菇褐变度的影响[J]. 福州大学学报(自然科学版), 2002, 30(z1): 751-754.

[28] WASOWICZ E, GRAMZA A, HES M, et al. Oxidation of lipids in food[J]. Polish Journal of Food and Nutrition Sciences, 2004, 13/54(Suppl. 1): 87-100.

[29] 王艳颖, 胡文忠, 庞坤, 等. 机械损伤对富士苹果采后软化生理的影响[J]. 食品研究与开发, 2008, 29(5): 132-136.

[30] MEI J, MA X, XIE J. Review on natural preservatives for extending fish shelf life[J]. Foods, 2019, 8(10): 490.

[31] WANI A A, SINGH P, GUL K, et al. Sweet cherry (*Prunus avium*): critical factors affecting the composition and shelf life[J]. Food Packaging and Shelf Life, 2014, 1(1): 86-99.

[32] 蓝蔚青, 张皖君, 段贤源, 等. 不同贮藏温度下鲈鱼腐败菌生长动力学与货架期预测[J]. 农业机械学报, 2018, 49(4): 351-358.

[33] 贾凌云, 胡志和, 程凯丽, 等. 基于 Arrhenius 模型预测无乳糖超高温乳的货架期[J]. 食品工业科技, 2020, 41(19): 232-239.

[34] 肖俊, 凌正宝, 唐瞻杨, 等. 尼罗罗非鱼(*Oreochromis niloticus*)生长相关分析及生长模型构建[J]. 海洋与湖沼, 2012, 43(6): 1272-1278.

[35] LABUZA T P, SCHMIDL M K. Accelerated shelf-life testing of foods[J]. Food Technology, 1985: 39(9): 57-64.

[36] SHI X, ZHANG J R, SHI C, et al. Nondestructive prediction of freshness for bighead carp (*Hypophthalmichthys nobilis*) head by Excitation-Emission Matrix (EEM) analysis based on fish eye fluid: comparison of BPNNs and RBFNNs[J]. Food Chemistry, 2022, 382: 132341.

[37] JIA Z X, SHI C, WANG Y B, et al. Nondestructive determination of salmon fillet freshness during storage at different temperatures by electronic nose system combined with radial basis function neural networks[J]. International Journal of Food Science and Technology, 2020, 55

(5): 2080-2091.

[38] CHU Y M, TAN M T, YI Z K, et al. Shelf-life prediction of glazed large yellow croaker (*Pseudosciaena crocea*) during frozen storage based on Arrhenius model and long-short-term memory neural networks model [J]. Fishes, 2021, 6(3): 39.

[39] YU S H, LAN H P, LI X L, et al. Prediction method of shelf life of damaged Korla fragrant pears[J]. Journal of Food Process Engineering, 2021, 44(12): e13902.

[40] JIA Z X, LI M, SHI C, et al. Determination of salmon freshness by computer vision based on eye color[J]. Food Packaging and Shelf Life, 2022, 34: 100984.

[41] 杨晓帆,陈廷槐. 人工神经网络固有的优点和缺点[J]. 计算机科学, 1994, 21(2): 23-26.

[42] 强婉丽, 谢天, 李慧, 等. 食品保质期研究概况分析[J]. 粮油食品科技, 2020, 28(4): 43-47.

[43] WHITING R C, BUCHANAN R L. A classification of models in predictive microbiology—a reply to K. R. Davey[J]. Food Microbiology, 1993, 10(2): 175-177.

[44] 张璐, 侯红漫, 伦成成. 多宝鱼优势腐败菌生长动态模型和货架期预测[J]. 食品科技, 2010, 35(7): 158-162.

[45] 崔宪, 郭建斌, 温啸宇, 等. 湿贮存对玉米秸秆厌氧消化性能的影响[J]. 中国沼气, 2018, 36(3): 27-32.

[46] FUJIKAWA H. Application of the new logistic model to microbial growth prediction in food[J]. Biocontrol Science, 2011, 16(2): 47-54.

[47] TSIRONI T N, TAOUKIS P S. Effect of processing parameters on water activity and shelf life of osmotically dehydrated fish filets[J]. Journal of Food Engineering, 2014, 123: 188-192.

[48] PANG Y H, ZHANG L, ZHOU S Y, et al. Growth behavior prediction of fresh catfish fillet with *Pseudomonas aeruginosa* under stresses of allyl isothiocyanate, temperature and modified atmosphere[J]. Food Control, 2015, 47: 326-333.

[49] ALFARO B, NUIN M, BEROIZ I B. Survival analysis applied to sensory

shelf-life prediction of ready to eat vegetable products[J]. Italian Journal of Food Science, 2011, 23: 162-165.

[50] PLAZA-RODRÍGUEZ C, THOENS C, FALENSKI A, et al. A strategy to establish food safety model repositories[J]. International Journal of Food Microbiology, 2015, 204: 81-90.

[51] TENENHAUS-AZIZA F, ELLOUZE M. Software for predictive microbiology and risk assessment: A description and comparison of tools presented at the ICPMF8 Software Fair[J]. Food Microbiology, 2015, 45: 290-299.

[52] 杨宪时, 许钟, 郭全友. 养殖鱼类货架期预测系统的设计与评估[J]. 农业工程学报, 2006, 22(8):129-134.

[53] SCIORTINO R, MICALE R, ENEA M, et al. A webGIS-based system for real time shelf life prediction[J]. Computers and Electronics in Agriculture, 2016, 127: 451-459.

[54] MCDONALD K, SUN D W. Predictive food microbiology for the meat industry: a review[J]. International Journal of Food Microbiology, 1999, 52(1-2): 1-27.

[55] NYATI H. Survival characteristics and the applicability of predictive mathematical modelling to *Listeria monocytogenes* growth in sous vide products[J]. International Journal of Food Microbiology, 2000, 56(2-3): 123-132.

[56] REID R, FANNING S, WHYTE P. The microbiology of beef carcasses and primals during chilling and commercial storage[J]. Food Microbiology, 2017, 61:50-57.

[57] 佟懿, 谢晶. 动力学模型预测鲳鱼货架寿命的实验研究[J]. 食品科学, 2009, 30(10):265-268.

[58] 郭子成, 任聚杰, 罗青枝. 物理化学(下册)[M]. 北京: 化学工业出版社, 2013.

[59] 周遗品, 赵永金, 张延金. Arrhenius 公式与活化能[J]. 石河子大学学报(自然科学版),1995(4):76-80.

[60] KONG F B, TANG J M, RASCO B, et al. Kinetics of salmon quality changes during thermal processing[J]. Journal of Food Engineering,

2007,83(4):510-520.

[61] SHI C, LU H, CUI J Y, et al. Study on the predictive models of the quality of silver carp (*Hypophthalmichthys Molitrix*) fillets stored under variable temperature conditions[J]. Journal of Food Processing and Preservation,2014,38(1):356-363.

[62] ATKINS P W. The rates of chemical reactions[M]//ATKINS P W, DE PAULA J. Atkins' Physical Chemistry(9th Edition). New York:W. H. FREEMAN,2009.

[63] HONG H, LUO Y K, ZHU S C, et al. Establishment of quality predictive models for bighead carp (*Aristichthys nobilis*) fillets during storage at different temperatures[J]. International Journal of Food Science and Technology,2012,47(3):488-494.

[64] 张倩钰,孙杰,郑炯. 苹果片热风薄层干燥过程中颜色变化的动力学模型[J]. 食品工业科技,2015,36(24):137-141.

[65] GONÇALVES E, ABREU M, PINHEIRO J, et al. Quality changes of carrots under different frozen storage conditions: a kinetic study[J]. Journal of Food Processing and Preservation,2020,44(12):e14953.

[66] 林琳,孙媛,谢超. 动力学模型预测小黄鱼(*Pseudosciaena polyactis*)鱼干常温保藏下的货架期[J]. 海洋与湖沼,2014,45(1):178-182.

[67] ZHANG L N, LI X, LU W, et al. Quality predictive models of grass carp (*Ctenopharyngodon idellus*) at different temperatures during storage[J]. Food Control,2011,22(8):1197-1202.

[68] 奚春蕊. 金枪鱼生鱼片品质变化及快速评价方法建立[D]. 上海:上海海洋大学,2013.

[69] YAO L, LUO Y K, SUN Y Y, et al. Establishment of kinetic models based on electrical conductivity and freshness indictors for the forecasting of crucian carp (*Carassius carassius*) freshness[J]. Journal of Food Engineering,2011,107(2):147-151.

[70] 裴娇艳. 西红柿果实采后品质特性变化及预测模型研究[D]. 南京:南京农业大学,2010.

[71] 张秀媛,何扩,赵瑞平,等. 宣化牛奶葡萄贮藏过程中生理品质变化及货架期动力学模型[J]. 食品科学,2015,36(10):254-258.

[72] 毛苏扬. 圣女果涂膜保鲜技术与货架期预测模型的研究[D]. 北京:北京林业大学,2020.

[73] 蔡燕芬. 食品储存期加速测试及其应用[J]. 食品科技,2004(1):80-82.

[74] 佟懿,谢晶,肖红,等. 鲳鱼货架期预测模型的电子鼻评价与研究[J]. 水产学报,2010,34(3):367-374.

[75] 佟懿,谢晶,肖红,等. 基于电子鼻的带鱼货架期预测模型[J]. 农业工程学报,2010,26(2):356-360.

[76] 钱和. HACCP原理与实施[M]. 北京:中国轻工业出版社,2006.

[77] 蒋仁言. 威布尔模型族——特性、参数估计和应用[M]. 北京:科学出版社,1998.

[78] 于广华,徐平. 利用威布尔模型研究药物的尿排泄[J]. 数理医药学杂志,2000,13(4):291-292.

[79] 曹平,于燕波,李培荣,等. 寿命可靠性计算在食品货架期分析中的初步应用[J]. 食品科学,2007,28(12):480-484.

[80] 张卓. 速冻水饺货架期预测及品质控制研究[D]. 郑州:河南农业大学,2012.

[81] 胡位歆,丁甜,刘东红. 贮藏过程中食品品质变化动力学模型的应用[J]. 中国食品学报,2017,17(5):161-167.

[82] 蔡超. 酸奶在贮存期间参数的变化和对货架寿命预测模型的研究[D]. 武汉:华中农业大学,2012.

[83] MAKHOUL H, GHADDAR T, TOUFEILI I. Identification of some rancidity measures at the end of the shelf life of sunflower oil[J]. European Journal of Lipid Science and Technology,2006,108(2):143-148.

[84] TORRIERI E, RUSSO F, DI MONACO R, et al. Shelf life prediction of fresh Italian pork sausage modified atmosphere packed[J]. Food Science and Technology International,2011,17(3):223-232.

[85] TAMARIT-PINO Y, BATÍAS-MONTES J M, SEGURA-PONCE L A, et al. Shelf-life prediction and quality changes in dried Chilean sea cucumber (*Athyonidium chilensis*) during accelerated storage[J]. Journal of Food Processing and Preservation,2020,44(9):e14644.

[86] 王红丽,王锡昌,施文正,等. 水产品贮运过程中货架期预测的研究进展[J]. 食品科学,2021,42(15):261-268.

[87] 励建荣,王丽,张晓敏,等.近红外光谱结合偏最小二乘法快速检测大黄鱼新鲜度[J].中国食品学报,2013,13(6):209-214.

[88] 张欣欣,曲高阳,杨莹,等.近红外光谱技术建立镜鲤新鲜度定量预测模型[J].广东农业科学,2018,45(9):121-128.

[89] 谢雯雯,李俊杰,刘茹,等.基于近红外光谱技术的鱼肉新鲜度评价方法的建立[J].淡水渔业,2013,43(4):85-90.

[90] 方瑶,谢天铧,郭渭,等.基于近红外光谱的金鲳鱼新鲜度快速检测技术[J].江苏农业学报,2021,37(1):213-218.

[91] BONILLA A C, SVEINSDOTTIR K, MARTINSDOTTIR E. Development of Quality Index Method (QIM) scheme for fresh cod (*Gadus morhua*) fillets and application in shelf life study[J]. Food Control, 2007, 18(4): 352-358.

[92] 邱锡鹏.神经网络与深度学习[M].北京:机械工业出版社,2020.

[93] 张立毅,等.神经网络盲均衡理论、算法与应用[M].北京:清华大学出版社,2013.

[94] ZHU N, WANG K, ZHANG S L, et al. Application of artificial neural networks to predict multiple quality of dry-cured ham based on protein degradation[J]. Food Chemistry, 2021, 344: 128586.

[95] KACZMAREK A, MUZOLF-PANEK M. Predictive modeling of changes in TBARS in the intramuscular lipid fraction of raw ground beef enriched with plant extracts[J]. Antioxidants, 2021, 10(5): 736.

[96] SHI C, QIAN J P, ZHU W Y, et al. Nondestructive determination of freshness indicators for tilapia fillets stored at various temperatures by hyperspectral imaging coupled with RBF neural networks[J]. Food Chemistry, 2019, 275: 497-503.

[97] SHI C, QIAN J P, HAN S, et al. Developing a machine vision system for simultaneous prediction of freshness indicators based on tilapia (*Oreochromis niloticus*) pupil and gill color during storage at 4 ℃[J]. Food Chemistry, 2018, 243: 134-140.

[98] LIU X C, JIANG Y, SHEN S, et al. Comparison of Arrhenius model and artificial neuronal network for the quality prediction of rainbow trout (*Oncorhynchus mykiss*) fillets during storage at different temperatures

[J]. LWT-Food Science and Technology,2015,60(1):142-147.

[99] CHEN H Z,QIAO H L,FENG Q X,et al. Rapid detection of pomelo fruit quality using near-infrared hyperspectral imaging combined with chemometric methods[J]. Frontiers in Bioengineering and Biotechnology, 2021,8:616943.

[100] LI D R,ZHANG F,YU J S,et al. A rapid and non-destructive detection of *Escherichia coli* on the surface of fresh-cut potato slices and application using hyperspectral imaging[J]. Postharvest Biology and Technology,2021,171:111352.

[101] KIM P. Convolutional neural network[M]//KIM P. MATLAB Deep Learning. Berkeley:Apress,2017:121-147.

[102] TAHERI-GARAVAND A,NASIRI A,BANAN A,et al. Smart deep learning-based approach for non-destructive freshness diagnosis of common carp fish[J]. Journal of Food Engineering,2020,278:109930.

[103] GUO L L,WANG T,WU Z H,et al. Portable food-freshness prediction platform based on colorimetric barcode combinatorics and deep convolutional neural networks[J]. Advanced Materials,2020,32(45):2004805.

[104] ABIE S M,MARTINSEN Ø G,EGELANDSDAL B,et al. Feasibility of using electrical impedance spectroscopy for assessing biological cell damage during freezing and thawing[J]. Sensors,2021,21(12):4129.

[105] TAN M T,WANG J F,LI P Y,et al. Storage time prediction of glazed frozen squids during frozen storage at different temperatures based on neural network[J]. International Journal of Food Properties, 2020,23(1):1663-1677.

[106] 华泽钊,李云飞,刘宝林.食品冷冻冷藏原理与设备[M].北京:机械工业出版社,1999.

[107] 谷雪莲,刘彦臣,刘宝林,等.牛乳温度-时间-容许期(TTT)曲线的实验确定[J].食品科学,2007(12):316-319.

[108] LIMBO S,TORRI L,SINELLI N,et al. Evaluation and predictive modeling of shelf life of minced beef stored in high-oxygen modified atmosphere packaging at different temperatures[J]. Meat Science,2010,84

(1):129-136.

[109] TORRI L, SINELLI N, LIMBO S. Shelf life evaluation of fresh-cut pineapple by using an electronic nose[J]. Postharvest Biology and Technology, 2010, 56(3):239-245.

[110] 包建强.食品低温保藏学[M].2版.北京:中国轻工业出版社,2011.

[111] XU Y, LU L. The time-temperature tolerance theory behind thermal kinetic models for shelf-life prediction of common foods[J]. Food Science and Technology, 2022, 42(2):32722.

[112] 王欣,刘宝林,谷雪莲,等.冷藏链中温度波动对速冻水饺品质影响的试验研究[C]//上海市制冷学会2007年学术年会论文集,2007:165-168.

[113] 韦坚,刘爱娟,唐剑文.基于深度学习神经网络技术的数字电视监测平台告警模型的研究[J].有线电视技术,2017,24(7):78-82.

[114] HASSOUN A, KAROUI R. Front-face fluorescence spectroscopy coupled with chemometric tools for monitoring fish freshness stored under different refrigerated conditions[J]. Food Control, 2015, 54:240-249.

[115] 程旋.基于近红外光谱和机器视觉技术的淡水鱼新鲜度检测方法研究[D].武汉:华中农业大学,2013.

[116] HUI G H, WANG L Y, MO Y H, et al. Study of grass carp (*Ctenopharyngodon idellus*) quality predictive model based on electronic nose[J]. Sensors and Actuators B:Chemical, 2012, 166:301-308.

[117] GIANNOGLOU M, TOULI A, PLATAKOU E, et al. Predictive modeling and selection of TTI smart labels for monitoring the quality and shelf-life of frozen seafood[J]. Innovative Food Science & Emerging Technologies, 2014, 26:294-301.

第 5 章
农产品智能包装技术

随着人民对食品安全要求的日益增长,对防伪包装技术的要求也越来越高。国内包装机现已广泛应用于食品、医药、化工等各个行业[1],但是,专门针对农业的用于农产品防伪的包装机却不多见。目前对农产品防伪包装技术的研究主要集中在包装标识和射频识别技术等方面。国外的农产品防伪包装机广泛应用了 RFID 技术,国内已经在酒类、医药等高价值产品上应用了 RFID 防伪技术,但是成本比较高,不适用于对价值比较低的农产品进行防伪[2]。同时针对农产品物流过程中存在的物流单元批次重组和裂变频繁、标识信息转换手段缺乏等问题,急需嵌入式物流单元标识转换与在线生成设备,实现不同条码码制、不同频段 RFID 标签之间的信息转换与标识在线生成。本章针对以上问题,进行关键技术与系统分析。

5.1 智能包装系统

随着 RFID 技术、GPS 技术、二维码、自动控制等技术的不断发展,将以上技术运用到农产品的防伪标识包装上已经成为可能[3]。本节研究了一种用于农产品原产地的防伪标识和自动化封箱贴标的自动化系统,主要实现对瓦楞纸箱的自动化包装和防伪标识标签的生成与自动贴标,以提高农产品防伪包装的可信度和包装的工作效率。本系统的用户主要定位于农场、农产品初加工企业和农村合作社。以合作社为例,一般有多个农户或多个地块同时生产一种蔬菜,出售或加工时一批蔬菜可能会产自几个农户或者几个地块,田间与包装设备之间有一定距离,要做到对农产品原产地源头的监控,必须细分出每一颗菜的责任者。

为了达到以上设计目的,结合功能需求和实际的应用场合,将系统按功能划分为传送装置、控制装置、称重装置、封箱装置和打印贴标装置五个功能模块,每个模块可以相对独立完成一项功能并且各装置之间相互连接。其中,称重装置将生成产品的属性信息(重量、产地、生产日期等)和防伪信息(责任者认证信息、责任人联系电话、经纬度等),传送装置将称重装置的小包装传送到封箱装置前端,控制装置负责整个系统的调度控制、数据生成等,封箱装置将大包装封箱,打印贴标装置打印标签并将生成的标签按设定贴到相应位置。整个系统的结构如图 5-1 所示[4]。

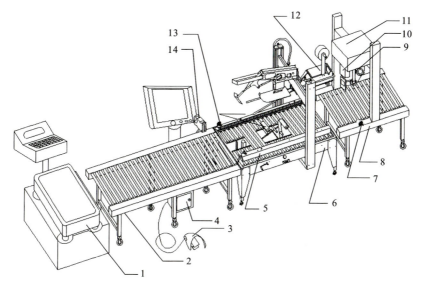

图 5-1　系统结构

1—称重装置;2—传送装置;3—脚踏开关控制装置;4—传送装置控制箱;5—侧驱动传送带;
6—封箱装置;7—打印触发传感器;8—打印贴标装置;9—机械手臂;10—打印模块;
11—打印贴标装置控制箱;12—上部贴带器;13—箱装满检测传感器;14——维条码扫描枪

5.2　包装标识防伪

对从田间到包装设备之间的防伪保护是通过 RFID 身份认证卡实现的,每个农户或地块配一张 RFID 身份认证卡,用 RFID 身份认证卡关联相应的地块或责任者。用户使用该设备前,必须先刷 RFID 身份认证卡,身份认证后,设备才能正常进入工作状态,此时打印出来的标签的责任者就是当前 RFID 身份认证卡持有者,如果此时有另一个农户刷卡,则标签的责任者将随之替换为新的 RFID 身份认证卡持有者,溯源时可以快速定位到责任地块或责任者,这是第一重防伪——RFID 身份认证防伪。设备启动后,系统会获取当前经纬度信息,此设备对电流要求比较高,蓄电池、太阳能等自供电方法不能满足田间长时间工作要求,需要接入交流电,但是田间交流电完全覆盖有困难。因此设备采集的 GPS 经纬度信息为包装设备所在地的经纬度信息。设备将获取到的经纬度信息与产地后台认证中心防伪数据库的该 RFID 身份认证卡的地理位置对比,如果经纬度信息与原先录入的责任者的经纬度信息超出误差规定范围,则设备将无法打印标签,误差范围可以通过认证服务器由有权限的用户设置。这是第二重防伪——原产地地理位置信息防伪。标签打印后,通过一系列加密算法,保证数据在设备和后台之间流动及参数设置时,信息不能被篡改,参数设置合理,这是第三重防伪。经过这三重防伪机制以后,就可以保证农产品标识的可信度和真实性。由于前两重主要是物理防伪,下面主要介绍第三重的算法防伪方法。

5.2.1 追溯码编码设计

追溯码是可追溯系统构建的基础,追溯码编码除遵循商品条目编码的基本原则之外,还要考虑追溯信息的全面性,也要尽量缩短追溯码的长度。这样既是为了便于打印条码,也是为了在使用短信方式追溯查询时尽量占用较少的字符空间,方便用户输入。

如图 5-2 所示,本研究中压缩前的农产品追溯码编码由产地位置码、产品码、生产日期码、认证类型码等 26 位数组成[5]。其中产地位置采用经纬度地理坐标,并根据中国经纬度坐标的跨度特点将中国划分为 6 大区域,通过编码换算将 13 位的经纬度地理坐标位置码转换为 10 位的相对产地位置码和 1 位位置标识码,其中的位置标识码(1~6 的数字)不在编码中,通过后面的验证码组合获得;分别对生产日期码、产品码进行转换,将 6 位的生产日期码转换为 3 位相对日期码和 1 位时间标识码,其中的时间标识码(1~4 的数字)同样不在编码

产地位置码(13位)	产品码(6位)	生产日期码(6码)	认证类型码(1位)
$P_1P_2P_3P_4P_5P_6P_7P_8P_9P_{10}P_{11}P_{12}P_{13}$	$U_1U_2U_3U_4U_5U_6$	YYMMDD	A

压缩转换

相对产地位置码(10位)	产品码(5位)	相对日期码(3位)	认证类型码(2位)
$P_1P_2P_3P_4P_5P_6P_7P_8P_9P_{10}$	$U_1U_2U_3U_4U_5$	$D_1D_2D_3$	A_1A_2

图 5-2 农产品追溯码设计

中,通过后面的验证码组合获得,变换后的产品码为 5 位;将位置标识码、时间标识码和认证类型码三者进行排列组合,共有 96 种组合,根据不同数值得到 2 位的验证码组合,如表 5-1 所示。这样,26 位编码转换为 20 位编码,如图 5-2 所示。

表 5-1　验证码组合

位置标识码	时间标识码	认证类型码	验证码
1	1	1	01
1	1	2	02
1	1	3	03
1	1	4	04
1	2	1	05
1	2	2	06
1	2	3	07
…	…	…	…
6	4	4	96

5.2.2　加密算法设计

上述基于地理坐标的农产品追溯码编码,通过压缩转换在一定程度上具有了加密功能,但不是真正意义上的加密,容易被探测到其中的编码规则;而且该编码是以批次为追溯单元的,即同一责任主体同一时间(同一天)内的同一品种所有单元的追溯码是相同的,没有做到一个单元一个码,即"一包(箱)一码"。本节的加密算法不仅实现了"一包(箱)一码",而且对农产品追溯码进行了基于高级加密标准(advanced encryption standard,AES)算法的十进制数字等长加密,达到了防伪的目的。

分析 AES 算法可知,AES 加密算法是针对二进制数据设计的,无法满足对十进制数据加密的要求,而本研究中的追溯码是由 20 位十进制数字组成的。对 AES 算法进行改进,将其中的加密轮变换的四个步骤——S 盒替换、行移位、列混合和轮密钥加[6],设计为追溯码状态位替换、追溯码状态矩阵行移位、追溯码状态矩阵列混合和轮密钥运算控制四个步骤,以适应十进制数直接加密的要求。同时,为增强加密强度,保证生成追溯码的唯一性,使同一明文生成无规律的密文,实现"一次一密"的防伪效果,采用动态密钥对追溯码进行混沌随机加密。具体的加密流程如图 5-3 所示[7]，其中 N_r 为变换轮数。

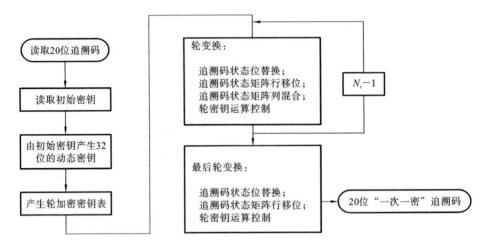

图 5-3　农产品追溯码加密流程

1. 追溯码动态密钥生成

根据装置初始密钥 Key、装置设备号 DeviceID、追溯码加密次数 Time 三个参数，动态产生每次加密的 32 位十进制数动态密钥 Dkey，动态密钥生成流程如图 5-4 所示，其中 Box[·]为图 5-3 中的追溯码状态位替换操作。动态密钥的引入使得加密强度更高，每次生成的追溯码用不同的动态密钥进行加密。动态密钥随机算法由加密次数（Time）控制，加密次数在二进制数值上 1 bit 的变化，会导致其生成的动态密钥完全不同。

2. 追溯码状态位替换

追溯码状态位替换，是通过状态位替换表，将原始追溯码状态矩阵替换为一个新的状态矩阵，如 20 位追溯码 22881001632000100323 的替换过程如图 5-5 所示。每一轮的状态位替换中，能够实现一半的十进制位发生变化。

3. 追溯码状态矩阵行移位

这里的追溯码状态矩阵是指替换后的状态矩阵，其状态矩阵行移位规则是：第一行不移动，第二行循环左移 1 位，第三行循环左移 2 位，第四行循环左移 3 位。追溯码状态矩阵行移位过程如图 5-6 所示。

4. 追溯码状态矩阵列混合

追溯码状态矩阵列混合操作，是用一个可逆正整数矩阵左乘追溯码状态矩

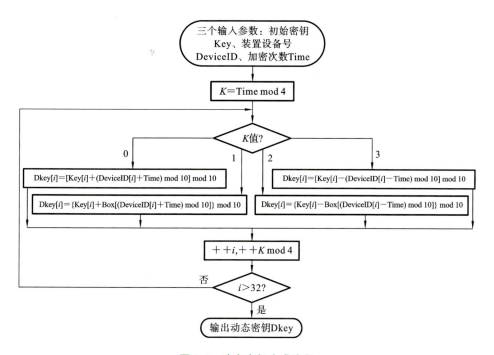

图 5-4 动态密钥生成流程

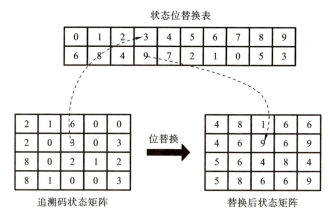

图 5-5 追溯码状态位替换

阵,然后对 10 进行取模运算,将得到的结果放回原来的矩阵中。这里的可逆正整数矩阵采用的是刘连浩等[6]设计的矩阵 M。式(5-1)为列混合操作的矩阵表示,式(5-2)为列混合逆操作矩阵表示。

4	8	1	6	6
4	6	9	6	9
5	6	4	8	4
5	8	6	6	9

第一行不变
第二行循环左移1位
第三行循环左移2位
第四行循环左移3位

4	8	1	6	6
6	9	6	9	4
4	8	4	5	6
6	9	5	8	6

图 5-6 追溯码状态矩阵行移位

$$\boldsymbol{M}=\begin{bmatrix}5 & 3 & 2 & 1\\1 & 5 & 3 & 2\\2 & 1 & 5 & 3\\3 & 2 & 1 & 5\end{bmatrix}$$

$$\begin{bmatrix}s'_{1c}\\s'_{2c}\\s'_{3c}\\s'_{4c}\end{bmatrix}=\begin{bmatrix}5 & 3 & 2 & 1\\1 & 5 & 3 & 2\\2 & 1 & 5 & 3\\3 & 2 & 1 & 5\end{bmatrix}\begin{bmatrix}s_{1c}\\s_{2c}\\s_{3c}\\s_{4c}\end{bmatrix}\bmod 10 \tag{5-1}$$

$$\begin{bmatrix}s_{1c}\\s_{2c}\\s_{3c}\\s_{4c}\end{bmatrix}=\begin{bmatrix}5 & 9 & 4 & 3\\3 & 5 & 9 & 4\\4 & 3 & 5 & 9\\9 & 4 & 3 & 5\end{bmatrix}\begin{bmatrix}s'_{1c}\\s'_{2c}\\s'_{3c}\\s'_{4c}\end{bmatrix}\bmod 10 \tag{5-2}$$

5. 轮密钥运算控制

在 AES 加密算法中，轮密钥加利用密钥与状态对应的字节做异或运算。但是对于十进制数，异或运算没有可逆性。为了使追溯码状态位与轮密钥混淆，并且具有可逆性，将 AES 算法中的二进制异或运算改成基于十进制数字的轮密钥运算控制，根据每一轮的密钥不同，分别进行四种运算中的一种。入口条件由每一轮加密所有使用的密钥各位之和对 4 取模来确定。每一轮运算步骤简述如下：

(1) 32 位动态密钥求和，记为 Sum；

(2) 入口参数 Enter＝Sum mod 4；

(3) 根据步骤(2)得到的结果，进入不同的状态位和轮密钥加减运算。

5.2.3 算法嵌入式优化设计

当将算法移植到嵌入式平台上时，需考虑两方面的问题，即处理器存储空间大小和算法运行速度,在硬件资源满足条件的情况下,对算法进行优化设计以提高算法的运算速度[8]。

1. 追溯码状态位替换、行移位和列混合优化设计

在追溯码加密算法的实现过程中,状态位替换和状态矩阵行移位占用了大部分的运算时间。通过分析算法,发现可以将这两个步骤合并成一组 T 表进行查询来完成,T 表查询具体过程如下:将轮变换的输入用 a 表示,经过状态位替换的输出用 b 表示,则

$$b_{i,j} = S[a_{i,j}]; \quad 0 \leqslant i \leqslant 4, 0 \leqslant j \leqslant N_b \quad (5\text{-}3)$$

式中:$S[\cdot]$ 表示轮变换操作;N_b 为状态矩阵的列数,本研究中 $N_b=5$。

将状态矩阵行移位的输出用 c 表示,列混合的输出用 d 表示,则

$$\begin{bmatrix} c_{0,j} \\ c_{1,j} \\ c_{2,j} \\ c_{3,j} \end{bmatrix} = \begin{bmatrix} b_{0,j+c0} \\ b_{1,j+c1} \\ b_{2,j+c2} \\ b_{3,j+c3} \end{bmatrix}; \quad 0 \leqslant j < N_b \quad (5\text{-}4)$$

$$\begin{bmatrix} d_{0,j} \\ d_{1,j} \\ d_{2,j} \\ d_{3,j} \end{bmatrix} = \begin{bmatrix} 5 & 3 & 2 & 1 \\ 1 & 5 & 3 & 2 \\ 2 & 1 & 5 & 3 \\ 3 & 2 & 1 & 5 \end{bmatrix} \times \begin{bmatrix} c_{0,j} \\ c_{1,j} \\ c_{2,j} \\ c_{3,j} \end{bmatrix} \bmod 10; \quad 0 \leqslant j < N_b \quad (5\text{-}5)$$

将式(5-3)代入式(5-4),并且和式(5-5)合并得到

$$\begin{bmatrix} d_{0,j} \\ d_{1,j} \\ d_{2,j} \\ d_{3,j} \end{bmatrix} = \begin{bmatrix} 5 & 3 & 2 & 1 \\ 1 & 5 & 3 & 2 \\ 2 & 1 & 5 & 3 \\ 3 & 2 & 1 & 5 \end{bmatrix} \times \begin{bmatrix} S[a_{0,j+c0}] \\ S[a_{1,j+c1}] \\ S[a_{2,j+c2}] \\ S[a_{3,j+c3}] \end{bmatrix} \bmod 10; \quad 0 \leqslant j < N_b \quad (5\text{-}6)$$

上述的矩阵乘法可以转化成 4 个列向量的线性组合:

$$\begin{bmatrix} d_{0,j} \\ d_{1,j} \\ d_{2,j} \\ d_{3,j} \end{bmatrix}$$

$$= \left(\begin{bmatrix} 5 \\ 1 \\ 2 \\ 3 \end{bmatrix} S[a_{0,j+c0}] + \begin{bmatrix} 3 \\ 5 \\ 1 \\ 2 \end{bmatrix} S[a_{1,j+c1}] + \begin{bmatrix} 2 \\ 3 \\ 5 \\ 1 \end{bmatrix} S[a_{2,j+c2}] + \begin{bmatrix} 1 \\ 2 \\ 3 \\ 5 \end{bmatrix} S[a_{3,j+c3}] \right) \bmod 10;$$

$$0 \leqslant j < N_b \tag{5-7}$$

由式(5-7)可以看出,4个列向量可以分别定义成 T_0、T_1、T_2 和 T_3 共4个 T 表:

$$T_0[a] = \begin{bmatrix} 5 \times S[a] \\ 1 \times S[a] \\ 2 \times S[a] \\ 3 \times S[a] \end{bmatrix}, \quad T_1[a] = \begin{bmatrix} 3 \times S[a] \\ 5 \times S[a] \\ 1 \times S[a] \\ 2 \times S[a] \end{bmatrix}$$

$$T_2[a] = \begin{bmatrix} 2 \times S[a] \\ 3 \times S[a] \\ 5 \times S[a] \\ 1 \times S[a] \end{bmatrix}, \quad T_3[a] = \begin{bmatrix} 1 \times S[a] \\ 2 \times S[a] \\ 3 \times S[a] \\ 5 \times S[a] \end{bmatrix}$$

这样式(5-7)就可以改写成

$$\begin{bmatrix} d_{0,j} \\ d_{1,j} \\ d_{2,j} \\ d_{3,j} \end{bmatrix} = (T_0[a_{0,j+c0}] + T_1[a_{1,j+c1}] + T_2[a_{2,j+c2}] + T_3[a_{3,j+c3}]) \bmod 10; \quad 0 \leqslant j < N_b$$

$$\tag{5-8}$$

经过4次查表和4次异或,就可以完成4个状态位的替换与列混合操作,并且每个 T 表都只有10个数字条目。另外,根据算法设计可知,最后一轮的轮函数没有列混合操作,定义一个 T_4 表:

$$T_4 = \begin{bmatrix} 1 \\ 1 \\ 1 \\ 1 \end{bmatrix} \times S[a_{i,j+ci}]$$

T_4 表同样只有10个数字条目。于是式(5-8)可以改写成

$$\begin{bmatrix} d_{0,j} \\ d_{1,j} \\ d_{2,j} \\ d_{3,j} \end{bmatrix} = (T_4[a_{0,j+c0}] + T_4[a_{1,j+c1}] + T_4[a_{2,j+c2}] + T_4[a_{3,j+c3}]) \bmod 10; \quad 0 \leqslant j < N_b$$

$$\tag{5-9}$$

在解密时,定义5个 T^{-1} 表(T_0^{-1}、T_1^{-1}、T_2^{-1}、T_3^{-1} 和 T_4^{-1}),用等效解密算法,其实现方式与加密过程类似,是加密过程的逆过程。

2. 轮密钥扩展优化设计

密钥扩展分为一次性密钥扩展和即时密钥扩展。一次性密钥扩展是在加密解密开始之前生成所有轮密钥,并将其存在内存中;即时密钥扩展只保留一轮的密钥——当前轮密钥,下一轮密钥由当前轮密钥计算生成。与一次性密钥扩展相比,即时密钥扩展占用更少的存储单元。本研究采用即时密钥扩展。

假如 32 位初始密钥为 $k_1,k_2,k_3,\cdots,k_{30},k_{31},k_{32}$,将其排列成 8×4 的初始密钥矩阵 $\begin{bmatrix} k_1 & k_2 & k_3 & k_4 \\ k_5 & k_6 & k_7 & k_8 \\ \vdots & \vdots & \vdots & \vdots \\ k_{25} & k_{26} & k_{27} & k_{28} \\ k_{29} & k_{30} & k_{31} & k_{32} \end{bmatrix}$,令 $\mathrm{rk}_0=[k_1\ \ k_2\ \ k_3\ \ k_4]$,$\mathrm{rk}_1=[k_5\ \ k_6\ \ k_7\ \ k_8]$,$\cdots$,$\mathrm{rk}_7=[k_{29}\ \ k_{30}\ \ k_{31}\ \ k_{32}]$。优化设计的轮密钥扩展可由下面的转换过程实现:

$$\mathrm{rk}_0^1=\{\mathrm{rk}_0+\mathrm{Box}[(\mathrm{rk}_7+\mathrm{Rcon})\bmod 10]\}\bmod 10$$

$$\mathrm{rk}_1^1=\{\mathrm{rk}_1+\mathrm{Box}[(\mathrm{rk}_8+\mathrm{Rcon})\bmod 10]\}\bmod 10$$

$$\vdots$$

$$\mathrm{rk}_7^1=\{\mathrm{rk}_7+\mathrm{Box}[(\mathrm{rk}_{14}+\mathrm{Rcon})\bmod 10]\}\bmod 10$$

式中:$\mathrm{Box}[\cdot]$ 为追溯码状态位替换操作;Rcon 为轮常量二维数组,$\mathrm{Rcon}[i]=(i+1\ \ 0\ \ 0\ \ 0)^T$。利用转换公式,根据初始密钥 $\mathrm{rk}_0,\mathrm{rk}_1,\cdots,\mathrm{rk}_7$,推算出第一轮加密密钥 $\mathrm{rk}_0^1,\mathrm{rk}_1^1,\cdots,\mathrm{rk}_7^1$;第二轮密钥可由第一轮密钥按照同样的方法生成。

5.2.4 算法实现

本算法实现采用 LPC1766 处理器作为硬件平台,该处理器采用的是 Cortex-M3 内核,最高主频为 100 MHz,存储空间包括 64 KB 的随机存储器(random access memory,RAM)和 256 KB 的闪存(flash memory);利用 Keil uVision3 软件开发平台实现追溯码加密算法,流程如图 5-7 所示,其中 N_r 为变换轮数。具体步骤如下:

(1) 利用替换表和列混合可逆矩阵数据构建 5 个查询表,并将表格数据存储于 MX25L6405D 存储器中;

(2) 获取初始密钥,结合装置设备号和加密次数,生成动态密钥;

(3) 根据动态密钥构建第一轮轮密钥并进行存储,后续加密的轮密钥根据前一轮轮密钥实时计算;

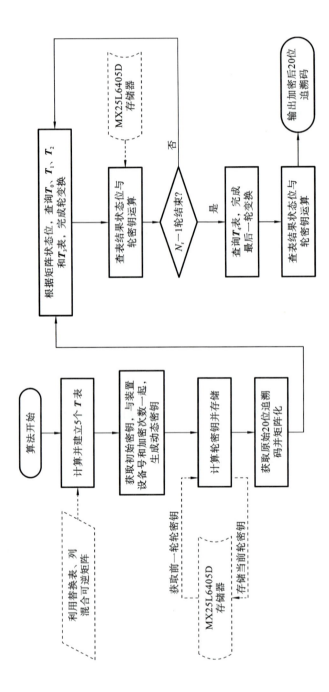

图 5-7 追溯码加密算法嵌入式实现流程

（4）读取编码产生的 20 位追溯码，并且将其矩阵化；

（5）开始进行 N_r-1 轮变换，通过查表完成轮变换中的替换、移位和列混合操作，然后将查表结果状态位与轮密钥进行运算；

（6）进行最后一轮变换，通过查 T_4 表，完成替换、移位操作，将查表结果状态位与轮密钥进行运算，生成"一次一密"的最终追溯码。

在 Keil uVision3 开发环境下进行测试，测试结果表明算法占用空间情况为：只读数据空间(RO-data)为 248 B，已初始化可读写数据空间(RW-data)为 272 B，未初始化可读写数据空间(ZI-data)为 2524 B。在处理器主频为 75 MHz 的情况下，算法耗时 7.85 ms，不仅每次生成的追溯码都不同，即追溯码具有唯一性，而且优化设计的算法在满足上述存储空间的嵌入式处理器平台上都可以实现。

5.2.5 应用示例

本小节将上述农产品追溯码加密算法移植到自主开发的混合条码追溯标签打印溯源设备中，实现了追溯码的加密生成和标签的打印。图 5-8(a)所示为混合条码追溯标签打印溯源设备，该设备将称重和标识两个环节合二为一，同时完成重量感知和贴标两个过程，大大提高了效率，而且从打印出来的标签放大图中可以看出连续打印的同一品种(菜心)的两张标识(贴于不同的包装上)的追溯码是不同的，从标识上看不出追溯码代表的任何含义，实现了追溯码的唯一性和防伪性；图 5-8(b)所示为广州市农产品质量安全监管平台，该平台有

(a) 混合条码追溯标签打印溯源设备

图 5-8 算法嵌入式应用实例

(b)条码追溯网站

续图 5-8

针对消费者追溯的入口,消费者购买到带有上述产品追溯标签(如图 5-8(a)中的标签)的农产品,通过在平台上扫描或者输入产品追溯码,点击确定后,系统将显示生产过程、流通过程等详细的追溯属性信息。

5.3 标识转换技术

在现有的农产品追溯系统中,大部分小包装产品以条码进行标识,这样既可满足追溯需求,又能降低成本。而在大包装中,由于需要快速、准确地记录物流过程信息,最好采用 RFID 进行标识,采用这种标识方案,在产品进入物流环节(如出入库)时可通过部署 RFID 读写器便捷地记录出入库信息,且由于大包装产品相对价值较高,RFID 的成本也不会成为其限制因素。建立标识层面的关联和数据层面的衔接是解决农产品包装聚合和拆分中追溯断链问题的关键。对于从小包装到大包装的聚合,在产品标识关联方面,重点是建立小包装的条码与大包装的 RFID 标识码 ID(TID)的关联,TID 是 RFID 标签的唯一编号,它们之间的关系是多对一;在数据衔接方面,需将包装聚合时间、操作人员等信息存入数据库中,以便追溯。对于从大包装到小包装的拆分,在产品标识关联方面,重点是建立大包装的 RFID TID 与小包装上条码的关联,它们之间的关系是一对多;在数据衔接方面,需将拆分信息存入数据库中。

如图 5-9 所示，RFID 与条码的双向转换主要包括两个单向信息流：从 RFID 标识信息到条码标识信息的转换和从条码标识信息到 RFID 标识信息的转换[9]。前者通过 RFID 扫描头识读电子标签，然后由 RFID 数据处理模块分析 RFID 标签中的信息，将提取的信息发送至嵌入式打印机模块，并根据不同的编码规则和所需生成的条码数量生成条码标识；后者信息流基本相反，首先需要设定读取条码标签的个数，通过扫描头扫描条码，当个数等于设定的参数时，系统提示当前扫描条码标签个数已达要求，进行 RFID 标签写入，通过组合条码标签的共有信息后，在寻卡成功后将信息与条码数量写入 RFID 电子标签。

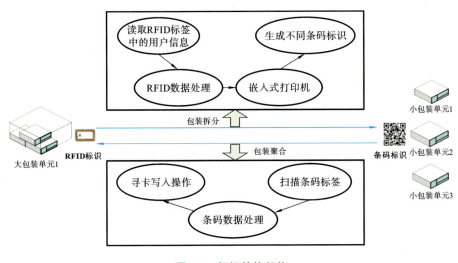

图 5-9　标识转换架构

5.3.1　RFID-条码的转换

从 RFID 到条码的转换中，为了实现转换出的二维条码的防伪性能，采用 AES 算法对二维条码进行加密，其方法和步骤可参考 5.2 节。

5.3.2　条码-RFID 的转换

从条码到 RFID 的转换中，根据需要转换的条码数量进行流程控制是重要内容，其流程如图 5-10 所示。用户首先需要设置条码扫描的个数，如每个用 RFID 标识的大包装规定容纳的用二维条码标识的小包装数量；当用户设置完个数后，处理器将计数器清零，为后续计数做准备；探测贴有二维条码的物品，当物品到来时，驱动条码扫描激光头，对经过激光头射线区域内的条码标识进

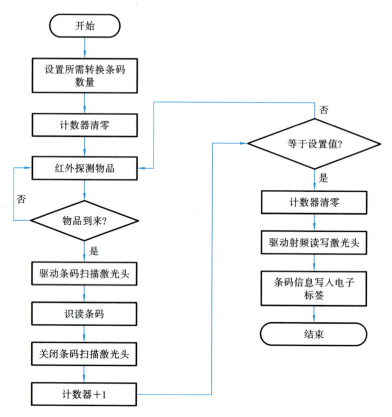

图 5-10　条码标识至 RFID 标识转换流程

行扫描;在成功扫描条码后,可以关闭扫描激光头以节约能源,延长设备使用时间。同时,还可以在扫码的同时进行计数,如果未达到设定的数量,可以继续进行包装监测和识读;当个数达到设置值时,表示 RFID 所需转换的条码已达到所设定数量,计数器清零,处理器驱动 RFID 射频读写激光头,将特定数量的条码信息写入 RFID 标识中。至此一个流程完毕,进入下一个流程。

5.3.3　转换功能测试

本小节基于工业控制器,通过调用各模块驱动接口,采用 Microsoft.NET 开发工具,主要实现如下功能:① RFID-条码转换,即选择条码码制、RFID 频段、转换数量后,设备自动读取 RFID 标签信息,并打印出对应数量的二维条码;② 条码-RFID 转换,即选择相关设置及设定数量后,扫描相关条码,达到设定数量后写入 RFID 标签;③ 状态监测,即在转换过程中,实时监测读写的条码及 RFID 信息等,并对读取有误的信息提供报警功能。系统界面如图 5-11 所示。

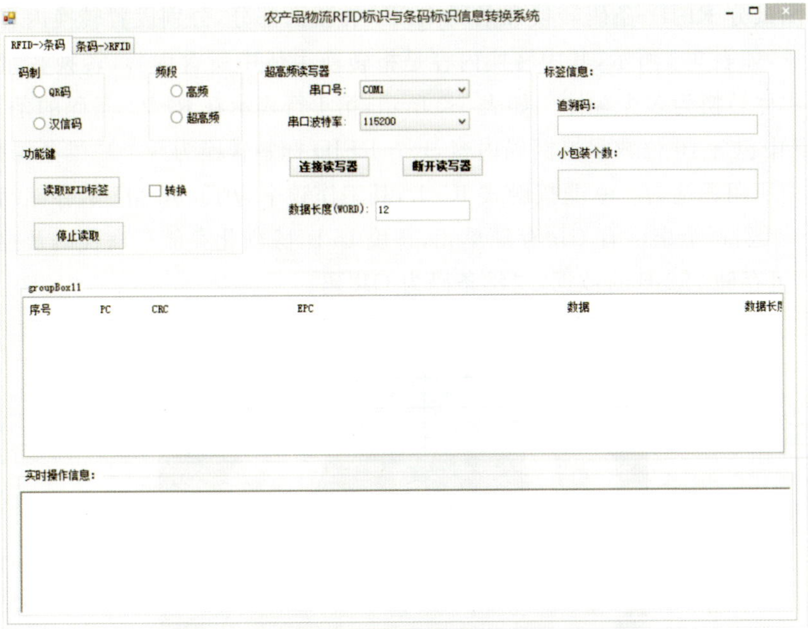
农产品物流RFID标识与条码标识信息转换系统
RFID->条码
条码->RFID
码制
QR码
汉信码
频段
高频
超高频
超高频读写器
串口号:
COM1
串口波特率:
115200
连接读写器
断开读写器
数据长度(WORD):
12
标签信息:
追溯码:
小包装个数:
功能键
读取RFID标签
转换
停止读取
groupBox11
序号
PC
CRC
EPC
数据
实时操作信息:

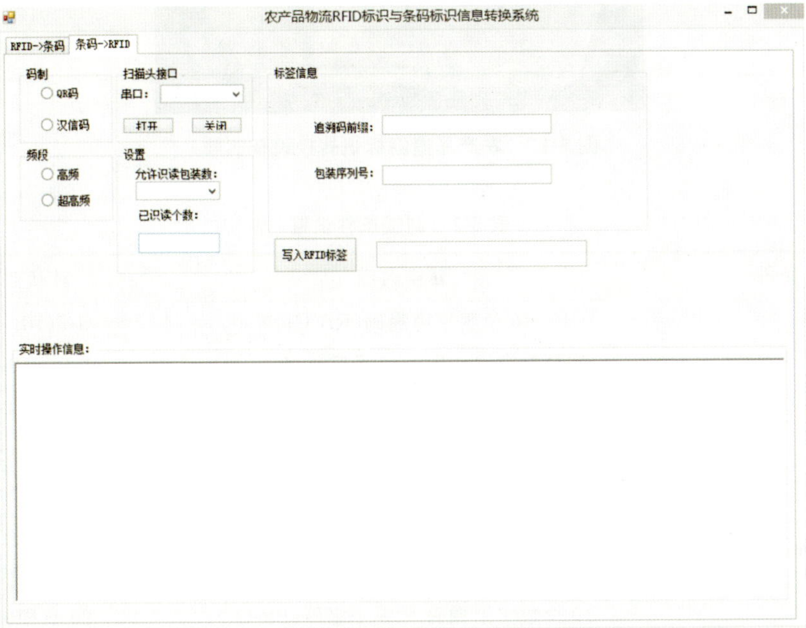
农产品物流RFID标识与条码标识信息转换系统
RFID->条码
条码->RFID
码制
QR码
汉信码
扫描头接口
串口:
打开
关闭
标签信息
追溯码前缀:
包装序列号:
频段
高频
超高频
设置
允许识读包装数:
已识读个数:
写入RFID标签
实时操作信息:

图 5-11　系统界面

采用设计的农产品追溯标识转换设备进行分组测试,设备实物如图 5-12 所示。测试分 RFID-条码转换和条码-RFID 转换两部分,分别设置转换内容和转换数量,如表 5-2 所示,其中转换内容是指转换主体中所含内容,转换数量是指多少主体转换为多少客体。如表 5-2 所示,第 1 行表示在 RFID-条码的条件下,RFID 中包含 10 位数字追溯码内容,1 个 RFID 标签转换为 5 个二维条码标签。测试中所用标签为 S50 非接触式 IC 卡,其工作频率为 13.56 MHz,存储结构为 16 个扇区,每个扇区有 4 块存储单元,每块 16 B,除固化存储厂商代码及控制块外,共可存储 752 B 的数据;二维条码为 QR 码。

图 5-12　农产品追溯标识转换设备实物

表 5-2　测试条件设置

条件	转换内容	转换数量
RFID-条码	10 位数字追溯码(RB-C1)	1-5(RB-A1)
	10 位数字追溯码+10 个字母(RB-C2)	1-10(RB-A2)
	10 位数字追溯码+20 个字母(RB-C3)	1-15(RB-A3)
	10 位数字追溯码+30 个字母(RB-C4)	1-20(RB-A4)
条码-RFID	10 位数字追溯码(BR-C1)	5-1(BR-A1)
	10 位数字追溯码+10 个字母(BR-C2)	10-1(BR-A2)
	10 位数字追溯码+20 个字母(BR-C3)	15-1(BR-A3)
	10 位数字追溯码+25 个字母(BR-C4)	20-1(BR-A4)

注:RB 为 RFID-条码的转换;BR 为条码-RFID 的转换;C1、C2、C3、C4 分别代表不同转换内容;A1、A2、A3、A4 分别代表不同转换数量。

将上述测试条件进行两两组合，每个单向转换条件下有 16 种组合，2 个转换条件共有 32 种组合，每个组合进行 5 次测试。用转换成功率 R 和单个转换时间 T 来衡量测试效果，其定义为

$$R_i = \frac{\sum_{j=1}^{5} M_{ij}}{5n}$$

$$T_i = \frac{\sum_{j=1}^{5} t_{ij}}{5}$$

式中：M_{ij} 为第 i 个组合中第 j 次转换正确的个数，正确转换是指主体中的所有信息均能转换到客体中；n 为第 i 个组合中的转换数量；R_i 为第 i 个组合中 5 次测试转换成功率的平均值；t_{ij} 为第 i 个组合中第 j 次转换所用时间；T_i 为第 i 个组合中 5 次测试所用时间的平均值。

RFID-条码 16 种组合和条码-RFID 16 种组合下的测试结果如表 5-3 所示。

表 5-3　不同条件下的测试结果

RFID-条码转换条件	转换成功率 R/(%)	转换时间 T/s	条码-RFID转换条件	转换成功率 R/(%)	转换时间 T/s
RB-C1/RB-A1	100	2.1	BR-C1/BR-A1	100	10.4
RB-C1/RB-A2	100	2.7	BR-C1/BR-A2	100	18.9
RB-C1/RB-A3	100	3.1	BR-C1/BR-A3	100	27.6
RB-C1/RB-A4	100	4.1	BR-C1/BR-A4	100	35.7
RB-C2/RB-A1	100	2.2	BR-C2/BR-A1	100	12.2
RB-C2/RB-A2	100	2.7	BR-C2/BR-A2	100	22.9
RB-C2/RB-A3	100	3.3	BR-C2/BR-A3	97.3	32.1
RB-C2/RB-A4	100	4.5	BR-C2/BR-A4	96.0	42.3
RB-C3/RB-A1	100	2.2	BR-C3/BR-A1	100	12.9
RB-C3/RB-A2	100	2.8	BR-C3/BR-A2	100	23.4
RB-C3/RB-A3	100	3.9	BR-C3/BR-A3	100	34.1
RB-C3/RB-A4	100	5.3	BR-C3/BR-A4	94.0	43.5
RB-C4/RB-A1	100	3.2	BR-C4/BR-A1	100	13.6
RB-C4/RB-A2	100	4.0	BR-C4/BR-A2	100	24.7
RB-C4/RB-A3	100	5.1	BR-C4/BR-A3	93.3	36.1
RB-C4/RB-A4	100	5.6	BR-C4/BR-A4	89.0	45.2

5.3.3.1 转换成功率

从 RFID 到条码的转换中,在所有 16 种测试条件下,转换成功率均达到了 100%,转换数量和转换内容对成功率没有影响。从条码到 RFID 的转换中,在转换数量为"5—1"和"10—1"的条件下,无论转换内容有多少,其转换成功率均达到了 100%;当转换数量为"15—1"和"20—1"时,除转换内容为"10 位数字追溯码"外,其余条件均出现了转换成功率下降的情况,而且随转换内容增加,转换成功率呈下降的趋势;尤其是在转换内容为"10 位数字追溯码+25 个字母"和转换数量为"20—1"的条件下,转换成功率为 89%,低于 90%。由此可见,随着转换内容增多和转换数量增加,从条码到 RFID 的转换会出现转换不成功的现象,其主要原因可能是 RFID 容量接近上限,或转换时信息存储在 RFID 的扇区分区处导致不能正确识读。

5.3.3.2 转换时间

在从 RFID 到条码的转换中,总体来说,转换时间有随转换数量增加而延长的趋势,同时,转换内容的增多也会导致转换时间的延长;在转换过程中,时间主要消耗在 RFID 读取、条码打印上,对于不同条件,RFID 的读取时间差异不大,随着转换内容增加,单张条码标签打印时间会有所延长,但延长不多,而转换数量的增加会导致总转换时间延长。在从条码到 RFID 的转换中,也存在相似的趋势,但其总时间消耗比 RFID-条码多很多,主要用于条码读取和 RFID 写入,当有多个标签信息写入 RFID 时,条码读取的时间占比较大。

本章参考文献

[1] 宋立涛,赵丙坤,胡涛,等. RFID 技术在酒类产品溯源中的应用研究[J]. 食品与发酵科技,2023,5:113-118.

[2] 徐峰,涂鹏,刘永春,等. 国内外食品标识识别技术综述[J]. 铁路节能环保与安全卫生,2019,9(3):27-31.

[3] 赵训铭,刘建华. 射频识别(RFID)技术在食品溯源中的应用研究进展[J]. 食品与机械,2019(2):212-216.

[4] 周超,孙传恒,赵丽,等. 农产品原产地防伪标识包装系统设计与应用[J]. 农业机械学报,2012,43(9):125-130.

[5] 杨信廷,钱建平,张正,等. 基于地理坐标和多重加密的农产品追溯编码设计[J]. 农业工程学报,2009,25(7):131-135,318.

[6] 刘连浩,罗安,陈松乔.基于十进制的加密技术研究[J].小型微型计算机系统,2006,27(7):1229-1231.
[7] 李文勇,孙传恒,刘学馨,等.水产品追溯码加密算法设计与应用[J].农业机械学报,2012,43(4):106-112.
[8] 李文勇,孙传恒,刘学馨,等.嵌入式农产品追溯码加密算法设计与实现[J].农业工程学报,2012,28(17):253-259.
[9] 钱建平,杜晓伟,李文勇.农产品追溯标识双向转换设备研究[J].农业机械学报,2016,47(11):239-244.

第 6 章
农产品智能储运装备技术

近年来,随着人们对食品品质和安全的重视以及各级政府的大力支持,我国生鲜农产品冷链储运技术装备得到了快速发展。为保证冷链流通中食品的质量与安全,农产品储运装备技术需要更加智能化,急需研究出安全、环保的冷链装备,发展安全高效的全程冷链技术装备体系。

冷链储运装备技术主要分为冷加工装备技术、冷冻冷藏装备技术、冷藏运输装备技术、冷藏销售装备技术。在农产品冷加工方面,现阶段我国仍以浸入和喷淋的预冷方式为主,肉类则主要采用螺旋预冷机进行预冷。在速冻环节,基于液氮的直接接触式速冻技术装备应用最为广泛。我国冷冻冷藏装备技术发展较早,果蔬冷冻冷藏的自动化程度要高于肉类,但仍存在很多问题。

发展生鲜农产品冷链储运装备技术,是贯彻新时代高质量发展的必然要求,也是实现健康中国的重要保障。目前,有关我国生鲜农产品冷链储运装备技术发展的研究还较少。

6.1 气调储运装备技术

6.1.1 气调保鲜技术

随着社会的发展和人们生活水平的不断提高,人们对高质量和高营养新鲜果蔬的需求不断增加,需要进一步加强我国果蔬贮藏保鲜运输装备的研究,创新研制各种果蔬贮藏保鲜的技术设备,提高我国果蔬产品的贮藏、加工、运输等一系列商品化处理水平,减少损失,提高果蔬的商品价值,增强在国际市场上的竞争力。

气调保鲜运输是一种有效和理想的果蔬保鲜运输方法。气调保鲜是在冷藏基础上进一步提高贮藏效果的措施,是果蔬贮藏保鲜技术的发展和创新。气调保鲜原理如图 6-1 所示,指把果蔬放在一个封闭且低温的贮藏环境中,针对不

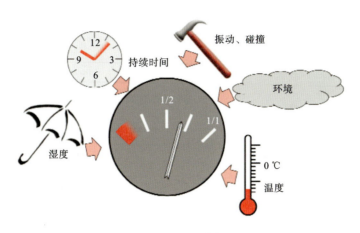

图 6-1 气调保鲜基本原理

同的果蔬,通过调控环境温湿度和各种气体浓度来有效地控制果蔬的生理活动。保鲜环境的气体对果蔬品质影响很大,其中影响较大的气体是氧气和二氧化碳。氧气能使食品中的维生素和多种氨基酸失去营养价值,加剧食品的氧化褐变反应;二氧化碳是一种气体抑菌剂,低浓度二氧化碳的保鲜环境能促使微生物繁殖,高浓度二氧化碳能减缓大多数需氧微生物的生长繁殖,延长食品保质期。学者研究表明,保鲜环境中,低浓度的氧气和高浓度的二氧化碳能更好地保持果蔬的新鲜度。气调保鲜技术目前有两种实现方式。一种为自发气调(MA),主要通过农产品本身的呼吸作用,消耗农产品周围环境中的氧气,并产生二氧化碳,实现降氧升二氧化碳的气调效果,这种方式具有成本低、操作简单,但贮藏环境气体调控难、达到果蔬适宜贮藏条件时间长等特点。另一种为可控气调(CA),主要通过机械作用,调节保鲜环境中的气体成分、温度和湿度等,具有贮藏环境气体调控精确、易控制,但成本高、技术复杂等特点。

新鲜水果在采摘后,仍然进行着呼吸作用和蒸发作用,在呼吸作用过程中,氧气含量和二氧化碳含量随时间的变化如图 6-2 所示。有氧呼吸作用化学式为式(6-1),无氧呼吸作用化学式为式(6-2)。呼吸作用要消耗果蔬采摘后自身的营养物质,因此延长果蔬贮藏期的关键是降低呼吸频率。在维持果蔬正常生理活动的前提下,通过对储藏环境温度、湿度、氧气浓度、二氧化碳浓度的合理调控和配比,实现低氧含量和高浓度二氧化碳,以有效抑制果蔬的呼吸作用,减缓其组织代谢,降低果实乙烯的合成速率和削弱乙烯对果实成熟衰老的促进作用。适当的温度和湿度环境可以降低果蔬呼吸速率,在一定程度上减少蒸腾作用,抑制微生物生长,减轻或避免某些生理病害的发生,从而延缓衰老及有关的生理和生物化学变化,提高贮藏质量,达到果蔬贮藏保鲜的目的。

$$C_6H_{12}O_6+6O_2 \longrightarrow 6CO_2+6H_2O+能量 \tag{6-1}$$

$$C_6H_{12}O_6 \longrightarrow 2C_2H_5OH+2CO_2+能量 \tag{6-2}$$

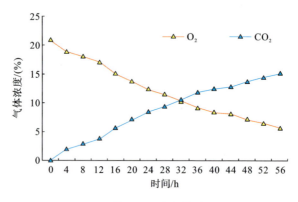

图 6-2　果蔬呼吸时各气体浓度变化

随着消费者对果蔬品质要求的日益提高,能保证果蔬运输品质的气调保鲜运输装备将是今后果蔬保鲜运输研究的主攻方向。因此,需尽快研制性能优良、工作可靠且适合我国国情的气调保鲜运输技术与装备,使果蔬气调保鲜运输装备向着低成本、高精度和智能化的方向发展。图 6-3 所示为全自动气调保鲜包装机,图 6-4、图 6-5 所示为华南农业大学自主研发的果蔬气调保鲜运输车和果蔬气调冷库结构。

图 6-3　全自动气调保鲜包装机

第 6 章
农产品智能储运装备技术

图 6-4　果蔬气调保鲜运输车

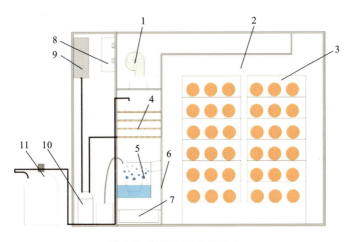

图 6-5　果蔬气调冷库结构

1—风机；2—保鲜室；3—农产品；4—蒸发器；5—加湿器；
6—开孔隔板；7—积水槽；8—冷凝器；9—继电器盒；10—压缩机；11—液氮罐

图 6-6 所示为气调保鲜运输车厢内的温度、相对湿度、氧气浓度、二氧化碳浓度随时间的变化情况，这些参数可智能调控，达到延长果蔬保鲜周期、保障果蔬品质的目的。华南农业大学研究成果"果蔬气调保鲜运输关键技术与装备"经广东省科学技术厅组织鉴定，该成果整体达国际先进水平，其中在基于压差原理的运输箱体结构、基于温度优先的液氮充注气调机制、气调保鲜环境综合调控系统等方面居国际领先水平。

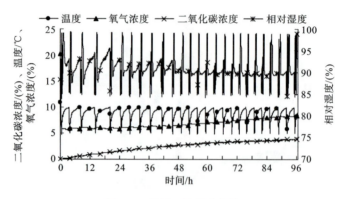

图 6-6 保鲜环境耦合调控

6.1.2 氧气浓度调控技术

6.1.2.1 氮气调

氮气调分为制氮气调和充注气调,制氮气调系统采用中空纤维膜分离器制氮,利用膜分离器中不同气体成分的空气具有不同的渗透性来分离气体,并通过连接管道送入相应的贮藏区进行应用,实现气调的贮藏效果。如图 6-7 所示,空气中的氧气、二氧化碳和水蒸气以较快的渗透速度(又称"快气")从富氧出口流出;而空气中的氮气渗透速度较慢(又称"慢气"),从富氮出口流出。一般制氮机气调的使用成本较高且气调速度较慢,对于短期气调冷藏运输而言,制氮气调贮运显得效率较低,但制氮气调能满足长期的气调冷藏运输需求。

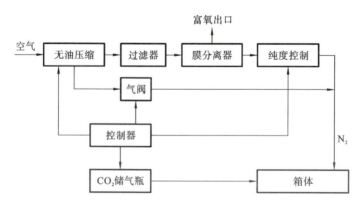

图 6-7 制氮气调系统

充注气调系统是通过向箱内充入预先配好的氮气的混合气体来对果蔬进行气调保鲜。在装满货物后,用预先配好的氮气的混合气体冲洗箱内,以迅速降低氧气的浓度,提高二氧化碳的浓度,获得果蔬保鲜所需的气体环境。为降低充注气调系统的运行成本,华南农业大学设计了液氮充注气调系统。该系统采用液氮充注的方式,直接将液氮充入保鲜箱体,液氮蒸发成氮气,提高保鲜环境氮气浓度并降低氧气浓度,从而实现气调保鲜。同时,液氮具有丰富的冷量,可以降低制冷机组的负荷。

液氮充注气调方式是国内外较为先进的果蔬贮藏保鲜和运输技术,具有效率高、成本低等优点。但是液氮自身温度较低,为了防止液氮在气调过程中对果蔬造成低温冷害,必须采用汽化器对液氮进行汽化。

图 6-8 所示为华南农业大学设计的液氮充注气调装置结构示意图,其相对制氮气调有气调速度快、成本低、能利用冷量等优点,应用在 40 英尺气调保鲜集装箱时,只需 35 min 就可将箱内氧气浓度由 21% 降至 6%。

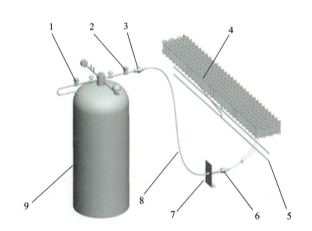

图 6-8 液氮充注气调装置结构示意图
1—增压电磁阀;2—出液电磁阀;3—限流阀;4—汽化盘管;5—出气横管;
6—分流管;7—汽化盘管接头;8—连接软管;9—液氮罐

6.1.2.2 催化燃烧降氧气调

将高浓度氧气从贮藏环境中提取,并与汽油或液化石油气进行混合燃烧,使贮藏环境内氧气浓度降低,从而抑制农产品本身的生理生化过程和微生物的生长繁殖,这种方式称为催化燃烧降氧气调。燃烧过程中,氮气不参与燃烧反应,提取后的氧气反应后生成水蒸气和二氧化碳,用冷凝法除去部分水蒸气后,将气体送回气调库中,如此反复循环,直至冷库中达到不同农产品所需的气体浓度为止,但是这种方法会使二氧化碳浓度逐渐升高,导致贮藏环境二氧化碳浓度过高,从而引起部分农产品代谢失调即二氧化碳中毒。因此使用这种方式时,冷库内还需配备二氧化碳脱除机来降低二氧化碳浓度过高带来的损耗,这在某种程度上加大了机械的成本。

6.1.2.3 薄膜包装气调

塑料薄膜的材料和特性会造成气体和其他物质的渗透性差异,故其可被用来保存水果和蔬菜。水果和蔬菜在收获后继续进行呼吸作用和蒸腾作用,使得包装内形成自身代谢气体环境和湿度,故需要通过降低氧气浓度和在包装顶空保持适当的二氧化碳浓度来降低其代谢过程的速度和减少微生物的数量。薄膜包装气调原理如图6-9所示,气调包装材料要求对氧气和二氧化碳具有良好的透气性和适当的透气比,使得包装内的各种气体能及时通过包装膜渗透,而部分气体又能及时通过包装膜得到补充,更重要的是在果蔬不同时期,还应根据包装内气体浓度选择合适的包装材料,以满足气调包装的气体交换速率要求,从而改变果蔬所处的贮藏环境。薄膜包装气调就是利用这一原理来达到贮藏保鲜果蔬的目的的,但在采用这种方法之前,必须了解果蔬的生理特性、适合贮藏的气体环境以及包装参数,否则可能对果蔬造成危害。

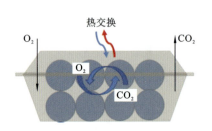

图6-9 薄膜包装气调原理

6.1.3 二氧化碳浓度调控技术

6.1.3.1 液态二氧化碳充注气调

液氮充注气调系统虽然具有成本低、降氧时间快、调节简单等特点,但是,气调系统只能充入液氮并使其汽化膨胀来替代环境中的空气,降低氧气浓度,并不能人为地调节环境中二氧化碳的浓度,而直接充入二氧化碳替代贮藏环境中的空气能够更好地控制二氧化碳浓度。由于二氧化碳气源比液氮价格高,从成本考虑,用二氧化碳气体充注可以满足二氧化碳高浓度要求,用液氮充注可以实现低氧浓度,所以在气调系统的设计中可同时增加液氮气源和液态二氧化碳气源,实现人为控制的高二氧化碳浓度和低氧浓度环境。

当二氧化碳充注气调时,由于空气中二氧化碳气体的比重大于氧气的比重,因此空气会被挤出箱体,从而增加二氧化碳浓度,降低氧气浓度。随着二氧化碳浓度的增加,果蔬的呼吸作用受到抑制,呼吸强度降低,营养成分和其他物质分解减少,可延缓新陈代谢速度,推迟成熟衰老,延长储藏期。高浓度二氧化碳抑制细菌生长繁殖,在细菌开始繁殖的滞后期具有最佳抑菌作用,低温下其易溶解于水和脂肪,对大多数需氧菌有抑菌效果,但对厌氧菌和酵母菌无效,通常其抑制细菌的最低浓度为30%。但是二氧化碳充注制造成本较氮气成本高,因此仅用于充注调整所需二氧化碳,大量的降氧气体还是通过液氮充注系统来调整。

6.1.3.2　制臭氧气调

制臭氧气调系统是主动式气体管理系统,臭氧发生器通过一系列光化学反应将氧气制成臭氧,并利用它来保存水果和蔬菜。臭氧一方面可对果蔬进行消菌杀毒,另一方面将果蔬释放的乙烯氧化成水和二氧化碳,减少病害和腐败,抑制果蔬的呼吸作用,从而延长保质期,如图 6-10 所示。臭氧气调保鲜对不易保存的果蔬的长途运输是有效的,而且比充注气调保鲜系统更有效。

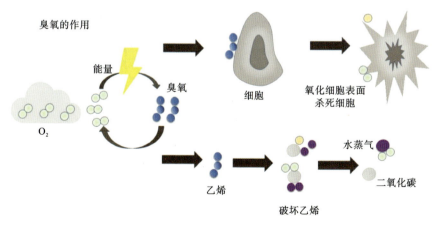

图 6-10　臭氧保鲜示意图

6.1.4 湿度调控技术

相对湿度是农产品保鲜运输环境中的重要参数之一,对果蔬品质具有重要的影响。湿度调控技术是通过物理或者化学的方法使得环境的相对湿度处于一定的范围的技术。常见的加湿装置有超声波加湿装置,降低湿度的手段有添加干燥剂。

6.1.4.1 高压雾化加湿技术

在国内农产品运输中,加湿系统多采用在地板上洒水等方式增加运输箱体内的湿度,然而这样容易滋生细菌。其中高压雾化加湿作为农产品运输中一种主要的加湿方式,其主要原理是:利用压缩空气在雾化喷头内形成局部负压产生虹吸作用,将水与空气混合雾化后形成大量细小水雾喷出,具有加湿效率高、维护成本低、使用寿命长等优点。但是,高压雾化加湿的雾化颗粒大小与喷嘴大小有关,当喷嘴大的时候,颗粒雾化不良,容易将果蔬包装箱打湿;当喷嘴小的时候,颗粒雾化较好,但易堵塞,工作可靠性较差。图 6-11 所示为由华南农业大学工程学院研制的高压雾化加湿系统[1]。

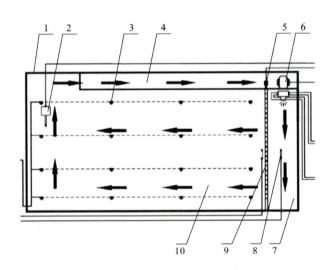

图 6-11 高压雾化加湿系统

1—保鲜箱体;2—控制传感器;3—湿度传感器触点;4—回风通道;
5—风速仪触点;6—循环风机;7—压力室;8—压力室湿度触点;9—开孔隔板;10—保鲜室

保鲜箱体的维护结构是有机玻璃,开孔隔板将保鲜箱体内部分成 3 部分,开孔隔板的前部是压力室,后部是保鲜室,顶部是回风通道,其中,回风通道长度可以手动调节。回风通道的前部设有循环风机,可以利用循环风机的吸力在保鲜箱体两端形成压差,使箱体的内部气体实现循环流动。通过变频器控制循环风机转速,可得到不同风速。另外,开孔隔板上有不同数目的圆孔。在加湿过程中,保鲜箱体内湿度分布呈现规律性:在箱体正中部横截面内,横截面上相对湿度中间高两边低,湿度在中间空隙处最高;在箱体正中部纵截面内,靠近隔板的最下部相对湿度最高,纵截面底部相对湿度明显比顶部高。

6.1.4.2 超声波雾化加湿技术

超声波雾化技术是一种利用超声波振动来产生微小液滴的技术。超声波是一种频率高于人类听觉范围的声波,其振动频率通常在 20000 Hz 以上,压电晶体通过电流的作用振动,产生超声波。超声波雾化技术的基本原理是将要雾化的液体置于超声波振荡器的表面,超声波的传播导致液体表面产生高频振动,形成微小液滴,这些微小液滴的大小取决于超声波的频率和液体的性质。形成的微小液滴由于表面张力和液体内部的压力差,迅速从液体表面释放,形成雾状的微粒。总体而言,超声波雾化技术通过高频振动将液体分解成微小液滴,实现高效的雾化过程。

超声波雾化技术在现代农业设施中的运用十分广泛,一种由云南省电子工业研究所研制的超声波雾化机如图 6-12 所示,该机器与国外同类型机器相比,在加湿量略为减少的同时,机器总的耗电量大为降低,不仅减少了能耗,亦大大增加了机器运转的可靠性。在国内加湿机市场中,也有一些超声波加湿机,但大多是单振子结构,加湿量很小,加湿空间不大。超声波雾化机采用模块化超

图 6-12 超声波雾化机

声波振子和设备,超声波的振子外壳采用耐蚀的外壳,能满足各种液体的雾化需求,多个振子通过模块化组合后,形成功率和雾化量可调的多用途产品,能有效提高超声波振子的利用率,使设备雾化出多的气雾。如果在大的空间中应用加湿机,就必须采用模块化、组合式多振子的超声波加湿机。我国加湿机产品仍存在着品种少、规格不全和外观质量差等不足之处,这与我国在生产加湿机方面正处于推广和提高阶段有关。

由华南农业大学研制的超声波加湿装置试验平台的加湿装置位于制冷机组下方,该装置包括超声波加湿水箱和两组浮子构成,每组浮子包括 5 个超声波雾化加湿头(雾化量大于 500 mL/h)。另外,水箱上方的进风口宽度通过不同尺寸的进风隔板手动改变,超声波加湿装置的出风口内侧一边设有 10 个水雾输送风机,在加湿水雾出风口处设有滤网。

超声波雾化加湿头与浮子分别如图 6-13 和图 6-14 所示,浮子由塑料板、铁丝和 PVC 管道构成,选取一定数量的超声波雾化加湿头,用玻璃胶黏合在塑料板上。为了消除实际加湿过程中加湿水箱的液位对超声波加湿性能的影响,超声波雾化加湿头膜片与加湿水箱液面需保持一定的距离,塑料板和浮子可将超声波雾化加湿头顶面与水箱内部液面保持一定的距离。

图 6-13　超声波雾化加湿头

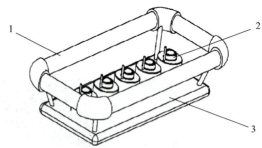

图 6-14　浮子

1—PVC 管道;2—超声波雾化加湿头;3—塑料板

6.1.4.3　湿度监测

为了保证农产品的湿度在设定范围内,除了应有湿度调节装置外,还应该有湿度监测装置。湿度监测装置一般采用温湿度传感器或温湿度变送器,温湿度变送器是一种装有湿敏和热敏元件,能够用来测量湿度和温度的变送器装置,有的带现场显示,有的不带现场显示。温湿度变送器由于具有体积小、性能稳定等特点,被广泛应用在生产生活的各个领域,一般可以分成以下几类:模拟量型温湿度变送器、485 型温湿度变送器、网络型温湿度变送器。

1. 模拟量型温湿度变送器

模拟量型温湿度变送器采用数字集成传感器作为探头,配以数字化处理电路,从而将环境中的温度和相对湿度转换成与之对应的标准模拟信号(4~20 mA,0~5 V 或者 0~10 V)。模拟量型温湿度变送器如图 6-15 所示,它可以同时把温度和湿度值的变化变换成电流/电压值的变化,可以直接与各种标准的模拟量输入的二次仪表连接。

2. 485 型温湿度变送器

图 6-16 所示为 485 型温湿度变送器,其采用微处理器芯片、温湿度传感器,确保产品的可靠性、稳定性和互换性。该变送器采用颗粒烧结探头护套,探头与壳体直接相连。输出信号类型为 RS-485,能可靠地与上位机系统等进行集散监控,最远通信距离为 2000 m,采用标准的 Modbus 协议,支持二次开发。

图 6-15　模拟量型温湿度变送器

图 6-16　485 型温湿度变送器

3. 网络型温湿度变送器

网络型温湿度变送器如图 6-17 所示,其可采集温湿度数据并通过以太网、Wi-Fi、GPRS 方式上传到服务器,可充分利用已架设好的通信网络实现远距离的数据采集和传输,实现温湿度数据的集中监控,可大大减少工作量,提高工作效率,降低维护成本。

图 6-17 网络型温湿度变送器

6.2 蓄冷温控储运装备技术

蓄冷温控储运装备技术是将蓄冷技术与隔热技术有机结合的技术,具有环保、经济、节能、安全可靠等优点,是一种高效的冷链物流技术。按能源供应方式,蓄冷温控储运装备可以分为有源型和无源型,无源型低温配送一般通过相变蓄冷材料释放冷量、维持低温环境,不需要额外能量。

蓄冷运输箱作为一种高效的冷链物流技术装备,已在食品、医疗等领域得到广泛应用,它主要由蓄冷材料和保温箱体组成。相变蓄冷材料由于具有极高的能量密度和相变过程恒温放冷的能力,适用于冷链应用。保温箱控温效果受蓄冷材料、隔热材料、温度等参数的影响,需明确不同参数对控温效果的影响,以优化蓄冷运输装备,保障产品运输安全。目前,国内外相变蓄冷型保温箱多用于短途运输,一般不超过 48 h,且针对隔热材料、蓄冷材料、对流强度等参数对蓄冷控温效果影响的分析研究较少,存在控温困难、易过冷、信息透明化程度低等缺点。

6.2.1 蓄冷运输箱真空隔热保温技术

6.2.1.1 保温材料类型

蓄冷运输保温材料多种多样,其中最为常见的保温材料主要有三种,分别是聚氨酯泡沫塑料、酚醛树脂和聚苯乙烯塑料。

1. 聚氨酯泡沫塑料

聚氨酯泡沫塑料导热系数为 0.022 W/(m·K),抗压强度高,技术成熟,且聚氨酯具有隔声效果好、防震、耐热、耐蚀、不怕虫蛀等优良性能。目前聚氨酯已广泛应用于冷藏保温领域,是市场上比较常见的隔热保温材料,在冷库、冷藏车、冷藏集装箱和保温箱等中均有应用。

2. 酚醛树脂

酚醛树脂泡沫具有导热系数低、吸水性低、耐热性好、力学性能好、形状稳定、电绝缘性优良、难燃等优点,尤其适合作为特殊场合隔热保温材料或其他功能性材料,在阻燃、隔热方面,酚醛树脂可以长期在 130 ℃下工作,具备瞬时承受 200~300 ℃的工作温度的能力。酚醛树脂与其他材料共混改性,可以制备出性能极其良好的复合保温材料。

3. 聚苯乙烯塑料

聚苯乙烯塑料是由聚苯乙烯(1.5%~2%)、空气(98%~98.5%)经发泡制成的,具有价格低、保温性能好、吸湿率低、抗冲击能力好等优点,导热系数小于 0.041 W/(m·K),适合在保温领域内推广应用,但是其具有易燃性,需要加入阻燃剂。

本小节下面要着重介绍的是新一代高效绝热材料——真空隔热板(VIP),如图 6-18 所示。真空隔热板是一种非常有效的热屏蔽物,在板内平均温度为

图 6-18 真空隔热板

25 ℃时,导热系数实测值仅为 0.0044 W/(m·K),其导热系数为同样厚度的聚苯乙烯塑料的 1/10,还具有厚度薄、体积小、质量小的优点,是保温箱的理想隔热材料。

6.2.1.2 真空隔热板制作工艺

由于真空隔热板难以在箱体结构中整体成形,同时其不能承受外部机械压力和冲击力,因此无法单独用作低温箱体隔热材料,通常情况下,为了解决这一问题,将真空隔热板与聚氨酯等材料进行组合,聚氨酯作为黏结基材。有研究表明,这种复合保温材料在不减小有效容积的情况下,可成功降低箱体的冷负荷。真空隔热板的制作流程如图 6-19 所示,主要过程有:制作真空隔热板;将真空隔热板与聚氨酯等保温基材组成真空隔热层;在表面覆盖玻璃钢保护隔热层。

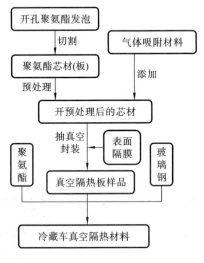

图 6-19 真空隔热板制作流程

6.2.1.3 真空隔热板的应用

目前真空隔热板开始用于冷藏链中物品的保温,是蓄冷型运输保温材料的改进代替品之一,市面上常见的真空隔热运输箱如图 6-20 所示。真空隔热板在高端领域有所应用,且隔热保温效果明显增强。例如一种对血液进行冷藏的便携式蓄冷保温箱,使用的是真空隔热板材料,可以保持很长时间的低温状态。真空隔热板具有显著的热屏蔽性能,但这种塑料板价格相对较高,随着真空隔热板技术的日趋成熟,将来真空隔热板的发展目标是,以相对低廉的价格和可靠的性能,成为节能环保材料的又一生力军。

图 6-21 所示是由华南农业大学工程学院研发的蓄冷温控箱[2,3],该箱以真空隔热板和聚氨酯板为基材,由外向内分别为玻璃钢蒙皮、聚氨酯板、真空隔热板、聚氨酯板、玻璃钢蒙皮,由于真空隔热板厚度不同,内尺寸也有差异。与常规保温箱相比,该温控箱既增加了箱体的结构热阻,也增加了箱体的结构强度。箱壁内侧四周对称放置 4 块聚乙烯塑料蓄冷板,冷板外尺寸分别为 445 mm×320 mm×25 mm,蓄冷板内装有相变蓄冷剂,约占冷板内容积的 80%(预留蓄冷剂凝固膨胀容积),每个箱体试验使用蓄冷剂 7 kg,蓄冷剂体积空间占用比分别为 9.8%、10.5%、11.3%、10.5%。蓄冷剂相变温度为 -0.5 ℃,潜热值为 403 J/g。与水相比,其熔点稍低,在满足果蔬冷链物流保鲜温度要求的同时,由于潜热值高,提供了长的保温周期。

图 6-20 真空隔热运输箱

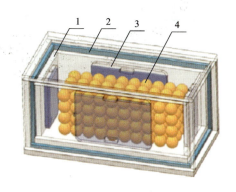

图 6-21 蓄冷温控箱

1—聚氨酯板;2—真空隔热板;3—相变蓄冷剂;4—橙子

6.2.2 蓄冷冷量释放调控技术

6.2.2.1 蓄冷冷链物流装备的优势

中国是果蔬生产和需求大国,由于国内果蔬保鲜运输装备水平及管理水平相对落后,食品容易变质腐烂,损失率高达 20% 以上[4]。随着国民经济的快速发展,我国冷链物流行业拥有广阔的发展前景。2020 年我国冷链物流总额达到 16.6 万亿元,对冷链物流的需求达到 56500 万吨,增长率约为 26.53%[5]。对于果蔬、肉类、海鲜等需要低温运输的易腐食品,冷链物流则提供了较为合适的温度环境,同时可利用现代化手段降低细菌在运输过程中对货物品质的影响。

冷链运输需要在中、长距离和短距离配送等运输环节中保持低温[6]。冷链运输装备按照不同的能源供应方式可以分为有源型和无源型低温配送制冷:有源型低温配送制冷包括冷藏车(图 6-22)、冷藏箱、冷藏集装箱等[7],这些设备本身带有可以使温度降低的制冷设备,其主要用于大批量需低温贮藏产品的中长途配送;无源型低温配送制冷包括蓄冷箱、冷藏包、冰盒等,其采用相变材料的相变过程释放冷能使产品温度在一段时间内保持低温[8]。

图 6-22 常用冷藏车

目前,冷链运输大多通过柴油发电机进行电力供应,采用机械式制冷和内部风循环的方式,其箱内贮藏环境较传统冷库等固定式制冷方式更加恶劣,设备容易出现故障;而且由于运行工况复杂及内部空间和重量的约束,设备运行效率普遍较低,在制冷过程中还会浪费大量燃料[9,10],而无源蓄冷箱与传统冷藏运输装备相比,具有设计灵活、成本低、环保节能、控温精准等优点[11],是短途运送和果蔬保鲜的有效工具,体现了强化绿色低碳技术的创新研发[12]。

6.2.2.2 蓄冷技术基本原理

蓄冷技术是指利用夜间峰谷电将冷量存储在蓄冷板中,在电力负荷高峰期释放冷量,移峰填谷,节约电费,其在冷链运输各环节具有广阔的应用前景。相变材料由于具有高的能量密度和在固液相变过程中提供相对恒定温度的能力,被认为适合于各种工业应用。华南农业大学研发的无源蓄冷运输平台如图 6-23 所示,主要由保温箱体和蓄冷板构成,保温层结构如图 6-24 所示,采用聚氨酯泡沫塑料发泡而成,提升了保温性能[13],箱体内部使用蓄冷板来维持低温环境,蓄冷板通常安装在货物两侧,厚度为 5~10 cm,使用铝合金焊接成中空外壳,内部填入蓄冷剂。蓄冷箱保温材料为真空隔热板等新型绝热保温材料,

第 6 章 农产品智能储运装备技术

图 6-23 果蔬蓄冷运输平台

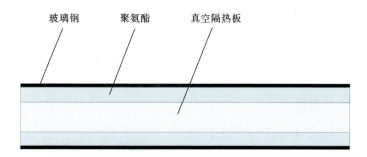

图 6-24 保温层结构示意图

可以维持内部易腐食品处于所需的低温环境,也可以对外界热量的导入进行阻隔,减小外环境对箱体内部温度的影响,提升冷链运输的效率[14-16]。蓄冷板中蓄冷剂为复合相变蓄冷剂,并且一些新材料新技术也开始用于蓄冷剂的开发。

冷链运输中常用的蓄冷剂主要有以下几种:① 固体冰;② 干冰;③ 新型蓄冷剂。图 6-25 所示为一种凝胶状的蓄冷剂,被用于食品、海鲜、水果及医药的保鲜和运输,可反复使用。

当前,市场上使用的无源蓄冷箱控温方式单一,虽然其控温方式能保证控温需求,但需要消耗一定的能源来产生驱动力,进行冷量释放控制,增大了密闭空间内能量和热量负荷,造成蓄冷板冷量利用率低、释冷效率低,进而浪费能源。在实际应用中,由于蓄冷剂维持低温具有一定的时间限制,且仅依靠温度反馈控制风机将蓄冷板储存的冷量引入保鲜区,会造成在蓄冷板冷量足够时,

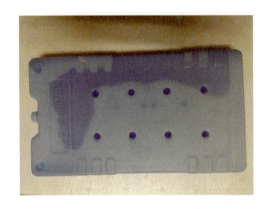

图 6-25　凝胶状蓄冷剂实物

通过风机引入保鲜区的冷量造成局部的过冷现象,导致部分果蔬冻伤,且蓄冷板在长时间运输后,局部未完全融化,造成一定的浪费。低能耗、高效率已成为发展趋势[17]。

6.2.2.3　蓄冷箱体总热负荷分析

图 6-26 所示为蓄冷保温箱体,其工作原理如下:在蓄冷区保温环境中,蓄冷板制冷量与箱体、货物、环境造成的热量损失及渗入达到平衡后,箱体内部将会维持相对恒定的温度。

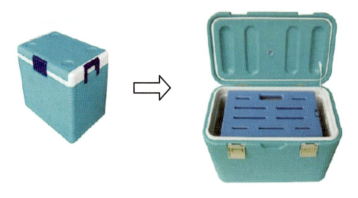

图 6-26　蓄冷保温箱体

外环境空气与箱体壁面对流换热,并通过隔热层传导至内壁面与箱内环境空气进行对流换热,这部分热流是热负荷的主要来源。此外,太阳辐射会导致箱体壁面温度升高,强化换热、箱体气密性不足会导致缝隙传热。同时,箱内风机等电器设备工作时会产热,保鲜运输产品呼吸产热,以及操作管理产热也是热负荷的来源之一。箱体热负荷分析如图 6-27 所示。

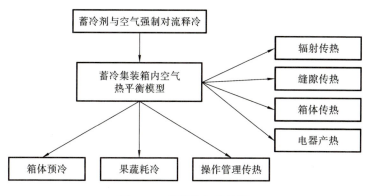

图 6-27　箱体热负荷分析

无源蓄冷箱内环境温度通常维持在 2~8 ℃,远远低于环境温度,根据热力学第二定律,箱体内外会进行热交换。箱体保温性能越好,因内外传热造成的冷量损失越少,箱内温度维持时间就越长。保温性能受保温材料热阻、箱体形状等因素影响。

6.2.2.4　蓄冷冷量释放特性

蓄冷板作为无源蓄冷箱的冷源,又称为冷板,在运输过程中,将储存在板内的相变材料融化过程中释放的潜热和显热,用于箱体内部环境温度控制。如图 6-28 所示,释冷过程分为三个阶段:冰显热释冷阶段—固液相变释冷阶段—水显热释冷阶段。最初进行的是冰融化释放显热阶段,冰表面融化并在周围形成水层,此时温度为蓄冷剂熔点;随着蓄冷板内部环境温度的升高,冰在水

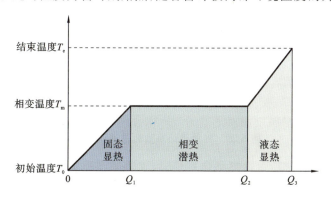

图 6-28　蓄冷板释冷过程

层中不断融化,蓄冷板内出现固液共存现象,水层的温度随着冰不断融化而逐渐降低,并通过热传导的方式将冷量传递到蓄冷板表面;当冰完全融化后,依靠水释放显热维持板内低温。

6.2.2.5 蓄冷冷量释放调控研究

对于果蔬、肉类等易腐食品,采用冷链运输可以有效降低其在流通过程中的损耗。蓄冷控温运输箱利用低谷电制冷,将冷量储存在蓄冷板中,在运输过程中,通过风机引出冷量,使箱内温度保持在适宜的范围内,具有运输灵活、保温性能优良、运行可靠等优点,但存在冷量释放速率无法控制、剩余冷量预测难等问题。蓄冷板的冷量释放速率主要受蓄冷板的表面对流换热系数影响,因此获取蓄冷板表面换热系数可为冷量释放速率控制和剩余冷量预测提供依据。

为了提高试验研究效率,更准确地研究蓄冷板表面对流换热系数与其影响因素的关系,可搭建蓄冷板对流换热系数测量试验平台,如图6-29所示,其主要由蓄冷区、制冷机组、加热管、管道风机和温控器等组成。装置实物如图6-30所示,平台支撑结构由铝合金材料搭建而成。

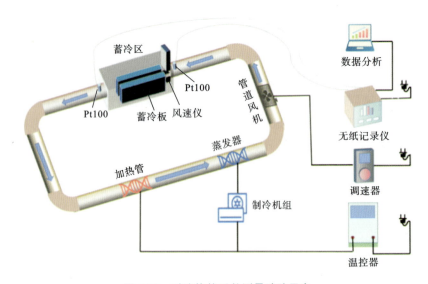

图 6-29 对流换热系数测量试验平台

响应曲面法适用于分析有交互作用的多影响因素与响应值之间的关系,建立多项式回归模型[18]。根据二次回归正交试验设计方案进行4因素5水平试

图 6-30　试验平台实物

验,分析蓄冷区进口空气温度、进口空气流速、蓄冷板传热面积、蓄冷板间距对蓄冷板表面对流换热系数的影响。

4 个因素的影响因子分别为:进口空气流速(57.34%),蓄冷板传热面积(26.21%),进口空气温度(15.45%),蓄冷板间距(1.00%)。可见进口空气流速对对流换热系数的影响比例占 1/2 以上,蓄冷板传热面积和进口空气温度则分别约占 1/4、1/6,而蓄冷板间距对对流换热系数的影响比例仅为 1%。各因素对蓄冷板表面对流换热系数的影响如下:随着进口空气流速的增大,空气质量流量增大,蓄冷板表面对流换热系数呈上升趋势;随着进口空气温度的升高,蓄冷板表面对流换热系数呈上升趋势;随着蓄冷板传热面积的增加,蓄冷板表面对流换热系数呈上升趋势。因此,在利用蓄冷温控箱调控空气温度时,可以通过调节进口空气流速,选择合适的进口空气温度和蓄冷板传热面积,实现蓄冷板表面对流换热系数的控制,从而实现冷量释放速率的调控[19]。

分别固定进口空气流速、进口空气温度、蓄冷板传热面积、蓄冷板间距中的 2 个因素,分析另外 2 个因素及其交互作用对表面对流换热系数的影响。由图 6-31 可以看出各因素交互作用对蓄冷板表面对流换热系数的影响。从图 6-31(a)可以看出,在固定进口空气温度条件下,蓄冷板表面对流换热系数随着进口空气流速的增大而增大[20],且表面对流换热系数随着空气温度升高而

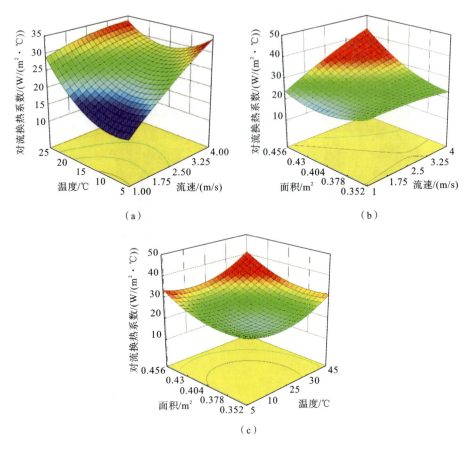

图 6-31 对流换热系数影响因素交互影响分析
(a) 进口空气温度与进口空气流速;(b) 传热面积与进口空气流速;(c) 传热面积与进口空气温度

上升。

从图 6-31(b)可以看出,当蓄冷板传热面积一定时,表面对流换热系数与进口空气流速成正比;当蓄冷板传热面积较小时,进口空气流速对表面对流换热系数的影响较小。从图 6-31(c)可以看出,当进口空气温度一定时,蓄冷板表面对流换热系数随着传热面积的增加呈先下降后上升的趋势。当蓄冷板传热面积和进口空气温度分别为 0.404 m²、15 ℃时,表面对流换热系数值最小。

此外,还有些新建冷库采用立体式货架+托盘的形式存储货物,带板运输率显著提高,这为发展冷链专用托盘奠定了基础。而相变蓄冷技术作为一种节能技术,可在低用电量时将冷量储存在蓄冷介质中,在用电高峰期释放冷量,实现电能的削峰填谷。基于上述特点,可将托盘与蓄冷技术相结合,开发出一种冷链专用托盘,如图 6-32 所示,通过托盘调控蓄冷冷量的释放[21]。

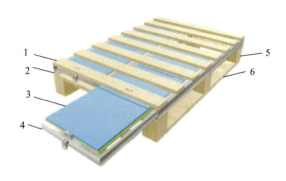

图 6-32　蓄冷托盘结构示意图
1—顶板；2—底板；3—蓄冷盒；4—蓄冷槽；5—垫块；6—底铺板

6.2.3　蓄冷冷源剩余冷量预测技术

当前蓄冷保温箱在实际使用过程中仍有一些局限:一是初期投入成本较高,蓄冷板使用需要充能,控温困难且其控温时间限制了冷链物流运输距离;二是蓄冷保温箱信息化程度低,难以实现全程冷链信息透明化。未来保温箱需要更加成熟的加工工艺和技术,进一步降低蓄冷箱的成本。可通过对蓄冷保温箱结构进行优化组合,以达到延长保温时间、增强抗物理冲击能力、增加周转使用次数、降低成本的目的,同时研发高潜热值的相变蓄冷剂以满足长时间保温的目的。随着蓄冷保温箱的大范围应用,其管理制度需要完善,可结合现代物联网科学技术,实现冷链过程信息透明化。此外,目前冷量能耗预测的研究大多基于箱体内外热负荷平衡理论、神经网络模型,计算复杂,待定系数较多,普适性不高,尚缺少针对蓄冷控温箱蓄冷系统剩余冷量的预测分析研究,从而使蓄冷保温箱在实际使用过程中仍有一些局限。

6.2.3.1　蓄冷冷源剩余冷量预测分析

图 6-33 所示为降温时间与降温次序关系拟合结果,从图 6-33 中可以看出,从 8 ℃降至 6 ℃的控温时间变化曲线拟合效果优于从 8 ℃降至 7 ℃的拟合效果,这可能是因为 1 ℃控温区间较小,风机控温时间短,对冷量变化的反映情况不够明显。同时,可以看出第一次和最后一次控温时间点偏离拟合曲线程度较

大,其原因是首次降温时由于箱内货物及箱体本身温度较高,第一次控温耗冷较多且时间较长,最后一次是由于蓄冷剂完全融化后,完全由显热提供冷量,导致控温时间较长。可看出同一温区降温时长的变化趋势与蓄冷控温时长有一定关系,蓄冷冷量一定的情况下,总控温时长是一定的,因此,同一温区降温时间与蓄冷剂剩余冷量之间有一定关系。

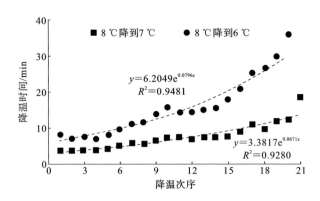

图 6-33　降温时间与降温次序关系

预测蓄冷板剩余冷量的传统方法为建立蓄冷板传热模型,其是一种利用数学公式推导的基于热平衡理论的差分格式。图 6-34 所示为利用传统传热分析法预测蓄冷板剩余冷量的分析步骤。由图 6-35 可见,释冷系统剩余冷量在 62.95 h 内由 1.00 降至 0.04,呈指数规律趋势下降,这是因为箱体外环境始终存在热负荷,随着控温的进行,蓄冷板内的蓄冷剂不断融化,吸收热量;蓄冷板冷量释放速率在 6.1 min 内快速上升到最大值 656 J/s,而后随着剩余冷量的减小不断下降,这是因为试验开始时蓄冷区内的空气与蓄冷板的温差最大,温差

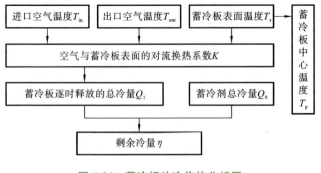

图 6-34　蓄冷板放冷传热分析图

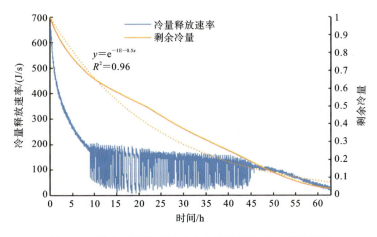

图 6-35 蓄冷板冷量释放速率变化及剩余冷量预测结果

随着空气在蓄冷区与保鲜区之间不断循环而减小。出风口空气温度降到目标温区后,蓄冷板冷量释放速率随着控温风机的启停在 8～206 J/s 之间上下波动,风机启动时冷量释放速率上升,关闭时下降,直到冷量释放速率无法上升到能够抵消维持温区温度基本稳定的热负荷,风机最后一次控温的冷量释放速率为 91 J/s。

为了直接反映蓄冷温控箱内的蓄冷冷源温度的变化情况,将 LSTM 模型应用于预测蓄冷板的温度变化,为在运输过程中及时更换新冻结的蓄冷板、监控货物的温度断链时刻提供参考依据。图 6-36 所示为在 LSTM 预测蓄冷板剩余

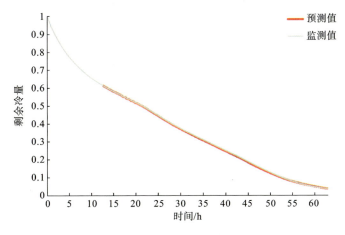

图 6-36 LSTM 剩余冷量预测结果

冷量模型中，输入训练集前20%的数据，预测后80%数据的结果对比。预测结果的均方根误差为0.0032，相对误差为0.27%。在保证模型预测精度的前提下，为了提高LSTM模型预测剩余冷量的实用性，提早预测冷量耗尽的时刻，对模型的输入输出数量进行结构优化，对比输入训练集占比分别为80%、50%、20%和10%对预测结果精度的影响，结果表明冷量释放速率的时间序列的特征是有规律的，预测效果较好，不需要过大的训练集。

6.2.3.2 剩余冷量传热模型

对于远距离、长时间的蓄冷保温运输，其广泛应用过程中仍存在一些问题需要解决，其中，蓄冷剂剩余冷量的预测是保证货物运输品质的关键。通过对蓄冷剂剩余冷量的预测，运输方可根据剩余冷量情况判断是否需要更换蓄冷板以及运输距离，避免出现运输途中温度不受控的情况。当前国内外学者对蓄冷剩余冷量预测的研究较少。相关研究发现，风机控温所用时间、控温下限与剩余冷量有一定的关系。

根据风机开启控温效果，确定蓄冷剂剩余冷量，以保证蓄冷运输过程中货物安全。通过研究风机通风量、蓄冷剂质量、蓄冷板传热面积等参数对货物区出风口温度、温度场均匀性、控温时长的影响，总结分析蓄冷剂剩余冷量与控温时间、控温下限的关系，可为蓄冷运输过程中剩余冷量的在线预测提供一定的参考。

箱体内温度一般在2~8℃区间内波动，升温速率主要受外环境温度影响，降温速率主要受蓄冷冷量影响，每一次降温和升温可以看作一个周期，每个周期风机会启动一次控温，一次试验会有多个周期。随着蓄冷冷量的减少，同一降温区间内后一周期的风机工作时间比前一周期的长，后一周期温度下限一般比前一周期温度下限高。图6-37所示为蓄冷控温箱保鲜区热传递分析示意图，送风口冷空气流量进入托盘负载，流出的一部分在托盘负载周围重新循环。对于热平衡，可以简单地考虑当量供应气流在进入托盘负载后并流出及再循环流量，以确定当量供给空气流量，使空气与产品之间的热交换与实际条件相同。

当前，蓄冷保温箱蓄冷剩余冷量预测的方法，主要是结合天气情况、运输时间、运输货物、开门频率来计算蓄冷保温箱的热负荷，从而计算出剩余冷量。蓄冷保温箱运输过程中热负荷主要由箱体隔热材料传入热量Q_1、缝隙泄漏空气传入热量Q_2、太阳辐射传入热量Q_3、风机运转产生热量Q_4、开门传入热量Q_5、运输货物呼吸产热Q_6组成。

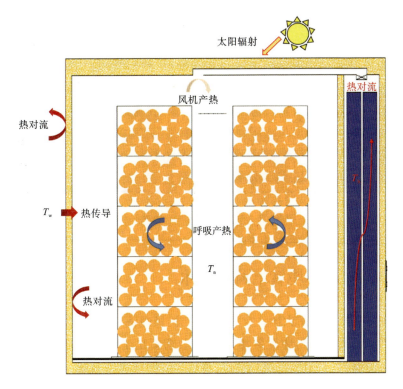

图 6-37 蓄冷控温箱保鲜区热传递分析示意图

蓄冷板总冷量 Q_0 包括蓄冷剂固体显热、相变潜热及液体显热,剩余冷量 η 计算方法如下:

$$\eta = \frac{Q_0 - Q_1 t_1 - Q_2 t_1 - Q_3 t_1 - Q_4 t_2 - Q_5 n - Q_6 t_1}{Q_0} \times 100\% \quad (6\text{-}3)$$

其中:t_1 为蓄冷保温运输时间,s;t_2 为风机运转时间,s;n 为开门频度次数。

蓄冷保温运输时,预测系统会根据保温运输时间、风机运转时间、开门频度次数计算出剩余冷量,并实时显示在人机交互界面上,如图 6-38 所示。

蓄冷技术利用错峰用电,能够助力冷链物流装备节能减排。随着国家和社会对环境保护要求的提高,蓄冷技术具有广阔的发展前景,但蓄冷剂性能、载体材料、冷源管理等方面需要进一步提高和完善,以提高社会对蓄冷储运装备的接受度。剩余冷量预测是蓄冷储运装备应用与推广的难点之一。高精度、可靠的冷量预测能够消除用户对设备续航的疑虑。结合传热传质理论和智能监测等技术,可以为提高蓄冷储运设备的性能提供帮助。

图 6-38 剩余冷量在控制界面上显示

6.3 储运环境智能监控技术

我国是一个农产品大国,农产品物流在国民经济发展中占据非常重要的地位。虽然我国的果蔬产量很高,但果蔬采收前后出于生理老化、微生物破坏和机械损伤等原因,容易出现腐烂变质、难以长时间储存等问题。据有关统计,现阶段我国约有30%的水果和40%~50%的蔬菜在采收前后腐烂变质,损失率较高,而发达国家的平均损失率不到7%。

随着科学技术和经济的不断发展,我国出口果蔬种类和数量不断增多,海外市场不断扩大。减少果蔬从采摘到销售储运过程中的腐烂率和损伤率,可有效提高经济效益。为了保持果蔬等鲜活农产品的优良品质,从商品生产到消费之间需要维持一定的低温,储运环境智能监控技术是延长果蔬保鲜周期、降低成本和提高综合效益最重要的手段之一。但目前农产品储运环境智能监控技术在我国发展较为缓慢,具有广阔的发展前景和巨大的潜在市场。

6.3.1 保鲜环境无线监测技术

保鲜环境监测技术是指主机通过有线/无线通信方式,实时采集保鲜环境参数数据,从而根据用户要求控制环境参数变化。该技术发展迅速并不断完善,包括RS-485串口、CAN总线、ZigBee无线局域网通信技术、GPRS技术等,用户可根据保鲜环境要求采用合适的监测技术,有效地提高系统稳定性,增加经济效益。

6.3.1.1 RS-485 串口通信技术

RS-485 可实现点对多或多对多网络结构,解决了 RS-232 接口标准的联网问题。RS-485 总线网络凭借组建成本低、可靠性高、分布范围较大等优点,在工业、医疗、物流、远程监控等领域得到广泛应用[22]。

以果蔬保鲜系统为例,其以 STM32 微处理器为主机,环境参数采集传感器为从机,微处理器根据 Modbus-RTU 通信协议,通过 RS-485 收发器与从机进行异步通信,采集环境参数。RS-485 总线通信方式为半双工方式,即不能同时接收和发送数据,RS-485 总线通信流程如图 6-39 所示。

6.3.1.2 CAN 总线通信技术

CAN 总线采用串行双线差分方式通信,传输速度快,实时性强,具有优先权和仲裁功能,开发成本低,是自动化控制领域的理想总线。车载电气设备工作时存在较大的电磁干扰,且信号传输距离较远,容易造成集中式控制系统数据采集准确度不高、通信线束繁杂等问题。CAN 总线分布式控制系统数据通信可靠性高,具有很强的抗干扰能力,传感器和执行器就近布置在通信节点附近,缩短了传感器和执行器信号的传输路径,有效减少了干扰信号对传感器和执行器的影响。同时,CAN 总线中各通信节点结构层次分明,功能划分清晰,开发过程高效,提高了系统的扩展性和兼容性,是气调保鲜运输车的理想总线。

以基于 CAN 总线的果蔬气调保鲜运输车通信网络为例,其结构由 1 个主节点以及 4 个通信节点组成,如图 6-40 所示。主节点由 1 个带有 CAN 通信接口的 STM32 控制板和触摸屏组成,接收经过通信节点预处理后的数据,并对该数据进行分析、计算和记录,发出控制命令给通信节点,实现对各执行设备的控制。另外,主节点还负责人机交互,实现指令发送和显示等功能。通信节点接收传感器的信息,进行信息的预处理,通过 CAN 总线将数据上传给主节点。同时,通信节点也接收和解析主节点发送的控制命令。

6.3.1.3 ZigBee 无线局域网通信技术

ZigBee 是一种低速短距离传输的无线通信协议,具有近距离、低功耗、低传输速率、低难度、安全可靠等优点,因此基于 ZigBee 的无线通信技术被广泛应用在工业、农业、医疗、家电等领域。

ZigBee 无线传感网络的拓扑形式主要有星型结构、树型结构、网状结构 3 种,3 种拓扑形式如图 6-41 所示。星型结构是由一个协调器节点和一个或多个终端节点组成的网络,该网络的终端节点只能与协调器节点通信,常用于节点数量较少的区域。树型结构由一个协调器节点、多个路由器节点和多个终端节

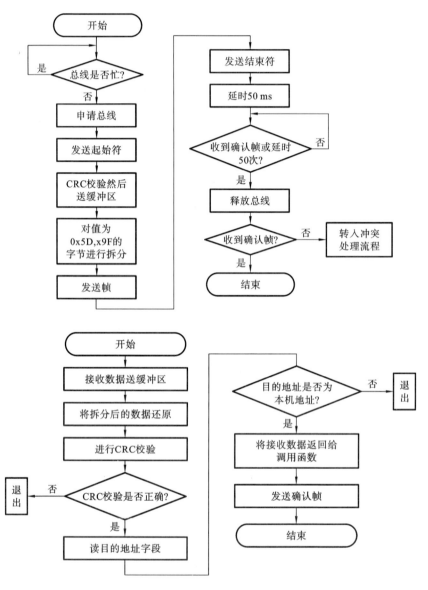

图 6-39 RS-485 总线通信流程

点组成,子节点的路由器也可以连接下级的路由器节点和终端节点,从而数量级倍增。树型结构实现方式简单,网络覆盖范围大大提高,比较适合较大的应用场合。网状结构是一种相对自由的拓扑网络,也由一个协调器节点、多个路由器节点和多个终端节点组成,在网状结构中,协调器节点和路由器节点都可

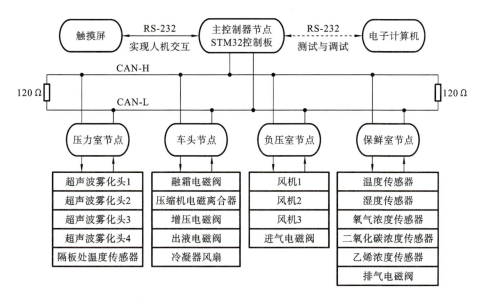

图 6-40 基于 CAN 总线的果蔬气调保鲜运输车通信网络结构

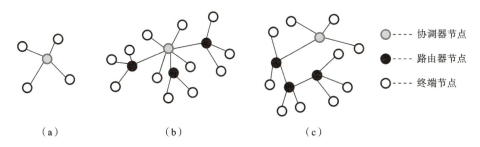

图 6-41 ZigBee 组网方式

(a) 星型结构；(b) 树型结构；(c) 网状结构

以与网络范围内的其他节点通信,与树型结构相比,有相当高的环境适应能力[23]。

在保鲜环境应用中,通常由于储运装备监测区域较小,采用星型结构作为 ZigBee 的组网方式进行通信,在线采集果蔬气调保鲜环境中的温度、湿度、氧气浓度和二氧化碳浓度等参数,通过处理后将数据传输至上位机进行监控。

6.3.1.4 GPRS 技术

通用分组无线服务(general packet radio service,GPRS)是一种新型的分组数据承载服务,是全球移动通信系统(global system for mobile communications，GSM)的无线接入技术和 Internet 分组交换技术的结合。GPRS 业务适用于多数移动互联网，其数据传输特点是能够用于间断的、突发性的或频繁的、少量的数据传输。GPRS 网络覆盖面广，所有能使用 GPS 网络的地方都可以使用 GPRS 网络，并且 GPRS 稳定性高、网络功能强大，在工业应用中费用相对较低，具体优点如下。

1. 实时在线

实时在线是指 GPRS 业务用户能够随时与网络保持联系，当用户访问互联网时，设备就在无线信道上发送和接收数据，即使没有数据传输，设备也同样会保持网络畅通。

2. 按流量计费

GPRS 业务的收费方式是按照用户接收和发送数据包的数量来计算的，即使用户一直在线，但是没有发送与接收数据包，也不需要支付任何费用。

3. 高速传输

GPRS 分组交换技术理论上的数据传输速率可以达到 171.2 kb/s，几乎是 GSM 数据传输速率的 10 倍，但由于编码的限制和终端功能的局限，实际传输速率会下降，但相比于电路交换数据业务的 9.6 kb/s，传输速率显著提升。

针对超远距离通信的移动性冷库(冷藏车)，GPRS 技术应用最为广泛。传感器模块安装在冷藏车监测点，采集车厢内环境参数，将数据发送至 GPRS 模块。GPRS 模块与卫星信号通信，将数据上传至互联网，用户可通过计算机或智能手机随时随地查看冷藏车的位置、环境参数等数据。

6.3.2 保鲜环境嵌入式控制与人机交互技术

保鲜环境控制技术是指控制器在功能代码的运行逻辑下驱动不同的执行机构，如制冷系统、空气控制系统、传感器模块、人机界面等，各模块按照预期的运行逻辑，自动控制各执行机构，实现保鲜环境的自动控制，为农产品提供一个理想的储存环境，从而延长产品寿命。

6.3.2.1 单片机

单片机系统是嵌入式控制系统的主要组成部分，由不同的硬件和软件系统组成。其主要特点有：控制功能强大，可通过芯片级进行扩展，完成几乎所有现场控制功能；体积小，占用空间小，易于嵌入；实时性好，运行速度快；使用简单，一般可以通过按键来进行操作，显示方式则有数码管显示或液晶屏显示等；生产成本低,通用性差,设计难度大,开发周期长;故障查找较难,可维护性差[24]。

以基于STM32的保鲜环境控制系统为例,该系统以Cortex-M3架构的STM32F103C8T6微处理器为核心,该系列微处理器工作频率最高为72 MHz,内置高达128 KB的Flash存储器和20 KB的SRAM,具备足够的通用I/O端口,满足系统开发需求;配合数据采集模块、执行机构、触摸屏、电子计算机、电路保护装置等对果蔬保鲜环境进行控制。控制系统总体结构如图6-42所示。

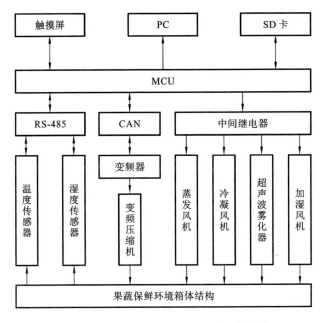

图6-42 果蔬保鲜环境控制系统总体结构

果蔬保鲜环境控制系统软件主要由硬件驱动程序、数据采集及处理模块、控制算法程序、历史数据存储模块和触摸屏驱动程序5部分组成。

硬件驱动程序使控制系统及各执行器正常运行;数据采集及处理模块对箱内传感器信号进行采集和处理;控制算法程序将数学模型转换为机器语言,实现对果蔬保鲜环境参数的自动控制;在历史数据存储模块中,处理器将采集并处理后的环境数据以txt文件格式保存于SD卡中,方便用户后期对果蔬保鲜环境数据进行分析;触摸屏驱动程序使用户可以通过人机交互界面对果蔬保鲜环境控制系统下达控制指令,设置控制参数,并实时显示箱内环境参数。果蔬保鲜环境控制系统人机交互界面如图6-43所示。

图 6-43 果蔬保鲜环境控制系统人机交互界面

6.3.2.2 PLC

可编程逻辑控制器(PLC)是随着工业现场控制要求的提高,在继电器控制系统基础上发展起来的,有很强的工业化色彩,同时也是单片机控制系统的一个产品。PLC 是逻辑控制的理想控制器,它以可靠性高、逻辑功能强大、体积小、可在线修改程序、易于与计算机接口、能对模拟量进行控制等特点已广泛应用于各种工业生产的自动化控制领域。

以基于 PLC 的果蔬气调保鲜环境自动调控系统为例,主控制器选用德国西门子推出的 SIMATIC S7-300 可编程控制器,该控制器主要针对中低性能需求的模块化中小型 PLC,可最多自主设计拓展 32 个模块。基于 PLC 的果蔬气调保鲜环境自动调控系统如图 6-44 所示,由 PLC 主控制器、通风控制系统、加湿系统、液氮充注系统、制冷系统、风速控制系统组成。PLC 主控制器负责处理各环境参数传感器的信息,并根据当前箱内的各环境参数实际值做出控制决策。液氮充注系统通过自增压充氮电磁阀控制出口流量,液氮再流经汽化盘管迅速汽化,从而使箱内氧气浓度与温度快速降低。制冷系统采用机械式制冷机组实现制冷。加湿系统采用超声波加湿方式,将液态水变成细小水滴,通过加湿装置的水雾槽送进保鲜区内实现加湿的效果。风速控制系统通过变频器实现变频调速的目的。通风控制系统通过进气和排气电磁阀控制箱内外空气交换,达到通风的目的。

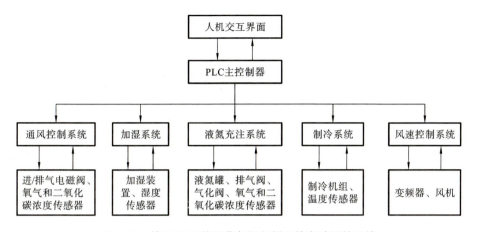

图 6-44 基于 PLC 的果蔬气调保鲜环境自动调控系统

6.3.3 保鲜环境多目标解耦调控技术

保鲜环境系统是一个具有时变性、非线性、滞后性强和惯性大等特点的系统,环境参数之间存在强耦合性。保鲜环境参数中温度和湿度对农产品保鲜效果的影响最为显著,其中温度占主导地位,相对湿度的波动趋势与温度基本一致。因此,找到一种方法来克服温度和湿度之间的强耦合关系,可较大程度提高农产品保鲜环境控制精度。

6.3.3.1 基于模糊解耦控制的保鲜环境控制系统

模糊控制系统的一般原理为:将被控对象目标温湿度 T_0、H_0 与 t 时刻实际值 T、H 进行比较,得到误差量 e,并计算出误差变化率 ec,然后将 e 和 ec 分别量化成模糊量 E 和 EC,再由 E 和 EC 及模糊控制规则 R 根据推理合成规则进行模糊决策,得到模糊控制量 u,最后将该模糊控制量反模糊化成精确量 U,作用于被控对象,不断循环下去,实现对被控对象的动态模糊控制。模糊控制系统方案结构如图 6-45 所示[25]。

图中:T_0、H_0 为目标温度和湿度,$e_{T(h)}$、$e_{H(t)}$ 分别为给定值与实际测量值的误差,ec_T、ec_H 为误差随时间的变化率。引入解耦参数 α_T、α_H 以消减其耦合性,即

$$e_{T(h)} = (1-\alpha_T)e_T + \alpha_H e_H$$
$$e_{H(t)} = (1-\alpha_H)e_H + \alpha_T e_T$$

经模糊控制器后,得到相关执行机构的控制量 U。模糊逻辑控制器结构如图 6-46 所示。

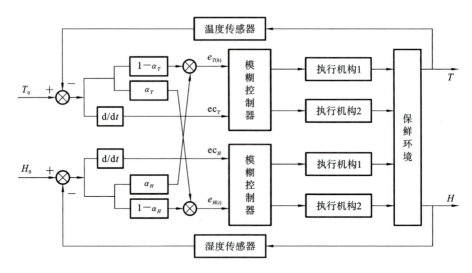

图 6-45　模糊控制系统方案结构

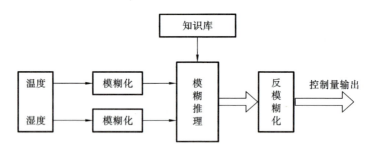

图 6-46　模糊逻辑控制器结构

6.3.3.2　基于 BPNN-PID 解耦控制的保鲜环境控制系统

BP 神经网络通常由输入层、隐藏层及输出层组成。如图 6-47 所示,BP 神经网络的输入层、隐藏层和输出层的神经元个数分别为 4 个、5 个、3 个。当网络输入一个样本时,通过误差正向传播得到输出 y_1、y_2、y_3。随后进行反向传播,利用梯度下降法不断修正神经网络中各层参数(权重 w 和偏置 b),直到输出满足要求为止。

针对影响农产品保鲜环境的主要因素为温度和相对湿度的情况,建立 4 输入 2 输出神经网络结构,如图 6-48 所示[26]。

r_1、r_2 代表温度及相对湿度的设定值,y_1、y_2 分别代表温度与相对湿度的实测值。经过优化拟合,对耦合温湿度值进行理想解耦,输出 u_1、u_2 这两个温度、

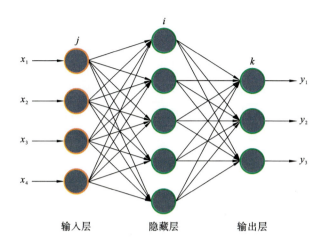

图 6-47　BP 神经网络结构

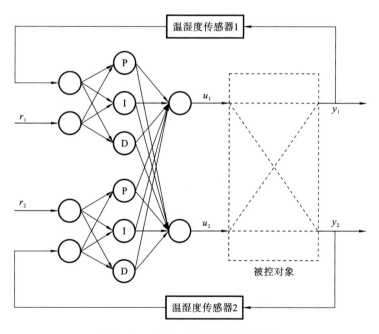

图 6-48　4 输入 2 输出神经网络结构

相对湿度控制量,并提取得到 K_P、K_I、K_D 3 个 PID 控制器的控制参数,进而控制压缩机、加湿器等执行器动作,使得保鲜环境温湿度值朝着设定值变化,最终达到设定值并维持稳定。

采用储运环境智能监控技术是延长农产品贮藏周期的有效方式之一。随着科学技术的快速发展,自动化控制技术正不断向各行各业延伸,其中,在农产品储运中的利用成为其一大亮点。在现代化农产品保鲜环境中,可通过自动化控制技术对保鲜环境进行实时监测,并做出相应的自动操作来改变温度、相对湿度、氧气含量、二氧化碳含量、乙烯含量等环境参数,创造出最适宜贮藏的环境。近年来,随着城乡居民生活水平和技术经济水平的提高,我国的储运环境智能监控技术正蓬勃兴起。

6.4 总结

本章主要介绍了农产品智能储运装备技术中的气调储运装备技术、蓄冷温控储运装备技术、储运环境智能监控技术等。农产品智能储运装备技术是维持生鲜农产品品质并提高流通效率的重要途径,对保障食品安全、提高农业收入具有重要意义。冷藏储运环境对生鲜农产品品质的影响很大,表征环境的主要参数有温度、湿度、气体浓度、风速、压力、光强度及相关参数的波动等。研制环保、高效、可持续的冷链储运装备是当前冷链行业的重要任务。我国农产品智能储运装备技术与发达国家存在一定差距并存在一定的问题,随着大数据和人工智能的快速发展,自动化、信息化、智能化、智慧化将是未来冷链储运装备技术的发展方向。

本章参考文献

[1] 韩小腾,陆华忠,吕恩利,等.保鲜运输用高压雾化加湿系统湿度调节特性的试验[J].农业工程学报,2011,27(7):332-337.

[2] 李斌,沈昊,郭嘉明,等.无源蓄冷控温运输箱设计与试验[J].农业机械学报,2020,51(9):358-365.

[3] 吕恩利,沈昊,刘妍华,等.蓄冷保温箱真空隔热蓄冷控温传热模型与验证[J].农业工程学报,2020,36(4):300-306.

[4] 杨松夏,吕恩利,陆华忠,等.液氮充注式果蔬气调保鲜运输箱能耗模型建立与验证[J].农业工程学报,2014,30(15):299-308.

[5] 韩佳伟,朱焕焕.冷链物流与智慧的邂逅[J].蔬菜,2021(3):1-11.

[6] 王慧梅,李咏雪,刘海鹏,等.无源医用冷藏箱的技术要求及发展现状[J].医疗卫生装备,2018,39(12):65-69,81.

[7] 汪晓光.我国农产品冷链运输装备技术现状与发展趋势[J].农业工程,

2013,3(2):40-42.

[8] 李晓燕,王雪雷,苗馨月,等. 冷链蓄冷保温箱性能优化数值模拟研究[J]. 节能技术,2019,37(1):87-90.

[9] DHAIDAN N S, KHODADADI J M. Melting and convection of phase change materials in different shape containers: a review[J]. Renewable and Sustainable Energy Reviews,2015,43:449-477.

[10] 童山虎,聂彬剑,李子潇,等. 基于相变蓄冷技术的冷链集装箱性能研究[J]. 储能科学与技术,2020,9(1):211-216.

[11] 庄煌煌,徐嘉林,李莉,等. 蓄冷运输箱导热系数测试及其保温层设计[C]//福建省制冷学会.第十八届福建省科协年会分会场——福建省制冷学会2018年学术年会论文集,2018:74-84.

[12] 吴晗,滕柯延,路超君. 部分国家和地区碳达峰情况比较研究及对中国的启示[J]. 环境工程技术学报,2022,12(6):2032-2038.

[13] 赵祎,章学来,徐笑锋,等. 应用于冷链运输相变蓄冷技术研究进展[J]. 包装工程,2020,41(21):117-124.

[14] HUANG X, ZHU C Q, LIN Y X, et al. Thermal properties and applications of microencapsulated PCM for thermal energy storage: a review[J]. Applied Thermal Engineering, 2019, 147:841-855.

[15] 王建军,吴彦生,徐笑锋. 蓄冷式多温保温箱的模拟研究[J]. 上海节能,2019(10):833-838.

[16] 王雪松,谢晶. 蓄冷保温箱的研究进展[J]. 食品与机械,2019,35(8):232-236.

[17] 刘应书,贾彦翔,孙淑凤,等. 密闭空间内模块式冰蓄冷控温传热过程分析[J]. 化工学报,2014,65(6):2085-2091.

[18] SWAIN G, SINGH S, SONWANI R K, et al. Removal of Acid Orange 7 dye in a packed bed bioreactor: Process optimization using response surface methodology and kinetic study[J]. Bioresource Technology Reports, 2021, 13: 100620.

[19] 王方,付一珂,范晓伟,等. LNG重卡无相变换热冷能利用空调系统设计[J]. 低温工程,2016(1):64-68.

[20] KURNIA J C, CHAEDIR B A, SASMITO A P. Laminar convective heat transfer in helical tube with twisted tape insert[J]. International

Journal of Heat and Mass Transfer,2020,150:119309.

[21] 刘广海,马平川,李庆庭,等.冷链专用蓄冷托盘设计与控温运输性能测试[J].农业工程学报,2021,37(16):295-302.

[22] 冯子陵,俞建新.RS485总线通信协议的设计与实现[J].计算机工程,2012,38(20):215-218.

[23] 冯旭,李志刚.基于ZigBee的羊肉冷链温度监测系统的设计[J].石河子大学学报(自然科学版),2018,36(5):644-650.

[24] 王起.论PLC、单片机、工控机在工业现场中的应用及选用方法[J].广西轻工业,2011,27(1):60-61.

[25] 卢佩,刘效勇.温室大棚温湿度模糊解耦控制系统设计与仿真[J].农机化研究,2010,32(1):44-47.

[26] 王延年,武云辉.改进BP算法优化的纺织空调智能PIDNN控制[J].棉纺织技术,2021,49(3):1-5.

第 7 章
农产品智能配送技术

7.1 配送概述

7.1.1 配送概念、产生和发展及分类

7.1.1.1 配送的概念

按照国家标准《物流术语》(GB/T 18354—2021),配送是指:根据客户要求,对物品进行分类、拣选、集货、包装、组配等作业,并按时送达指定地点的物流活动。

顾名思义,配送包括"配"和"送"两个有机组成部分。配送明确了客户的主导地位,它利用分拣、配货等操作步骤,使得配送具有规模化优势,从而降低配送成本。

7.1.1.2 配送的产生和发展

20 世纪 60 年代,欧美等发达国家经济飞速发展,使商品货物运输量急剧增加,人们对合理高效的商品运输产生了迫切需求。欧美一些国家开始将废旧的仓库改造为配送中心,并尝试开展货物配载及送货上门服务。随着配送的种类日渐增多,配送服务的范围也不断扩大,一些连锁商店开始尝试按照区域划分设置配送中心的模式,大大促进了其收益增长。20 世纪 80 年代以来,配送的标准化、规模化及集约化程度日益提高,实现了装卸、储存、拣选等作业环节的标准化操作,提高了配送效率,降低了配送成本。随着信息技术的发展,借助标识技术、物联网技术、人工智能、5G 通信等技术,配送的一些工作流程实现了数字化、自动化、智能化,大大降低了人工成本,提高了配送准确性,配送效率大大提升[1]。综上,欧美发达国家重视配送成本和信息技术应用的研究,已逐渐形成了以新一代信息技术为支撑,以客户需求为导向的规模化、多元化配送体系。

20 世纪 80 年代,我国由计划经济进入市场经济,随着生产资料市场的开

放,市场竞争开始出现,一些物资企业尝试开展配送业务,这一阶段为我国配送体系建设的萌芽阶段。我国高速公路等基础设施建设的完善,为配送体系的建设提供了便捷的运输网络,同时,城市化进程不断加快,围绕大中型城市构建了配送中心,我国的配送体系雏形开始出现。21世纪以来,我国的配送服务开始重视各种先进的物流技术、信息技术的应用,配送效率和规模化水平逐渐提高。随着电子商务的井喷式发展,来自消费者(C端)的配送需求迅速增长,淘宝、京东等大型互联网商城引领了消费者新的消费模式,同时对配送服务的要求越来越高。

我国配送业发展与发达国家相比还有一定差距,主要体现在信息化、配送规模化以及资源共享程度等方面,难以整体发挥配送规模化、集成化优势。较之欧美发达国家,我国物流环节普遍较多,使得我国物流成本远远高于发达国家。这其中,"最后一公里"问题是困扰电商企业和物流企业的最大难题,也是降低配送成本的关键环节。同时,随着大物流大数据时代的到来,"最后一公里"配送背后也蕴藏着巨大的商业价值,对前端市场预测、供应链管理十分重要,市场参与者都试图掌握配送末端的这张网。总体而言,我国配送服务的社会化和专业化程度仍然较低,应根据我国供需结构及经济发展阶段,进一步完善物流配送管理制度,改进基础设施建设,推动我国物流配送体系建设。

7.1.1.3 配送的分类

配送可以从不同维度进行分类。首先,不同行业供应链特点不同,可按照行业主题对配送进行划分,如针对制造行业的零部件生产配送、针对农业的生产资料和鲜活农产品配送以及针对零售行业的多品类商业配送。其次,供应链不同环节可以发起配送行为,以满足自身商业发展需求,可以依据供应链环节将配送划分为生产企业配送、仓库配送、配送中心配送以及商店配送,其中,配送中心配送专业性较强,是配送的主要形式。再次,可以依据配送的周期特性对配送进行划分,如按照时间的周期特性,可以实现定时配送,或者按照数量的周期特性,在一定时间范围内配送固定数量商品,即定量配送。定时配送便于指定配送计划,而定量配送有利于集装备货,具有较高的配送效率。

7.1.2 配送模式与配送作业流程

7.1.2.1 配送模式

1. 自营配送模式

自营配送模式是指企业配送的各个环节由企业自身筹建并组织管理,实现对企业内部及外部货物配送的模式。这种模式有利于企业供应、生产和销售的一体化作业,系统化程度相对较高,既可满足企业内部原材料、半成品及成品的配送需要,又可满足企业对外进行市场拓展的需求,但由于需要自建配送体系,投资成本大大增加[2]。一般而言,采用自营配送模式的企业规模较大。

2. 第三方物流配送模式

第三方物流配送模式是指由专业化的第三方物流配送企业来完成配送业务,承担包、装、储、运、送等活动。生产企业与第三方物流配送企业建立合作机制,相较于第一种自营配送模式,成本大大降低,是中小生产企业的首选。同时,第三方物流配送模式具有专业性强、运行效率高等显著优势。但企业对第三方物流配送企业缺乏控制,而第三方物流配送企业的服务质量参差不齐,这使得配送过程中发生问题时,无法及时解决,影响客户满意度,从而间接影响生产企业的市场信誉。

3. 共同配送模式

共同配送模式通过汇聚自建物流企业和第三方物流配送企业,组建共同配送联盟,综合联盟成员车辆、站点、人员等资源,实现优势互补、资源优化,构建一种集约化、规模化的配送模式,从而大大降低物流配送成本,提高行业整体经济效益。共同配送模式利用优化技术实现联盟内部资源的有效配置,同时通过建立内部组织协调机制,实现配送供需双向信息的发布与匹配。通过建立优质的信息共享平台,可以实现联盟内部信息的高效接收与匹配,有助于提升配送效率。

7.1.2.2 配送作业流程

一般地,配送作业流程主要包括进货、存储、配货与送货四个步骤。

进货包括采购、验收与接收入库等作业环节。首先,确定要采购的物品种类与数量后,向供货商发出采购订单,并商定到达日期。其次,当货物送达后,要对货物进行卸载后接收,并进行货物验收。货物验收的依据为采购合同、国家标准或行业标准,验收时需要从包装、质量和数量三方面进行检查。包装验收是指检查货物包装是否破损、包装标志以及包装材料是否符合规定的标准;质量验收通常采用抽样的方式,利用感官或仪器设备对货物的质量状况进行确认;数量验收则依据一定数量度量方式,对货物数量进行核对。再次,验收通过后对货物进行接收入库,货物入库时通常需要对货物进行分类和编码,以完成货物入库信息标识。货物入库信息通常包括:采购日期、采购合同、供货商、货到时间、入库时间、货物包装型号、货物数量、货物尺寸数量等。

存储是指对满足入库条件的货物分配存储空间,实现空间利用最大化,对物品提供保护和管理。其中储位的选择是存储作业的关键步骤,通常储位包括临时存储区域、保管存储区域、分拣作业区域以及移动存储区域四类。选择储位时要综合考虑货物的周转率、入库顺序、相邻货物的相关性、货物的尺寸和重量等物理特性以及易腐性、危害性等化学特性。同时,为了应对需求激增的情况,通过预判实现一定程度的货物存量是及时配送的前提,但势必会造成资金积压、储存难度增加等问题,因而,利用大数据技术,挖掘历史数据价值,实现存货精准控制是存储作业的另一关键问题。

配货是指从仓储区域选取指定货物,经过核查检验步骤后,进行包装和标识,等待送货。首先,利用人工、自动拣选机、旋转货架等对货物进行分类拣选;其次,对拣选物品的名称、数量等信息进行检查;再次,为了便于储运、存储、保护,利用纸箱、泡沫等包装材料,对货物进行包装。

送货是指将配送的货物送达的作业步骤,具体可以包括规划货品运送优先级、车辆配载、货物装载、规划配送路线、货物交付。为了提高配送效率,降低送货成本,可以采用一些技术手段来改进送货作业,具体如下。

(1) 整合规划货物配送路径。按照地理位置划分区域,整合零散、交叉送货路线,节约运输资源。

(2) 货物包装标准化。通过将包装尺寸、重量标准化,实现车辆的吨位、配载方式的合理规划,从而提高货物的搬运、运送效率。

(3) 利用信息化技术,构建智能配送信息管理系统。实现配送信息的数字化管理,并通过智能模型,实现配送路径规划、车辆配载自动化与智能化。

7.1.3 农产品配送与冷链配送

7.1.3.1 农产品配送

随着社会经济水平的提高与电子商务技术的飞速发展,我国农产品物流配送正处于飞速发展阶段。农产品物流配送的发展关系我国经济整体发展水平,是制约我国农村产业升级、农民增收、实现乡村振兴战略的关键问题。具体地,农业配送是指在农业贸易、农业生产及农业加工等农业相关领域,通过分拣、加工、整理、清洗、包装等环节,将农业生产资料、农产品按时交付的活动[3]。

农产品配送具有显著区别于其他配送的独特特征。首先,农产品普遍具有时间和空间的分散性特征,造成需求与供给之间的匹配矛盾;其次,农产品具有鲜活生物特征,对储存、运输、包装等配送环节具有较高的质量和专业性要求;

最后,对于价值较低的农产品,远距离配送产生的成本是瓶颈问题。

1. 我国农产品配送发展现状

(1) 农产品配送体系初步建成,农产品物流配送市场份额不断增加。

随着我国经济发展水平的不断提升,农产品相关消费需求不断增长,使得我国农产品物流配送飞速发展。农业是根本,我国在农业发展与转型问题上持续发力,提出了新农村建设、乡村振兴等一系列政策规划,为农产品配送提供了基础设施保障和政策资金支持,我国农产品物流配送体系已初步建成。同时,农产品物流配送在全部商品物流配送中的市场占有份额不断增加,并保持增长态势。

(2) 我国农产品配送区域结构不断优化。

我国目前已形成东、西、中、东北、南等覆盖全国的农产品物流配送网络,大大缩短了配送时间,提高了配送效率,有效缓解了由农产品分布的时间、空间分散性造成的供需不匹配问题。同时,对配送服务质量的关注日益增加,已经逐渐形成具有生产(采购)、加工、运输、仓储能力的农产品配送服务体系。

(3) 国家大力扶持,具有良好发展前景。

在政策方面,国家针对农业、物流产业出台了农业供给侧改革、"互联网＋物流"、"一带一路"、跨境物流、智慧物流等相关政策和倡议,有力推动了我国物流产业发展,为农产品物流配送发展提供了全新发展契机。

2. 我国农产品配送发展中的主要问题

(1) 我国农产品配送网络有待完善。我国的农产品配送主要以农产品批发市场为中心,以集市交易和零售网点为基础,初步建设完成了市场、流通、销售三级流通网络。但区域内农产品物流配送网络分布不够均衡,农产品大宗配送与连锁超市生鲜区之间未能有效衔接,农产品冷链配送还不多。

(2) 我国农产品配送成本较高。我国农产品物流配送成本居高不下主要有三个层面的原因。首先,在物流配送体系层面,我国目前的总体交通运输体系尚未建成,运输结构不合理,不同运输方式之间协调不足、衔接不畅,同时,物流产业范围较广,难以形成统一的物流标准;其次,在产业布局层面,地理区域间发展不平衡,产业结构差异较大;最后,在企业发展层面,多数物流企业小而散,专业化水平不高,系统化服务能力较弱,技术水平落后,自动化程度较低。

(3) 我国农产品配送质量有待提高。目前我国通过大型农产品批发市场的建立,基本实现了农产品在空间和时间维度上的调剂和互补。但由于农产品的易腐性以及我国缺乏冷链相关基础设施建设,农产品损耗率较大。同时,我国物流产业发展以加盟式为主,尽管网点分布广泛,但规模性技术落后,对于农产品这类对配送要求较高的产品,服务质量难以得到保障,这是限制我国农产品物流配送发展的另一主要原因。

农产品物流配送是农业供应链关键环节,是我国农业发展、农业产业升级、农业现代化的关键。因此,可逐步优化政策引导、基础设施建设、专业人才培养以及组织体系建设方面,从而进一步健全完善我国农产品配送体系,提升我国农产品配送能力。

7.1.3.2 冷链配送

依据国家标准《物流术语》(GB/T 18354—2021),冷链是指根据物品特性,从生产到消费的过程中使物品始终处于为保持其品质所需温度环境的物流技术与组织系统。首先,冷链配送的目标是在保证农产品品质的前提下实现快速送达;其次,冷链配送需要依靠冷库、冷藏车等基础设施以保证配送过程中的低温环境控制;最后,物流配送需要供应商、冷链配送企业、仓储企业、消费者等多个主体之间的共同协作,以满足冷链配送在供需匹配、运营管理、服务运作等方面的需求,保障其正常运作。

1. 冷链配送特点

(1) 易腐性。在常温条件下,生鲜农产品品质会随着时间的推移不断发生变化。通过对温度这一因素进行控制和调节,可以有效减慢生鲜农产品的腐败速度。同时,在储藏、运输等冷链配送的不同环节,对冷藏温度要求不尽相同,可通过实时感知温度数据,构建生鲜农产品品质与温度之间的关联关系,从而进一步通过温度精准控制来维持生鲜农产品品质。

(2) 专业性。由于生鲜农产品的易腐性,在冷链配送储藏、运输等环节应具备一定专业设备和设施的支持,以实现对环境温度和湿度的实时感知与控制。

2. 农产品冷链配送

农产品因其自身生物特性、供应链流转环节等具有显著差异,故其对储藏、配送等冷链配送环节温度要求不尽相同。因此,按照不同农产品类别,将冷链配送划分为奶制品冷链配送、果蔬冷链配送、肉类冷链配送等。

1) 奶制品冷链配送

我国奶制品供应链主要包括原料获取、生产加工、配送与消费四个环节。通常奶站负责从牧场采购并收集奶制品原料,加工厂负责将奶站运送的原料进行检测、杀菌、加工、包装,并运输至奶制品配送中心,配送中心利用物流设施进行运输配送。冷链物流需要实现在奶制品整个供应链环节的低温环境控制,通常情况下,牛奶温度需要控制在 0~4 ℃。

2)果蔬冷链配送

目前我国果蔬供应链主要包括采摘、预冷、拣选、冷藏、运输、销售等关键环节。我国目前的果蔬运输损耗率约为 25%,每年因此造成的经济损失在 800 亿元以上,而欧美发达国家普遍具备先进的保鲜储藏运输技术,使得其损耗率在 5% 以下。果蔬经过田间采摘后利用田间移动预冷设备进行预冷,预冷后被运送至冷库进行冷藏,进而利用冷藏车配送到终端销售网点冷藏销售。在此过程中,冷却冷藏技术的合理利用,有助于维持果蔬品质,延长其货架期。

3)肉类冷链配送

畜禽经过屠宰场屠宰后,其胴体需经充分冷却,需 18~24 h,冷却完成后将经历排酸、分割、剔骨、包装与储藏等处理步骤,通常初级肉产品需要经过检验检疫等验收步骤,通过后将进行保鲜、加工、分级包装等一系列商品化处理,最后在终端消费网点进行标价、陈列与销售。肉类每个供应链流转环节对温度和储存时间都具有严格要求。

7.2 农产品标识及自动识别技术

7.2.1 条码标识技术

条码标识技术作为一种自动识别技术,其研究始于 20 世纪中期,是经过半个多世纪的不断应用实践而形成的一种信息处理技术[4]。随着社会信息化程度的不断提高,社会各领域的信息和数据不断产生,如何才能对这些数据信息实现准确、有效、及时的采集、传递和存储,是信息技术领域的学者们面临的巨大的挑战。基于在各种复杂的环境下准确、快速地获取信息并实现识别的需求,条码标识技术应运而生。

条码标识技术,是一种准确、迅速且可靠的采集数据的有效手段,是为实现自动扫描各种信息而设计的。条码标识技术的核心内容是利用光电扫描设备识读这些条码符号以实现机器的自动识别,并快速、准确地把数据录入计算机进行数据处理,从而达到自动管理的目的。条码标识技术将需要输入计算机的信息用条码的符号加以表示,并将所表示的信息转变为计算机可自动识读的数据。条码由一组按一定编码规则排列的条、空符号组成,用以表示由一定的字符、数字及符号组成的信息[5]。目前常见的有一维条形码、二维条形码两种。

(1)一维条形码由垂直黑条和白条组成,黑白条相互交替,条纹的粗细也不同,并且仅在一个方向上表示信息。条纹下只包括英文字母或阿拉伯数字,条形码信息内容仅为阿拉伯数字和英文字母,因此只能进行校验,不具备纠错的能力。世界上有上百种一维条形码,按长度可分为定长条形码和非定长条形码;根据排列可以分为连续和不连续的条形码。一维条形码本身不能描述特定产品的其他相关信息,它的信息存储密度很低,只能存储一串代码来调用计算机网络中的数据。由于此种原因,一维条形码只能通过数据库描述商品信息,如果没有网络或数据库,一维条形码的使用将受到极大的限制。此外,一维条形码无法表达汉字和图像等其他信息。随着贸易的全球化和科技的不断发展,条形码需要在有限的几何空间中承载更多的信息,以满足各种产品的需求。

(2) 二维条形码通常是方形结构的,其由水平和垂直条形码以及码区中的多边形图案组成;纹理也是黑白的,有不同的粗细长短,并以点阵的形式呈现;信息密度高,可携带数千个字符(包括数字、中文、英文、图片和声音),并具有较强的自动纠错能力。二维条形码分为行二维条形码和矩阵二维条形码。行二维条形码通常通过截断一维条形码的高度,然后将其堆叠而形成。它在编码设计、验证原理、读取模式等方面继承了一维条形码的一些特点。行二维条形码作为一种新的信息表示方法,信息可以被最大化和记录。读取设备和条形码打印中的二维条形码技术与一维条形码兼容。由于二维条形码中行数的增加,其解码算法和软件与一维条形码并不完全相同。然而,二维条形码也有一定的缺陷,如不能全方位阅读、阅读速度慢。矩阵二维条形码是通过黑白像素将矩形区域划分为几个小区域,并对这些小区域进行编码。与行二维条形码相比,矩阵二维条形码可承载更多的信息,具有更高的信息密度,已成为二维条形码技术的主流。矩阵二维条形码可以在所有方向上360°扫描和读取。

条码标识技术具有如下方面的优势。

(1) 可靠准确。相比键盘输入,条码标识技术输入错误率更低,并且条码标识技术可引入校验位来进一步保证准确性,通过校验位可达到千万分之一的错误率。

(2) 价格低廉。条码标识技术由于成本较低,经济实惠,有更高的普适性。

(3) 数据输入速度快。与键盘输入相比,用条码扫描读入计算机的速度是键盘输入的100倍。

(4) 灵活度极高。即使条码的标签因为意外被部分损毁,但仍然可以从正常的部分提取出原始正确的信息。

(5) 设备操作简单。设备的使用操作门槛较低,技术人员不需要专业培训即可操作。

（6）条码标签易于制作，可印刷，被称为"可印刷的计算机语言"。条码标签对印刷设备和材料无特殊要求。

7.2.2 自动识别技术

自动识别技术集计算机、光、机电、通信技术于一体，是信息数据自动识读、自动输入的重要方法和手段。自动识别技术是物联网体系的重要组成部分，可以对每个物品进行辨识和识别，并可以实时更新数据，是建成全球物品信息实时共享网络的重要组成部分，也是物联网的基础。自动识别技术可以运用在多种领域，比如制造业、物流业、防伪和安全等领域。

自动识别技术的分类方法有很多，可以按照国际自动识别技术的分类标准进行分类，也可以按照应用领域和具体特征的分类标准进行分类。按照国际自动识别技术分类标准，自动识别技术可以分为数据采集技术和特征提取技术两大类。按照应用领域和具体特征的分类标准，自动识别技术可以分为条码标识技术、生物识别技术、图像识别技术、磁卡识别技术、IC卡识别技术、光学字符识别技术和射频识别技术等，这几种自动识别技术采用了不同的数据采集技术。其中射频识别（RFID）技术通过无线射频信号获取物体的相关数据，并对物体加以识别，而无须与被识别物体直接接触，即可完成信息的输入和处理，能快速、实时、准确地采集和处理信息，是21世纪十大重要技术之一。

RFID读写器通过发射天线发送特定频率的射频信号。当电子标签进入有效工作区域时，它产生感应电流，从而获得能量被激活，通过内置天线传输其自身编码信息；读写器的接收天线接收标签发送的调制信号，并通过天线的调制器将其发送到读写器信号处理模块。经解调和解码后，有效信息被传送到后台主机系统进行相关处理；主机系统根据逻辑操作识别标签的身份，对不同的设置进行相应的处理和控制，最后发送信号控制读写器完成不同的读写操作。从电子标签和阅读器之间的通信与能量感应的角度来看，RFID系统通常可分为感应耦合（磁耦合）系统和电磁反向散射耦合（电磁场耦合）系统。感应耦合系统是利用电磁感应定律的原理，通过高频交变磁场来实现的。在该系统中，激励信号源产生高频电流，经过线圈或天线形成交变磁场。这个交变磁场会以电磁波的形式在空间中传播。当电磁波击中目标物体时，会发生反射和散射。其中一部分电磁波被目标物体吸收，而另一部分则被目标物体反射回来。反射回来的电磁波携带了目标物体的信息，包括物体的位置、形状、材料特性等。接收器将反射回来的电磁波转化为电信号。通过对接收到的信号进行处理和分析，可以获得目标物体的相关信息,从而实现非接触式检测和测量。感应耦合模式通常适用于工作在中频和低频的短程 RFID 系统;电磁反向散射耦合模式通常适用于具有高频和微波工作频率的长距离 RFID 系统。

为实现物联网自动识别技术,每个物品对应一个 ID,即 RFID 标签,可以采用光识别、磁识别、电识别或射频识别等多种识别方式。RFID 综合了自动识别技术和无线电射频通信技术。RFID 系统由两个器件组成:阅读器(Reader)和 RFID 标签(Tag)。RFID 系统作为一种简单的无线系统,能快速处理多个标签,并能识别高速运转的物体。在标签运用范围内,条码技术已成熟。但条码因其存储空间的限制,仅仅能识别产品的类型。RFID 标签的成本比一、二维条形码要高,但它有存储功能强、处理速度快、可远距离工作、适应工作环境能力强、能重复使用等一、二维条形码所没有的优点。随着产业链全球化,RFID 技术的优势越来越明显,极有可能取代条码技术,成为全球性的标准。

RFID 技术具有如下方面的优势。

(1)准确性高。电子标签识别更准确,可识别的距离更远,可以实现穿透性和无屏障阅读。

(2)数据的记忆体容量大。RFID 设备最大的容量有数兆字节,随着记忆载体的发展,数据容量有不断扩大的趋势。

(3)抗污染能力强和耐久性好。RFID 标签对水、油和化学药品等物质具有很强的抵抗性;RFID 标签是将数据存在芯片中,因此可以免受污损。

(4)可重复使用。可以重复新增、修改、删除 RFID 标签内储存的数据,方便信息的更新。

(5)体积小型化、形状多样化。RFID 标签在读取上并不受尺寸大小与形状限制,无须为了读取精确度而配合固定尺寸的纸张和印刷品质。此外,RFID 标签可往小型化与多样形态发展,以应用于不同产品。

(6)可靠安全。RFID 标签承载的是电子式信息,其数据内容可由密码保护,使其内容不易被伪造及改变。

7.2.3 农产品识别技术应用

在现有的成熟信息技术中,条码技术和 RFID 技术被实践证明是最简捷方便的信息技术,而实现农工商信息一体化离不开标识及自动识别技术,标识及自动识别技术使得农业发展在商贸信息大循环中大放异彩。同时农业生产与管理的规模化、规范化、标准化,农产品的全程质量控制也需要信息技术的支撑,因而将自动识别技术应用于农业,并与已具规模的工业、商业信息网络相连接,能够更为便捷地实现农业信息的传递和追溯。

农产品追溯系统的应用:一件产品分配一枚一物一码的追溯编码,对产品的生产、仓储、分销、物流运输、市场稽查、终端销售等各个环节采集数据并追踪,构成产品的生产、仓储、销售、流通和服务的全生命周期管理。建立农产品追溯系统,对农产品的生产、加工、储藏、运输及零售等供应链各环节进行标识,并相互连接,随时获取各个环节的数据信息,一旦农产品出现质量问题,可通过这些标识码进行追溯,能够快速缩小发生安全问题的农产品范围,准确查出出现农产品问题的环节所在,直至追溯到农产品生产的源头,从而确保产品撤回和召回的高效性、准确性。

标识技术使得农产品溯源流程透明化,具体如下。

(1) 建立专业有效的一物一码的追溯系统,确保每个环节收集的数据信息有用,假冒信息难以混入,信息难以被篡改,保证数据信息的安全性、准确性。

(2) 通过将自动识别技术码作为信息载体,可以建立、管理和应用追溯系统,其中包括质量检验报告,它不仅能够展示企业的生产资质,还能提供各环节的相关信息。

(3) 对商品信息加密,将生产过程细化到每个关键控制点,明确每个关键环节的职责,完善"生产记录、全过程跟踪"的安全质量管理模式。

(4) 应用农产品追溯系统可以提高质量意识、服务意识,还能够助力品牌商家赢得好口碑,从而提高企业信誉度和品牌竞争力。

(5) 实现追溯查询功能,保证产品全程可追溯,实现各个环节的质量管控和每个生产阶段的控制,确保产品的品质。

标识技术在农产品全生命周期中的溯源功能如下。

(1) 农产品种植:对于植物幼苗培植阶段,将电子标签挂在农作物幼苗上,将采集的数据保存到一物一码追溯标签中,记录幼苗生长环境的湿度、温度、土壤水分、光照度等环境指标;对于植物生长期,系统支持手动、自动记录苗株施肥、喷洒农药、灌溉、移栽、修剪操作;对于初加工阶段,农产品成熟后,对其进行初加工,加工人员记录初加工的时间及操作人员,保存信息。

(2) 检测农药残留:检测人员会对农产品按批次随机抽样进行农药残留、重金属含量、营养物质的检测并记录。

(3) 生产加工:① 对于产线加工,记录每个批次农产品的清洗、加工、包装等过程信息,包括生产环境、生产线、生产设备、生产班组和生产工作人员等信息;② 对于装箱环节,使用带二维码的筐子装满农产品,封箱、称重,使用手持扫码枪,记录筐号、农产品产地、装箱时间、装箱人、农产品品种、重量等信息。

（4）仓储管理环节：实现仓储环境的动态监测与控制。

（5）运输管理：实现从出厂到终端门店的流通管理，追踪产品流向、定位产品位置，防止窜货。

（6）顾客扫描标签查看信息：消费者用手机扫一物一码，进入溯源界面，即刻进行防伪查验、全程溯源。

随着贸易全球化，农产品供应成为全球趋势。我国是农业大国，农产品在世界各国销售市场流通中有着关键影响力。电子标签国家行业标准的发布和电子标签的广泛运用将进一步提高我国农产品物流信息管理工作能力、农产品质检工作能力、农产品可跟踪工作能力及其在进出口贸易中的竞争力，与此同时，也有益于标准和净化处理农产品销售市场。这将促进农业信息技术与市场经济体制紧密联系，开拓新的主要用途，推动我国农业信息技术的发展及运用。

7.3 空间信息技术

7.3.1 GIS 技术

7.3.1.1 GIS 技术概述

地理信息系统(geographic information system,GIS)是在计算机软硬件的支持下对地理空间数据进行采集、操作、管理、分析、模拟和显示，并通过地理模型分析的方法适时地为地理研究和地理决策服务提供多种空间和动态的地理信息的计算机技术系统，其主要特征是能够管理、存储、分析与位置相关的信息[6]。

有别于一般的信息系统，GIS 的独特之处在于它能操作和处理地理空间数据，具有强大的空间分析能力。在 GIS 中，地理空间数据同时描述了地球表面地理要素的空间位置和属性，空间位置描述地理要素的空间几何特征(如点、线、面、体等)，属性数据提供地理要素的相关属性信息(如名称、种类、颜色、大小等)。利用 GIS 的分析、查询和帮助制定决策的功能可以将土地边界、土地类型、历年土壤测试结果、化肥和农药使用情况、历年产量做成地理信息系统图管理起来，找出影响产量的主要限制因素，为分析差异性实施调控提供信息。我国对 GIS 的研究和应用起步于 20 世纪 80 年代初期，经过四十余年突飞猛进的发展，在 GIS 相关理论与方法、基础 GIS 软件和应用研发等方面取得了丰硕的成果。时至今日，作为一门学科，GIS 已发展成为集地理学与地图学、遥感科学以及计算机科学等众多学科于一体的综合性前沿学科;作为精准农业的主导部分,其可用于农田土地数据管理,实时采集土壤、自然条件、作物苗情、作物产量等信息,并以此快速绘制各种农业专题地图,使人们从事农业生产或相关农业经济活动所利用的各种资源紧密联系并各自都发挥出最大作用。

7.3.1.2 GIS 主要功能

GIS 系统的基本功能分为数据输入、数据编辑、数据存储与管理、空间查询与空间分析、可视化表达与输出五个方面。

(1) 数据输入:数据输入主要是指将地图数据、物化数据、统计数据和文字报告等输入并转换成计算机可处理的数字形式的过程。

(2) 数据编辑:数据编辑主要是指图像和属性编辑。

(3) 数据存储与管理:数据存储与管理是一个数据集成的过程,也是建立 GIS 数据库的关键步骤,主要进行空间与非空间数据的存储、查询检索、修改和更新。

(4) 空间查询与空间分析:空间查询与空间分析是 GIS 的核心功能,主要包括空间检索、空间拓扑叠加分析、空间模型分析等。

(5) 可视化表达与输出:GIS 提供了表达地理数据的许多手段,既可以是计算机屏幕显示,也可以是报告、表格、地图、系列图等拷贝文件,还可以通过人机交互方式来选择实现对象的形式,其地图输出功能不仅可以输出全要素地图,还可以根据用户需要输出各种专题图、统计图等。

GIS 系统软件根据功能可分为 GIS 基础软件和 GIS 应用软件。GIS 基础软件为从事 GIS 科研生产的专业人员提供基础工具,用于进行地理空间数据的制图、处理和分析等科研和生产活动,同时也面向 GIS 研发人员,为其提供二次开发能力支撑。GIS 应用软件根据面向的用户群体又可分为大众 GIS 应用和专业 GIS 应用。其中,大众 GIS 应用面向普通大众,为其提供出行路径规划、汽车导航、兴趣点搜索等功能,以高德地图、百度地图等为代表的互联网地图应用就属于此类,已深度融入我们日常生活的方方面面;专业 GIS 应用面向专业领域人员,提供与其业务相关的专业地理模型和分析工具,为行业管理决策提供信息技术支撑,例如自然资源监管系统、不动产登记系统、精准农业系统、智慧城市综合管理系统等都属于此类。

7.3.1.3 GIS 发展趋势

从古至今,人类所有活动几乎都发生在地球上,都与地球表面位置(即地理空间位置)息息相关,无时无刻不在产生地理信息。随着计算机、移动互联网、大数据等技术的日益发展和普及,GIS 及在此基础上发展起来的"数字地球""智慧农业"在人们的生产和生活中发挥着越来越重要的作用。我国是个农业大国,农业在国民经济中居于基础地位,但总体来看我国农业生产力水平不高,科技支撑能力不强,粗放式生产经营的现象普遍存在。当前我国农业正面临从传统农业向现代农业转型升级的重要时期,现代农业的发展和新一代信息技术的应用息息相关,信息技术的推广应用逐步渗透到农业的各个场景中,深刻改变了传统农业的生产经营方式,推动农业不断朝精准化、自动化、高效的方向发展。

7.3.2 GPS 技术

7.3.2.1 GPS 技术概述

全球定位系统(global positioning system,GPS),是由美国陆海空三军联合研制的新一代空间卫星导航定位系统,1973 年开始实施,20 世纪 90 年代初完成[7]。主要目的是为陆海空三大领域提供实时、全天候和全球性的导航服务,并用于情报搜集、核爆监测和应急通信等一些军事目的,经过 20 余年的研究实验,到 1994 年,全球覆盖率高达 98% 的 24 颗 GPS 卫星星座已布设完成。利用 GPS 定位卫星,在全球范围内实时进行定位、导航的系统,称为全球定位系统(GPS)。GPS 具有精度高、抗干扰能力强、观测时间短、操作简便、可全天候作业等特点。将其安装在农用机械,如播种机、翻耕机、田间取样机、收获机和施肥机上,精确提供农业田间作业空间坐标,完成对土壤类型、土壤肥力特性、作物生长发育状况、病虫草害及农作物产量等田间信息的采集,为各种监测目标提供高精度的定位和定量数据,有助于农用机械合理的田间作业路线规划和作业管理,实现科学决策,促进精准农业的高效发展。

7.3.2.2 GPS 组成

GPS 的定位原理实质上就是测量学的空间测距定位,利用均匀分布在平均约 20000 km 高空 6 个轨道上的 24 颗卫星,发射测距信号码和载波,用户通过接收机接收这些信号测量卫星至接收机的距离,通过一系列方程演算,便可知地面点位坐标。其组成部分主要包括以下几个方面。

(1) 空间部分:GPS 空间部分是由 24 颗距离地面约 20000 km 的卫星组成的一个分布网络,卫星每隔 12 h 绕地球一周,在全球任何地方、任何时间都可观测到 4 颗以上的卫星,以保证卫星可以采集到该观测点的经纬度和高度,以便实现导航、定位、授时等功能。

(2) 地面控制系统部分:地面控制系统是由 1 个主控站、5 个监测站、3 个注入站组成的监控系统。地面控制系统负责收集由卫星传回的信息,计算卫星星历、相对距离、大气校正数据等,再将这些数据注入卫星中,对卫星进行控制。

(3) 用户设备部分:用户设备部分即 GPS 接收机,由硬件和机内软件以及 GPS 数据的后处理软件包构成,其主要功能是捕获并跟踪卫星的运行,计算出用户所在地理位置的经纬度、高度、速度、时间等信息。

7.3.2.3 GPS 发展趋势

GPS 定位技术的引入,是农业生产水平进步的表现,同时也有利于现代化农业生产能力的提升。目前,GPS 的应用在我国已十分广泛,将农业管理与 GPS 精准测量技术相结合,建立高效、实时的农业管理系统,利用 GPS 精准测量技术的实时性、准确性实现农业作业中的人力和物力调动、土地勘察、产量估算、选地选种等工作将是当前及未来一段时期的努力方向。将 GPS 精准测量技术应用于农作物估产领域,不但可以了解全国的粮食产量变化,而且能统计全国种植作物种类变化,通过 GPS 精准测量技术测量各地域的生长环境,因地制宜地进行农作物种植,可以达到资源利用的效益最大化。当前,我国面临农业资源匮乏、大部分年轻人不愿从事农业劳动、农田污染严重、部分农田荒废不种等问题,将 GPS 精准测量技术应用于农业管理,统计各地区土地种植面积,合理规划各家各户农田种植面积,对无人可种、无人想种的土地实施归一化管理,建立大型农场进行农业种植活动,有助于从根本上解决农田荒废问题。同时,利用 GPS 精准测量技术定期检测农田的种植情况,避免和控制外部条件对种植活动造成的影响,且便于制订下一年及以后的种植计划[8]。

7.3.3 农产品物流技术应用

农业物流以农业生产为核心,以满足顾客需求为目标,其生产资料和产品特性使得它有别于一般物流,它涉及从起源地到消费地的高效流动和储存,涵盖了全过程的计划、执行和控制,以确保其有效性和盈利性。农产品的易损易腐性注定了农业物流需最大限度地优化从制造者到消费者之间的运输和运输流动信息的分配,提高了对减少商品库存、降低运输费用、加快交货时间和提高客户服务水平的需求。为适应我国经济快速发展及农业产业信息化的基本要求,应利用 GIS 和 GPS 技术并结合现代信息网络,实现农产品配送科学化、可视化、智能化以及高效管理[9]。

7.3.3.1 GPS 技术在农产品物流中的应用

(1) 运输车辆的调配:现代社会物资流通的节奏加快,农业物流需求日益复杂多变,要求对客户的物流需求进行快速响应、灵活变通。无论是物流数量大还是散装农户的产品,都需要合理最优地安排车辆进行运输,以追求时间效用和空间效用的最大化。GPS可通过移动通信设备在锁定的范围内搜索出可供调用的最优车辆,从而节省调度时间和成本,提高物流响应效率。

(2) 配送路线的规划:利用GPS的地理分析功能可以迅速地为农业物流人员提供明确、详细的运输路线,推荐最优的配送路径和路面行驶的相关信息,可确保将农资以最快的速度送达目的地,大幅度缩短配送的时间,提高物流服务的可靠性[10]。

(3) 货物的实时追踪:GPS技术具有实时监控功能,物流公司可以利用车载GPS和电子地图系统,实时了解车辆位置、车辆的运行状况以及车内农产品状况,对车厢内温度、载重等信息进行收集,整理出客户需要的信息,真正实现动态追踪和监控。货主也可以随时了解到货物的运动状态和轨迹,以合理安排收发货事宜,提高物流服务的透明化程度。

(4) 物流信息的查询:GPS技术具有查询功能,物流公司和用户可以根据需要对目标车辆的运行信息和具体位置动态进行查询,查询结果可以以文字、语言和图像的形式显示,使物流公司和用户及时了解货物及车辆状态。

(5) 指挥调度的实现:对物流企业而言,如何物尽其用,合理安排运力,对运输资源进行统筹指挥和调度,是提高农业物流效率、实现降本增效必须解决的问题。利用GPS的测量、定位、导航、测速和测时等功能,可进行车辆在途信息的反馈,并在车辆返回车队前就做好待命计划,提前部署下一步的运输任务,从而缩短等待时间,加快车辆周转。用户也可根据具体情况合理安排回程配货,以减少货车空载率,为运输车辆解除后顾之忧。

(6) 报警救援:如遇突发状况,驾驶员可以利用GPS的报警功能,迅速向公司汇报情况。物流公司可以通过GPS定位和监控管理系统对有紧急情况或发生事故的车辆进行紧急援助,并规划最优援助方案。同时,驾驶员也可以通过GPS向警察发出越界报警、超速报警、遇劫报警、远程熄火和远程监听等报警求救信号,运输车辆的具体位置可在监控台的电子地图上显示出来,以便救援人员采取最佳的救援措施。

7.3.3.2 GIS技术在农产品物流中的应用

(1) 站点的选址:农业物流系统的构建需要完善的物流网络。由于农业物流涉及面广,物流园区、中转仓库、物流中心等站点的选址对整个物流网络的运作至关重要。利用GIS可建立各候选站点的综合评估模型,通过在GIS中标出要规划选择的站点方案,并在电子地图上进行查询和显示,由综合评估模型给出各分站站点的评估值,可从科学的角度帮助客户研究地理位置,以便选出最优的站点选址方案,优化物流决策。

(2) 客户的地址定位:客户的地址定位分为自动定位和交互定位。GIS 可通过一个地理点的地址字符串(如客户的邮编等)确定客户具体的地理位置,并通过自动定位传回业务系统。这种定位方式适合非实时处理大量客户地址的情况。交互定位则是指通过 GIS 的交互定位功能,根据客户提供的粗略地址,在地图上进行漫游查找,直到确定客户精确的地理位置(经纬度)信息,帮助物流企业快速找到并定位客户位置,提升物流服务效率。

(3) 投递路线及排序规划:通过 GIS 的地图表现和车辆路线模型,不仅可实现对送货投递路线的合理规划,在电子地图上展现设计线路,还可以通过大数据分析安排客户的投递顺序,提高物流配送效率。优化运输配送的路径,不仅可以缩短配送里程和时间,提高货物投递速度和效率,还可以节约人力和物流成本,实现物流降本增效,达到精准服务客户的目的,提高客户满意度。

(4) 突发紧急情况的处理:GIS 通过强大的空间信息和属性信息的整合能力,可完成网络分析和路径分析,对运输过程中的道路情况进行探索汇报。在突发紧急情况时,可以一直保持对物流运送车辆的跟踪和精准定位,通过空间分析,以线性规划模型为基础,快速选择通畅道路,引导车辆在最短的时间内找到最优的行驶路线和解决方案。

7.3.3.3 GIS 与 GPS 集成技术应用

采用 GPS 和 GIS 技术的物流信息管理系统,可以利用 GIS 系统将地理环境信息、车辆信息、位置信息、货物信息等在统一的平台上进行管理和维护,并在电子地图上实时、透明、直观、形象地显示,使管理人员能够充分、形象地掌握运输对象的时间和空间信息,从而提高管理效率和管理水平。GPS 和 GIS 技术与现代物流工程技术相结合,给农产品物流业的发展提供了巨大的空间,特别是在错综复杂的配送网络的管理调度、物流配送中心的布局、配送车辆优化调度等有关问题中,为物流企业完善管理手段、降低管理成本、提高经济效益,最终提升核心竞争力提供了机遇,其优势主要体现在以下几个方面。

(1) 提升企业形象、规范企业运作、打造数字物流。GIS、GPS 的应用,必将提升物流信息化程度,形成数字化的日常运作,包括客户的每一笔货物以及企业持有的物流设备都能通过精确的数字进行描述,不仅可以提升企业形象,而且可以提高运作效率,从而争取到更多的客户。

(2) 降低物流费用、提高车辆运作效率、增加抗风险能力。GIS、GPS 技术和无线通信技术的有机结合,对运输设备的实时导航追踪,使得流动在不同地理位置上的运输设备变得透明可控,为提高运输工具的效率提供了有利条件。根据物流企业的实际仓储情况,结合物流企业的决策模型库的支持,以及由 GPS 获取的道路实时信息,可以计算出最佳物流路线,从而减少运行费用,缩短运行时间。

(3)实时显示车辆的实际位置。利用 GIS 和 GPS 技术可在任意缩小、放大、还原、换图和目标移动的情况下始终使目标保持在屏幕上,利用该功能可以对重要货物和车辆进行跟踪运输,并能够有效监管司机行为。

(4)扩大企业的活动范围。GIS、GPS 可以通过互联网,实现对世界任一角落的监控,通过反馈的信息,掌握设备的运行情况,进而扩大企业在全国乃至世界范围内的服务空间。

现代农业物流体系的建立,可以推动我国农村经济结构调整,大大降低和分散农业经营风险。随着我国加入 WTO 和农村市场的对外开放以及农业国际化进程的加快,我国农业传统的生产、经营方式和技术导致的物流不畅、成本过高、农产品质量低劣等落后现状,必将使农村陷入严重的经济恐慌,而改变这种现状的应急措施和长远战略,就是提高农业生产率和建立科学的农业物流体系。因此,在物流各领域各环节大力推动和普及 GIS、GPS 等信息化技术的应用,打破现有物流各环节无法有效衔接、信息共享不充分以及资源综合利用率不高等瓶颈,建立和完善农产品流通及农业物流的调控体系,充分利用现有的资源,从宏观、系统化的角度规范农业物流基础的建设,有效调控农用物资、农副产品,实现供应链管理,对保障市场运作走向规范化、法制化、科学化等具有极其重要的意义,为适应经济发展新形势和新常态,应对物流降本增效和高质量发展的要求做出贡献。

7.4　农产品物流配送自动化技术

传统物流行业严重依赖人力,仓库建设缺乏长远规划,大多采用人工管理模式,导致仓库数据不准确,管理人员无法及时处理缺货等问题,从而影响企业的正常生产经营。物流配送自动化在物流管理的各个层面都起着重要的作用。物流配送自动化是充分利用各种机械和运输设备、计算机系统和综合作业协调等设施及技术手段,通过对物流系统的整体规划及技术应用,使物流的相关作业和内容更省力、高效且合理化的过程,同时也是一个快速、准确、可靠地完成物流的过程[11]。物流自动化主要体现在三个方面:机械自动化、信息自动化和知识自动化。机械自动化采用机械化的手段进行物流作业,是物流自动化的主要内容,例如叉车、立体自动仓库以及自动分拣和分拣传送设备等的应用。信息自动化是对所产生的各种信息,利用信息技术快速、准确和及时地进行收集、存储、加工、分析和检索等处理,为作业的效率化和管理的科学化提供便捷服务。知识自动化是根据作业的内容使用相关的物流设备,采用科学且合理的流程,参考适当的作业指示方法,使得作业效率更高。这是在不改变成本的情况下,提高作业效率的有效方法。

物流自动化系统是整合了光、机、电的工程系统,并将物流和信息流与现代信息技术相结合。物流自动化系统涉及多学科领域,包括激光导航、红外通信、仿真技术、图像识别、工业机械、精密加工、人工智能、信息联网等新兴技术[12]。目前物流自动化技术已经广泛运用于邮电、商业、金融、食品、仓储、汽车制造、航空和码头等行业。物流在国民经济的各行各业中发挥着非常重要的作用,并且具有很大的发展潜力。物流自动化系统主要分为两个方面:自动化分拣系统和自动化仓储系统。

7.4.1 自动化分拣系统

自动化分拣系统是让货物从进入分拣系统一直到被送到指定的分配位置为止,都严格按照指令靠自动化分拣设备来完成分拣。自动化分拣设备是自动化物流装备中的核心部件,主要功能是按照预先设定的指令对物品进行分拣,并将经过分拣的物品送至指定的位置。自动化分拣设备主要是自动分拣机,包括直线分拣机和环形分拣机[13]。自动化分拣设备无须人工干预,可以连续执行大量货物分拣任务,错误分拣率低。随着条形码和射频识别技术的发展和进步,物流高效运作需求提升,自动化分拣设备受到邮政快递企业的高度青睐。

自动化分拣系统具有能连续、大批量地分拣货物,分拣误差率极低以及分拣作业基本实现无人化的特点。自动化分拣系统作业过程的描述如下:物流中心每天接收成百上千家供应商或货主通过各种运输工具送来的大量商品,在最短的时间内将这些商品卸下并按照商品的品种、货主、储位或发送地点进行快速准确的分类;然后将这些商品运送至指定的地点,例如指定的货架、加工区域、出货的站台等;同时,当供应商或货主通知物流中心按配送指示发货时,自动化分拣系统应在最短的时间内从庞大的高层货架存储系统中准确地找到要出库的商品所在位置,并按所需数量出库;最后,将从不同储位上取出的不同数量的商品按配送地点运送到不同的理货区域或配送站台集中,以便装车配送。

自动化分拣系统的操作配置如下。① 接收环节。将运来的货物放置在传送带上,经检查后送入分拣系统。② 分拣通道。为了处理大量货物,大型分拣系统通常由多条传送带组成。货物通过分拣通道进入系统,并经过分拣信息设置装置,然后通过合并机。合并机由辊柱式输送机组成,确保到达汇合处的货物一次性通过。③ 输送和平衡装置。这种输送机能够保持前后货物之间的恒定距离,同时逐渐将货物加速到与主输送机相同的速度。④ 分选控制装置。分拣信息(如配送地址、客户的用户名)通过信息设置装置输入中央计算机控制器,以便在货物进入分拣机之前进行设置。⑤ 输送机和分拣机构。输送机和分拣机构是自动化分拣系统的核心组成部分。前者负责将拣选的货物送到指定的拣选通道位置,而后者则将拣选的货物推入相应的通道。

自动化分拣系统的工作过程:首先,经过合流逐步将各条输送线上输入的商品合并于一条汇集输送机上,同时,将商品在输送机上的方位进行调整,以适应分拣信号输入和分拣的要求;其次,输入分拣信息,对商品的条形码、二维码标签,或者其他形式的信息码进行扫描,将商品分拣信息输入计算机;再次,进行分拣和分流,根据不同商品分拣信息所确定的移动时间,将商品传输到指定的分拣道口,该处的分拣机构按照上述的移动时间自行启动,使商品离开主运输机进入分流滑道;最后,将货物分运,分拣出的商品离开运输机,再经过滑道到达分拣系统的终端,由操作人员将商品搬入容器或者搬上车辆。

由以上条件可知,自动化分拣系统适用于一次性投资巨大,且对商品外包装要求高的货物。我国传统的物流转运中心主要依靠人力劳作,用于分拣作业的人员数量约占总员工数量的50%,分拣作业时间占整个转运中心作业时间的30%~40%,分拣成本约占转运中心总成本的40%。在人力成本及作业量极高的当下,自动化分拣已然成为各大物流企业的追求。

7.4.2 自动化仓储系统

自动化仓储系统是可以对集装单元货物实现自动化装卸车、自动化堆拆码、自动化存取并进行自动控制和信息管理的仓储系统[14]。经过详细的系统分析,自动化仓储系统可以定义为由高层货架、有轨巷道堆垛机、出入库输送机系统、自动控制系统、计算机仓库管理系统及其周边设备组成的,可对集装单元货物实现自动化存取、控制和管理的仓储系统。目前,有轨巷道堆垛机高架自动化仓储系统是自动化仓储系统的主流模式。

自动化立体仓储是自动化物流阶段的重要应用,其仓储单位面积存储量可达 $7.5\ t/m^2$,是传统普通仓储的 5~10 倍,自动化立体仓储通过高层货架存储货物,可提高高空利用率,大幅减少占用地面积。自动化立体仓储采用现代化信息技术管理手段,通过智能化管理提高仓库存储效率,减少人工手动作业,节省人力成本。根据实际情况,高架仓库可以根据不同的需求进行分类。第一种类型是以建筑类型分类,有整体式和独立货架式两种。整体式高架仓库具有房屋的一般形状。仓库建筑由支持其上部的屋顶覆盖物和四面环绕的绝缘墙板组成。这种结构在材料消耗、施工和存储空间的使用方面更加经济和合理。这种结构很轻,具有很好的抗震性。独立货架式适合在原有的仓库建筑中使用,其施工安装比较灵活方便,因为这种仓库可以先建仓库后建架子。第二种类型是根据高度分类。高层建筑在 12 m 以上,中层建筑在 5~12 m 之间,低层建筑在 5 m 以下。第三种类型是按仓库容量分类。小型仓库的存储容量小于 2000 托盘,中型仓库的存储容量为 2000~5000 托盘,大型仓库的存储容量超过 5000 托盘。目前高架仓库的最大容量是,每个仓库可以容纳 10 万个以上的托盘。第四种类型是按订单类型分类。针对仓库拣选订单的类型,按照货物单位判断进入仓库的情况,分为零拣型仓库和整箱型仓库。第五种类型是根据仓库在物品生产和流通中的作用分类。简单的存储仓库以存储货物为唯一目的,综合存储和配送仓库是指配送中心型仓库,加工型仓库是指将原材料进行加工处理后再出库发运的仓库。

自动化仓储系统在物流系统中扮演着至关重要的角色,它能显著增加仓库高度,减少占用地面积,并提高仓库出入库的频率。此外,它还能提升仓库的管理水平,使自动化物流配送更加高效便捷。为了实现这些目标,计算机技术在自动化仓储中发挥了关键的作用。利用计算机技术,自动化仓储系统可以对货物进行识别和跟踪、执行出库和入库操作、进行库存管理以及控制堆垛机等搬运设备。因此,计算机技术提高了仓库的作业效率,能够随时掌握准确的库存和物流信息,为商品生产和销售提供科学依据。此外,它还能降低资金流动,减少财产保管费用,保障一定的安全性,同时节省劳动力,实现真正意义上的无人仓库。同时,仓储也提供分拣服务,它根据客户对数量和质量的等级需求将用户分为不同的类别。例如,大型零售商可能会聘请第三方物流供应商来管理从零售商逆向回流到仓储的问题产品,而仓储则决定最终如何处理这些未能销售、被损坏或者到了保质期的产品。

7.4.3 农产品自动化技术应用

自动导引车(automatic guided vehicle,AGV)可以按照监控系统下达的指令,根据预先设计好的程序,依照车载传感器确定的位置信息,沿着规定的行驶路线和停靠位置自动驾驶[15]。AGV是指一种具有电磁式或光学式自动导引装置的运输小车,该车能够沿着规定的导引路径行驶,并具有小车编程与停车选择装置、安全保护功能以及移载功能。AGV是以电池为驱动力,装有非接触式导向装置、独立寻址系统的无人驾驶自动运输车,是现代物流系统的关键设备。

AGV在物流的自动化运输和处理方面发挥着重要的、不可替代的作用,是自动化物流系统的一个重要组成部分[16]。与欧洲、美国和日本的AGV行业的发展相比,我国的AGV研究和应用相对缓慢。例如,我国汽车行业的AGV使用率仅为每万人70台,而美国和日本等发达国家的AGV使用率为每万人1000台。AGV机器人在机器人市场上占有重要地位,AGV机器人在我国的应用范围正在迅速扩大。2019年,汽车行业、家电制造和电商物流是AGV机器人的前三大应用领域,汽车行业和家电制造领域的AGV机器人应用合计占45%,电商物流占15.8%。随着物流智能化的发展趋势,物料搬运和运输对AGV机器人的需求大大增加,越来越多的物流公司采用AGV机器人代替传统叉车,这意味着AGV机器人在物流领域有很大的发展潜力。

AGV的优势可以概括为以下四点:① 它可以十分方便地与其他物流系统实现立体仓库到生产线的连接、立体仓库到立体仓库的连接,从而实现自动化物流,完成物流和信息流的自动连接,可以通过无声通信完成信息的自动传递,从而实现自动化物流;② AGV最大的优势就是其采用埋设地下通信电缆的方式或激光制导技术,能够保持地面平整和不受损坏;③ AGV输送对于减少货物在运输过程中的损坏、降低工人的劳动强度等均具有积极意义;④ AGV系统本身具有较高的可靠性,例如能耗较低、性能稳定等。AGV机器人是自动化物流系统的重要组成部分,目前中国仓储集成商如诺力集团、音飞储存、今天国际等企业均大力研发AGV产品。已有科研人员联合高校和研究所,攻克了多项关键核心技术,相继开发出AGV托盘搬运车、AGV托盘堆垛车、AGV托盘智能拣选车等多种类型的物流自动导引机器人,形成集轻小型搬运车、电动仓储车、立体车库、AGV高空作业平台于一体的一站式智慧仓储物流整体解决方案。

AGV的应用较为广泛,其应用类型可分为五类,如表7-1所示。

AGV在制造业中应用最广泛的领域是装配领域,它们经常被用于通用汽车、丰田、克莱斯勒和大众等汽车厂的生产和装配线上。在重型机械行业,AGV主要用于运输模具和原材料。由于被运输的材料很重,AGV需要配备强大的负载处理设备。在非制造业领域,它主要用于邮政业、图书馆、港口码头和机场

表 7-1　AGV 的应用类型

应用类型	自主程度	引导方式	引导远离
仓储管理	低自主	RFID 导航	低温环境
生产制造	部分自主	磁导航	无障碍物
医疗服务	中度自主	激光导航	高危区域
物流配送	高度自主	自然导航	有障碍物
农业应用	中度自主	视觉导航	不平整地面

等。AGV 也被用于烟草、制药、食品和化工行业，这些行业对清洁、安全和无排放的搬运作业有特殊要求。许多国内烟草公司，如颐中集团、红塔集团、红云红河烟草和淮阴卷烟厂，使用激光制导 AGV 来进行货物的托盘搬运。

AGV 在农产品生产和物流方面也有着广泛的应用。例如，AGV 可以用于农田作业，如收割、种植和除草等。自动收获机器人可以使用视觉和传感技术来识别和收割农作物，同时避免对植物的伤害。另外，AGV 在冷链物流中也有应用，可以配备温度传感器和控制系统，确保农产品在整个运输过程中保持适当的温度。此外，AGV 还可以用于智能温室中，进行植物监测和维护，以及自动化种植管理，包括施肥、喷洒和灌溉等工作。这些应用有助于提高效率、降低成本，并优化农作物的生长环境，从而提高产品的质量和可靠性。

AGV 也可用于危险区域和特殊行业。在军事领域，AGV 自动驾驶仪可用于战场清理和位置识别，在 AGV 自动驾驶仪的基础上可加入其他探测和爆破装置。由英国军方开发的 MINDER Recce 是一种具有自动地雷探测、销毁和寻路能力的侦察车。在钢铁厂，AGV 被用来运送熔炉，减少了操作员的工作量。在核电站和使用放射性材料的易腐仓库，AGV 被用来运输货物和避免危险辐射。在薄膜和铝箔仓库，AGV 甚至在黑暗的环境中也可以准确和可靠地运输材料和半成品。

7.5　农产品配送智能优化技术

7.5.1　配送中心选址规划

1909 年，Weber 首先开始进行选址理论的研究，探索了如何在平面上准确定位仓库位置使得仓库与多个消费者位置之间总距离最小的问题(称为韦伯问题)，打开了选址理论研究的大门。1964 年，Hakimi 在一篇论文中提出了 p 中值问题与 p 中心问题,这是一篇对选址问题理论研究具有里程碑意义的论文,从此,选址理论的研究开始活跃起来,文献数目也急剧增多。选址问题是运筹学中经典的问题之一。选址问题广泛应用于生产和生活、物流以及军事领域,如工厂、仓库、应急中心、消防站、垃圾处理中心、物流中心的选址等。选址的质量直接影响服务模式、服务质量、服务效率、服务成本等,进而会影响利润和市场竞争力,乃至公司的命运。良好的选址可以为人们的生活带来便利,降低运输成本,扩大利润和市场份额,并且提高服务效率和竞争力。糟糕的选址往往会带来极大的不便。因此,选址研究对经济和社会意义的影响非常重要[17]。

配送中心各项活动的成本受配送中心选址的直接影响,同时也与配送中心的运作和发展有着紧密的关系。配送中心的选址和布局必须在充分调查分析的基础上综合考虑自身经营的特点、商品特性及交通状况等因素,并在详细分析现状及预测的基础上进行。

7.5.1.1 选址应考虑的基本条件

(1)需求条件。考虑配送对象的地点和数量,包括对现在和未来分布情况的了解和预测、配送作业量的大小、配送的区域范围。

(2)交通运输条件。配送中心地址应靠近交通运输枢纽,以保证配送服务的及时性、准确性。

(3)配送服务条件。根据供货时间的要求,计算从客户到配送中心的距离及服务范围,明确客户对到货时间、发送频率等的要求。

(4)用地条件。配送中心建设须占用大量的土地资源,要充分考虑并落实土地的来源、地价、土地的利用程度等。

(5)政策法规条件。掌握政府对配送中心建设的法律法规要求,明确哪些地区不允许建设配送中心,哪些地区政府有优惠政策等。

(6)管理与信息职能条件。配送中心与业务主管部门是否要求靠近,了解管理人员、计算机设施情况等。

(7)流通职能条件。商流和物流是否需要分开,是否在配送中心进行加工、包装等作业。

(8)其他条件。此外,还要考虑不同类别的配送中心对选址的需求,如有些配送中心所保管的商品有保温设施、冷冻设施、危险品设施等,这些对选址都有特殊要求。

7.5.1.2 选址应考虑的基本信息

(1)业务信息,主要包括以下几项:① 供货企业至配送中心间的运输量;

② 向客户配送的商品数量；③ 配送中心储存的商品数量；④ 在配送路线上的其他业务量，如分拣、加工、包装等业务量。

（2）成本信息，主要包括以下几项：① 供货地至配送中心的运输成本；② 配送中心至客户的配送成本；③ 与设施、土地有关的费用以及人工费、管理费等。

（3）其他信息，主要是指：① 各备选地址的配送路线和距离；② 需要的车辆数、作业人员数等；③ 装卸方式、装卸机械费用等。

7.5.1.3 配送中心选址的基本程序

配送中心的选址通常必须经过外部条件论证、内部业务分析以及地址选定三个基本过程，如图 7-1 所示。

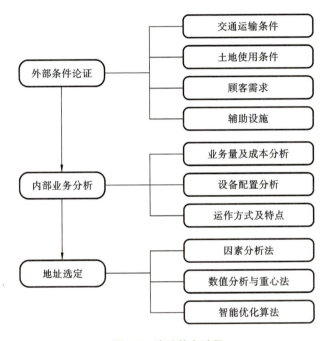

图 7-1　选址基本过程

1. 外部条件论证

（1）交通运输条件。运输是物流的核心，配送活动必须依靠有效的运输系统及时、准确地将商品送交给各门店与顾客。因此，配送中心地址应靠近交通运输枢纽，以保证配送服务的及时性、准确性。

（2）土地使用条件。需要足够的土地面积来容纳配送中心的建筑物、停车场、货物存储区等设施。地形应平坦，方便车辆进出和操作人员的工作。

(3)顾客需求。根据顾客的分布和市场需求,选择配送中心的位置,确保能够覆盖目标市场的范围,了解顾客接收货物的时间窗口,以便能在合理的时间段内进行配送。

(4)辅助设施。配送中心周围的辅助设施也是考虑的因素之一,如外部信息网络技术条件、水电及通信等辅助设施、北方地区的供暖保温设施等。

2. 内部业务分析

(1)业务量及成本分析。包括从供应商处集货的总运量与相应成本;配送给客户的总运量与相应成本;储存保管的商品数量及成本;流通加工、拣选等业务量及成本;其他管理成本。

(2)设备配置分析。配送中心需要具备充足的仓储空间来存放货物,并且需要方便的交通设施,包括道路、停车场和货运设施等。现代化的配送中心需要配备先进的技术设备来提高工作效率和准确性。

(3)运作方式及特点。配送中心运作过程中采取的运作模式即具体配送方法和配送路线以及作业人员的人数和管理方式等方面的因素和信息,也将影响配送中心地址的选定。

3. 配送中心地址选定

传统配送中心地址的选定方法包括因素分析法、数值分析与重心法等。其中因素分析法需考虑表 7-2 所示的影响因素及其分值范围。

表 7-2 影响因素及其分值范围

影响因素	分值范围
区域内产品需求量大小	0～400
周围辅助服务设施	0～330
交通运输情况	0～200
配送服务辐射区域范围	0～100
生活条件	0～100
用地条件	0～50
劳动力环境	0～10
气候	0～50
供应商情况	0～200
税收政策和有关法律法规	0～50

数值分析与重心法是一种设置单个厂房或仓库的方法,这种方法经常用于中间仓库或分销仓库的选择,主要需要考虑的因素是设施之间的距离以及运输货物量。货运量是影响货运成本的主要因素。仓库应尽可能靠近运输量大的网点,以便大量货物可以在相对短的距离内使用。寻找区域内实际货运量重心的定位方法是一种模拟方法,其中物流配送网络中的需求点和资源点被划分为多个层次。任何地方的需求和资源都可以看作该点中累积的对象的权重。

具体过程如下:设在某计划区域内,有 n 个资源点和需求点,各点的资源量或需求量为 $q_i(i=1,2,3,\cdots,n)$,它们各自的坐标是 (x_i,y_i)。现计划在该区域设置一个配送中心,设该配送中心的坐标是 (x_0,y_0),配送中心至资源点或需求点的运费率是 c_i,计算公式如下:

$$\begin{cases} \bar{x} = \sum_{i=1}^{n} c_i q_i x_i \Big/ \sum_{i=1}^{n} c_i q_i \\ \bar{y} = \sum_{i=1}^{n} c_i q_i y_i \Big/ \sum_{i=1}^{n} c_i q_i \end{cases}$$

计算结果 $(\bar{x},\bar{y})$ 即为所求的配送中心的坐标 (x_0,y_0)。

智能优化算法也常用于配送中心地址的选定,经典的方法包括遗传算法、蚁群算法、模拟退火算法和人工神经网络等。20 世纪 70 年代,美国的 John Holland 提出遗传算法(genetic algorithm,GA),该算法是根据生物体进化规律提出的。该算法是一种通过模拟自然进化过程来搜索最优解的方法,主要模拟达尔文生物进化论的自然选择以及遗传学机理的生物进化过程。利用计算机仿真运算并通过数学方法,可以将求解过程转换成生物进化中染色体基因的交叉、变异等过程。遗传算法的特点包括:对研究问题的依赖性较小,可以通过设计目标函数来计算适配值;传统的方法通常会从一个点开始搜索信息,而遗传算法会同时从多个点开始搜索信息。

1992 年,Dorigo 在他的博士论文中根据蚂蚁在寻找食物过程中发现路径的行为提出蚁群算法(ant colony optimization),这是一种用来寻找优化路径的概率型算法。这种算法的特征包括分布计算、信息正反馈和启发式搜索,它的本质是一种启发式全局优化算法。

1953 年,N. Metropolis 等最早提出了模拟退火(simulated annealing,SA)算法的思想。1983 年,S. Kirkpatrick 等成功地将退火思想与组合优化领域进行了有机结合。它是一种随机寻优算法,主要基于蒙特卡罗(Monte Carlo)迭代求解策略,出发点是固体物质的退火过程与一般组合优化问题之间的相似性。模拟退火算法是从某一较高初温出发的,随着温度参数的下降,结合概率突跳特性在解空间中随机寻找目标函数的全局最优解,即能概率性地跳出局部最优解,最终趋于全局最优解。

1943年,Warren McCulloch 和 Walter Pitts 提出了人工神经网络(artificial neural network,ANN)并构造了一个 M-P 网络。ANN 通过模拟人类大脑的思维过程,将大量的神经元连成一个复杂的网络,利用已知样本对神经网络进行训练。人工神经网络的优点包括鲁棒性强和容错性强,可以充分地逼近任何复杂度的非线性关系以及可以对未知或不确定的系统进行处理。

7.5.2 配送路线优化

7.5.2.1 配送路线规划

通过整合配送运输过程中存在的多种影响因素,合理利用现有的交通运输工具和道路状况分析,快速、高效地送达客户需要的商品到达指定地点,即是配送路线规划。在整体配送路线的规划设计过程中,需考虑不同客户群体对配送过程的不同需求和客户本身的特点,从而设计出令客户满意的配送路线,进一步改善配送时间、配送距离和运输成本等方面[18]。

7.5.2.2 配送路线优化方法

1. 直送式配送运输

一个供应点为一个客户提供专门送货的形式就是直送式配送运输。直送式配送运输对客户的基本要求是其商品需求量接近或大于当前可用车辆的额定重量,从而派出能够容纳现有商品需求量的一辆或多辆车次完成商品运输。

在这种情况下,货物运输车辆以多装快跑为主要目标,同时选择最短的配送路线,从而实现时间、费用和运输效率的最优化。直送物流优化也就是在物流网络中寻找最短运输路线的过程,以起始点为中心向外逐层扩展,直到扩展至终点为止,常见的优化方法有最短路径设计法和表上作业法等[19]。

假设某配送中心要把一批货物从公路网络中的 1 点运送到 6 点,如图 7-2 所示,各边旁边的数字表示相应两点之间的公路里程(千米),为使所行驶的里程最少,运输车应走什么路线?

采用最短路径设计法,首先求出从 1 出发的一条最短路径(1—2:4),求次短路径(2—5:2),依次类推:(5—6:8)、(5—4—6:7)、(5—4—3—6:6)。求得的最短路径是 1—2—5—4—3—6,距离是 4+2+6=12。

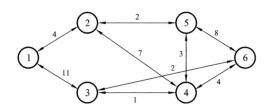

图 7-2　直送式配送运输流程

表上作业法是指用列表的方法求解线性规划问题中运输模型的计算方法,是线性规划求解方法。当某些线性规划问题采用图上作业法难以进行直观求解时,可以将各元素列成相关表,作为初始方案,然后采用检验数来验证这个方案,否则就要采用闭合回路法、位势法等方法进行调整直至得到满意的结果。这种列表求解方法就是表上作业法的前提:供需平衡、总运费最小。

2. 分送式配送运输

车辆运行计划法(vehicles scheduling program,VSP)又称里程节约法,适用于实际工作中求解较优解或最优的近似解。它的基本原理是三角形的一边之长必定小于另外两边之和。为实现配送所节约里程,可根据客户要求、道路条件等设计几种巡回配送方案,再计算节约里程,以其中节约里程最大者为优选的配送方案。VSP 方法可为所有配送地点计算其节约里程,按节约量的大小顺序,优选配送路线。

该方法的意义主要体现在:送货时,由一辆车装载所有客户的货物,沿着一条精心设计的最佳路线依次将货物送到各客户手中,这样既保证按时按量将客户需要的货物及时送达,又节约了车辆,节省了费用,缓解了交通压力,并减少了运输对环境造成的污染。

利用里程节约法制订出的配送方案除了应使配送总吨公里数最小外,还应满足以下条件:满足所有客户的需求;不使任何一辆车超载;每辆车每天的总运行时间或行驶里程不超过规定的上限;不得超过客户到货规定时间。

在图 7-3(a)中,运行距离为 $2x+2y$,使用里程节约法可以得到图 7-3(b)中的运行距离 $x+y+z$,节约里程为 $x+y-z$。

7.5.3　配送装车优化

人工智能技术的快速发展和劳动力雇佣成本的逐年提升,均促使智慧物流

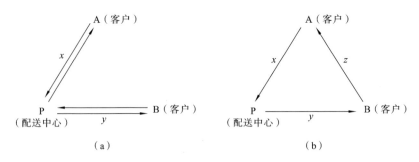

图 7-3　分送式配送运输流程

成为人们主要的关注点[20]。在智慧物流中,使用智能配送车进行货物配送是其重要组成部分,通过这种模式,阿里、京东、菜鸟、唯品会等多家企业纷纷推出智能配送车项目,从而提升了"最后一公里"的配送效率。京东、唯品会等企业也顺势将智能配送车带进了校园,完成校园内的快递配送业务,由于车厢货柜的结构大小不同,配送车采用模块化的设计,使用可拆卸的货柜隔板,可根据需要组成不同型号的货柜。这种模块化的货柜设计可以使智能配送车装载更多不同尺寸大小的包裹,提供多种包裹装车方案并可以实现货柜组合化,提高智能配送的资源利用率。

装载和路径规划是智能配送车完成包裹配送的两个重要内容,合理的箱体设计能够提升装载空间的利用率,最优的配送路线能够减少配送运输成本[21]。装载问题是一种复杂的离散组合优化问题,从货物尺寸的维度考虑可以分为一维、二维和三维装箱。其中,二维装箱中较为著名的算法包括砌墙式启发算法、最佳适应算法、遗传算法、递归分支定界法等。在路径规划方面,在基本模型算法上又衍生出带时间窗的车辆路径问题、多车场车辆路径问题和取送货车辆路径问题等,具体的求解算法主要包括切平面法、分支定界法、动态规划法以及多种启发式算法,如蚁群算法、遗传算法和紧急搜索等。既考虑装载又考虑路径规划问题时,解决方案分为两类:一类优先考虑路径规划,然后考虑装载算法,逐条检验路径确定其是否满足装载约束,满足则为最优路径,不满足则需重新寻找路径规划最优解;另一类则优先考虑装载问题,最优的装载效率是方案生成的主要参考因素,然后考虑路径规划问题。

以蚁群算法为例,算法具体步骤(图 7-4)如下。

第一步:输入初始信息,包括农产品编号、货柜组合和时间约束等。

第二步:对货物装车方案进行求解。

第三步:计算各城市之间的距离。

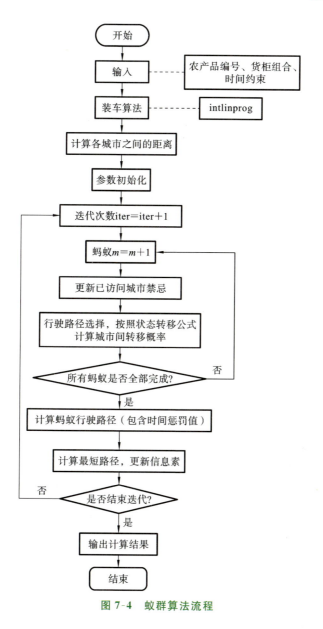

图 7-4 蚁群算法流程

第四步:蚁群算法参数初始化。

第五步:蚂蚁行驶路径选择,并记录行驶路径和到达时间。

第六步:更新信息素浓度,并计算和记录最短行驶路径和行驶距离。

第七步:判断是否所有蚂蚁都已完成任务,若完成任务,则进入下一步,没有完成则回到第五步。

第八步：判断是否完成路径规划，若完成，则进入下一步，否则回到第四步。

第九步：计算终止，输出结果，包括货物装车方案、车辆行驶路径、行驶距离及每个节点的到达时间。

7.6 农产品智能配送发展趋势

7.6.1 仓配一体

仓配一体化解决方案是专门为提供仓储与配送一体化服务的物流企业定制的全国信息化解决方案，利用互联网和物联网技术，对仓储与配送实现协同管控，有效提高物流的规范化、透明化、安全化运营效率[22]。仓配一体化本质上就是仓储服务＋配送服务＋技术支持＋售后服务＋增值服务组合在一起的一站式物流服务。随着越来越多的企业布局仓配一体化，应主要考虑提高客户体验方面问题，尤其是第三方仓配企业要充分了解客户体验的感知，通过快速准确的发货服务提升仓库作业效率，满足客户的仓储服务要求。

仓配中心一方面集成了物流和商流活动，是商物合一；另一方面集成了物流活动的所有功能，可以看作物流活动的缩影。仓配中心具备了备货、储存、分拣、配货、配装、配送、配送加工、技术支持、售后、增值等服务功能。仓配一体化流程是建立在仓配功能的基础上的，主要包括集装出库作业、入库作业、拣货包装、配送、售后处理等环节。仓配企业目前大多数以电商自建物流为主，以服务自身电商平台为根本，而向网络快递拓展市场空间有限，其余第三方仓配企业市场较为分散。目前仓配物流企业规模较大的是京东物流、唯品会自营的品骏物流、天猫超市合作伙伴心怡科技等。

仓配一体化相关信息化系统主要有以下几类。

（1）仓储配送企业资源计划（enterprise resource planning，ERP）是完整的仓储配送解决方案。它指的是对仓储货物的收发、存结等活动进行有效控制，实施超前计划，前馈管理，提高仓储系统的反应速度和纠错能力，使仓储活动与配送活动实现无障碍衔接，实现仓配一体化管理。

（2）仓储配送供应链管理（supply chain management，SCM）是对供应、需求、原材料采购、市场、生产、库存、订单、分销发货以及延伸服务等的综合管理，包括从生产到发货、从供应商到顾客的每一个环节。供应链管理的现实表现主要是一个整合整个供应链信息处理及规划决策，并且建立自动化信息基础架构的方案,目标在于达到整个供应链的最佳化。仓储配送 SCM 系统的基本功能包括供应链的设计、专业化仓储服务、库内一站式服务、配送、后续服务等。

(3) 仓储配送客户关系管理(client relationship management,CRM)是以客户为中心的客户关系管理,是仓储配送活动成功的关键。仓储配送 CRM 可实现以客户为中心,根据消费者需求的多品种、小批量、多批次、短周期特点,灵活组织和实施仓储配送物流作业,十分具有优势[23]。

菜鸟网络 3PL 仓是阿里巴巴菜鸟网络大市场采用自建、共建、合作、改造等多种模式构建的物流仓储平台和物流信息平台,这两个平台共同构成一套开放、共享、社会化的基础设施平台,在全国范围内形成一套开放的社会化仓储设施网络。菜鸟网络 3PL 仓可以通过缩短供应链反应时间、降低供应库存成本、增加净资产周转率、订单提前完成等手段提高物流效率,从而提升消费体验。

圆通速递仓配一体化服务包括三部分内容,即仓储服务部分、系统服务部分、配送服务部分。仓储服务部分,提供电商标准化仓储服务,同时也可根据客户的需求进行定制,对在库商品进行优化分析,全国有 101 个仓储点位,可以让客户就近入仓,也支持多仓发货。系统服务部分,自主研发了仓配一体系统,为客户提供仓配全生命周期监控,实现与各类电商平台对接,减少人工操作,实现信息自动流转,系统间无缝对接。配送服务部分,形成了覆盖全国 2300 余个城市、航空运输覆盖 200 多个城市的配送网络,双方可通过易通系统实现实时的问题件追踪,实现高品质配送服务,同时支持逆向物流、货到付款。

7.6.2 无人配送

随着经济全球化和信息技术的迅速发展,现代物流业正在世界范围内广泛兴起。现代物流仓配的任务是尽可能降低仓配物流的总成本,为客户提供好的仓配服务[24]。在我国仓配业网络化、智能化建设日趋成熟的背景下,无人配送在技术条件上日趋成熟。无人配送使用大量智能物流机器人、无人机进行协同与配合,通过人工智能、深度学习、图像智能识别、大数据应用等诸多先进技术,为传统工业机器人赋予智慧,让它们具备自主的判断能力和行为,适应不同的应用场景、商品类型与形态,完成各种复杂的任务。

京东无人仓真正实现了从自动化到智慧化的革命性突破,是首次实现智慧物流的完整场景,是目前全球最先进的物流技术落地应用。京东无人仓是京东自主研发的系统化、定制化的整体物流解决方案,掌握核心智慧物流设备与人工智能算法,拥有完全的自主知识产权。京东无人仓在控制算法、工业设计、机械结构、电气设计、应用场景等方面取得了大量的技术突破与创新,累计申请专利超过100件。经过十余年的物流经验积累和无人仓建设,京东物流已成为智慧仓储的核心代表[25]。

以京东物流为例,其无人配送建设标准主要包括三个方面。第一,在工作层面,无人化作业需要在技术水平、产品能力、协作能力三个方面具有较高的水平,这其中既包括设备稳定性这类单项核心指标,也包括设备间协作能力。第二,在数字化建设方面,从信息采集与感知到操作指令的执行都需要实现数字化建设,并进一步实现异常设备识别、自主决策、自我修复等方面的智能化,从而构建稳定、高效的无人配送系统。第三,在智能决策方面,需要通过无人配送的智能化,实现供应链上下游企业的协同及快速响应决策,从而实现供应链在成本、运转效率及服务质量方面获得最优化决策方案。

本章参考文献

[1] 何帅志,钟佳萌,罗思齐,等.物资合同签订及变更智能化协同的探索与应用[J].物流科技,2024,47(2):37-40.

[2] 张艳丽.关于电子商务环境下企业物流与供应链管理创新思考[J].商场现代化,2024(2):34-36.

[3] 敬娟.甘肃现代农业产业园助推特色农产品销售研究[J].合作经济与科技,2024(3):80-81.

[4] 卢茹.RFID技术的自动化仓储系统的应用[J].电子制作,2020(7):57-58,74.

[5] 张熙物,朱思乐.物联网标准云服务平台构建研究[J].电子技术与软件工程,2014(9):31-32.

[6] 魏曼.水利施工管理中现代数字技术的运用[J].中国设备工程,2023(22):259-261.

[7] 葛礼姣,程玉静,仇亮,等.农业物联网技术在温室大棚生产中的应用进展[J].浙江农业科学,2024,65(1):242-248.

[8] 许常善.GPS技术在工程测绘中的应用及发展趋势[J].工程建设与设计,2022(7):138-140.

[9] 张新华.乡村振兴背景下农业经济管理的有效路径探索[J].山西农经,2023(1):137-139.

[10] 白朝凤,李梦寅.物流信息技术在农业物流发展中的应用[J].中小企业管理与科技,2021(34):185-187.

[11] 陈军.基于供应链协同的物流服务质量提升策略研究[J].中国航务周刊,2024(4):60-62.

[12] 焦海燕,朱秀芬.生鲜农产品冷链物流发展战略构想[J].现代营销(经营版),2019(7):74-75.

[13] 徐科.快件(递)中转场规划与设计探讨[J].物流技术与应用,2014,19(12):133-135.

[14] 宋俊亮,袁慧,钱丹.基于NB-IoT技术的电能计量资产自动化仓储系统设计[J].电子设计工程,2023,31(3):168-172.

[15] 李良,冯基钛,刘炜.人工智能在机械设计制造及其自动化中的应用[J].造纸装备及材料,2023,52(5):146-148.

[16] 周爱莲,王柔佳.城市地下物流系统建设适应性评价研究[J].物流科技,2023,46(23):39-44.

[17] 张顺堂,张玉立,刘钟元,等.基于改进SSA的井下周转料场选址研究[J].山东工商学院学报,2023,37(4):87-98.

[18] 蒋一伦.农村"最后一公里"物流配送发展对策研究[J].物流科技,2024,47(2):74-75,79.

[19] 李奔,王世超.基于理论研究的视角探析蚁群算法与物流配送路线优化策略的关联价值[J].中国储运,2023(7):184-186.

[20] 董进.计算机技术在物流系统中的若干应用[J].中国储运,2024(1):119-120.

[21] 马晋利.数字化转型在物流领域的应用与挑战[J].商场现代化,2024(2):37-39.

[22] 陈小亮,王楚林.智慧物流从平台向供应链延伸[J].互联网经济,2017(11):20-25.

[23] 唐浩,陈诚,李虹雨,等.中铁快运公司仓库智能化升级的探讨[J].铁道货运,2023,41(8):43-46,55.

[24] 王强晖,邵忠瑛.短途无人配送车自动驾驶技术研究综述[J].专用汽车,2023(6):10-12.

[25] 吕丽静,余曼,李冰玲.新零售企业配送模式的研究[J].中国储运,2022(2):147-149.

第 8 章
农产品物流过程碳排放监测与估算技术

8.1 农产品冷链物流碳排放现状

8.1.1 全球农产品冷链物流碳排放现状

农业在一个国家的产业布局中至关重要,伴随着全球经济的不断发展,农业的产业结构也在不断转型和升级,农产品的产量不断上升。同时,伴随着人们生活质量的提高,人们对农产品的品质与安全有了更高的要求。然而,由于生鲜农产品本身具有易腐易损的特性,在收获到销售的整个环节中必然会产生大量的农产品损失。为了维护生鲜农产品的质量安全,减少农产品产后损失,农产品在产后需要尽量保存在低温环境中,因此冷链物流产业在全球范围内快速扩张,这也不可避免地造成了碳排放量的增加。

生鲜农产品冷链物流行业的碳排放可分为直接排放和间接排放两个方面。其中,直接排放是指在冷链物流过程中为实现农产品运输、储存等活动而产生的碳排放。间接排放则是指冷链物流业在运营过程中间接产生的碳排放。前者是指冷链物流产业系统内直接能源消耗产生的碳排放,后者则是指冷链物流系统中间产品及相关企业和环节产生的碳排放[1]。通常,我们在研究生鲜农产品冷链物流过程中的碳排放时,考虑的是直接碳排放。

目前学者们在研究时,主要将生鲜农产品冷链物流行业的碳排放来源分为两个方面[2]:制冷剂泄漏和能源消耗。传统制冷剂包括氯氟烃(CFC)、氢氯氟烃(HCFC)以及氢氟烃(HFC),自 20 世纪 90 年代开始,由于传统制冷剂具有较高的全球变暖潜能值以及在大气中的高持久性,各个国家签订了《关于消耗臭氧层物质的蒙特利尔议定书》并逐渐减少传统制冷剂的使用[2]。制冷的能耗也会造成大量的温室气体排放,在预冷、贮藏以及零售环节能源的消耗主要来自电力的消耗,而在冷链运输环节的能耗则主要来自化石能源的消耗。在现有的预冷设备和冷库设施中,使用的制冷剂主要有两种类型:R22 和 R717。R22 是氢氯氟烃,它具有传统制冷剂的特性。R717 则是一种没有全球变暖潜能的天然制冷剂,目前世界各国都在努力用天然制冷剂替换传统制冷剂,但距离全部替换还有很长的一段路要走。虽然制冷剂泄漏会造成大量的碳排放,但能源消耗所引起的碳排放则更为显著[3]。在冷链运输环节的能耗方面,目前冷藏车的制冷方式主要有两种:蓄冷和机械制冷。蓄冷方式下的冷藏运输车可在夜间使用较为低廉的工业电储藏能源以满足白天的冷藏运输需求,因此蓄冷方式可以通过使用相对清洁的能源来减少碳排放[4]。尽管如此,机械制冷方式依旧是不可或缺的,机械制冷冷藏车可以实现温度调节,不仅可以制冷还可以制热,虽然其装置复杂,但对于中长距离冷藏运输,机械制冷依旧有其独到的优势。

8.1.2 农产品冷链物流碳排放监测技术发展现状

自 20 世纪 90 年代开始,人们开始逐渐重视气候变化问题,一些发达国家如美国、英国等,以及部分大型跨国企业较早开始统计和监测碳排放量。因此,碳排放监测技术在过去的几十年间有了较大的发展。我国的碳排放监测技术起步较晚,想要提高碳排放监测技术水平,建立健全的碳排放监测制度还有很长的一段路要走。

农产品冷链物流碳排放监测技术有很多,总体而言可以分为两大类:计算法和实测法。目前,国际上认可的排放系数法和质量平衡法都属于计算法。其中排放系数法是 IPCC 推荐的碳排放量计算方法,目前在国内外使用最为频繁,此方法是根据活动数据与对应的排放系数,对企业的碳排放量进行估算。这种方法原理比较简单,但用起来比较复杂,要求选取的排放系数具有足够的代表性,否则就会造成较大的误差,因此排放系数法适合工艺流程较为简单的企业。质量平衡法是根据质量守恒定律,综合考虑企业的各项工艺流程展开分析的一种碳排放估算方法,即在企业的生产系统中,进入系统物料的总量等于排出的物料的总量,对企业运营过程中各个环节的投入物料与产出物料进行量化后,选择一个合理的质量守恒过程,根据质量守恒得到碳平衡计算公式,以此实现对企业碳排放的估算。质量平衡法一般用于生产型企业,如钢铁行业和化学工业,各行业的计算公式需要根据具体建设项目的产品方案、工艺流程、生产规模等具体制订。但质量平衡法需要的参数较多,对所收集的数据质量要求也较高,因此在数据采集阶段往往比较困难,但也正因如此其测算的结果往往准确度较高,并且具有很好的针对性[5]。总而言之,质量平衡法从原理上说较为科学,但是质量平衡法需要针对不同的冷链企业建立具体计算公式,核算人员需要掌握企业的运营流程以及原料能源的用度报表,因此,在实际统计过程中,常受到各种条件的限定。

排放系数法和质量平衡法的计算公式分别如下:

$$E = A_D \times E_F \tag{8-1}$$

$$E = (P_{input} \times C_{input} - P_{out} \times C_{out} - W_{out} \times C_W) \times 44/12 \tag{8-2}$$

式中:E 为温室气体排放量;A_D 为活动数据;E_F 为排放系数;P_{input} 为原料投入量;C_{input} 为原料含碳量;P_{out} 为产品输出量;C_{out} 为产品含碳量;W_{out} 为废物输出量;C_W 为废物含碳量。

实测法是指使用仪器对企业的碳排放量进行实际测量,通常测量烟气流量、温度、浓度等,以计算实际碳排放量。实测法在估算企业碳排放量时,能减少排放源燃料特性等假设。这种方法通常可以分为在线测量与离线测量,在线测量要求企业安装烟气排放连续监测系统(CEMS),对排出气体的流量、浓度等参数进行连续不断的测量,这可以在较长的一段时间内提供实时数据,但其准确程度依靠仪器的精准度,而且安装烟气排放连续监测系统成本较高,后期也需要进行定期运维。离线测量是指根据国家或行业的标准进行手工测量,使用便携式仪器对企业管道排放物进行记录,并记录测量时间段内的排放量数据。离线测量比较耗费人力资源,同时只能提供特定时间段内的排放数据,但是离线测量可以灵活使用精度更高的测量仪器对企业碳排放量进行实测。

实测法的计算公式如下:

$$E = Q \times N \times K \tag{8-3}$$

式中:Q 为空气流量;N 为介质中气体的浓度;K 为单位换算系数。

综合对比计算法和实测法,我们可以发现,计算法尤其是排放系数法目前已经具备了完善的技术规范,但在参数测定时容易出现偏差,同时计算不具备及时性,不能及时调整企业碳排放或碳交易策略。实测法则需要确定有代表性的测量点位,并且需要安装在线监测 CO_2 系统或模块,制定相关技术规范与监管要求,按时进行仪器运行维护,虽然实测法有利于及时调整企业碳交易策略,但监测过程中数据丢失会对实测结果的准确性产生影响。

现如今,伴随着各行各业的不断转型,碳排放监测技术也在不断发展。目前,碳排放监测技术慢慢开始与区块链、物联网等技术融合,可运用区块链和物联网技术,通过传感器识别组件 ID,并从预设的数据库中提取相应的材料使用数据,在供应链中通过设备运行时间实时计算能耗,从而确定碳排放量[1]。例如,中国学者陶星宇就基于区块链和物联网技术开发了温室气体排放监测系统,该系统主要包括射频识别技术、激光感应技术、数据服务系统以及计算系统四个部分,针对零部件制造的材料制造、材料运输、设备运输、设备能耗、运输工人、垃圾处理,实现了对制造过程的可视化监测碳排放。

8.1.3 农产品冷链物流碳排放估算与碳交易现状

目前,各学者在研究农产品冷链物流碳排放估算时主要采用生命周期法,对农产品各个环节(包括生产、贮藏、运输、销售)进行追溯,这也被各位学者戏称为"从摇篮到坟墓"的方法。农产品碳排放主要可以分为两个阶段,即农场阶段和冷链运输阶段,但是相比较而言,在农产品的碳排放评估中,冷链运输阶段影响因素更加多样化,或许更值得我们关注。例如:Sim 等[4]在 2007 年对运往英国的三种农产品(肯尼亚和危地马拉豆类、巴西和智利苹果,以及美国豆瓣菜)与本国的本土农产品进行了对比,最终得出的结论是进口豆类对全球变暖的影响是本土豆类的 20~26 倍,并且确定了运输是决定食品供应链环境可持续性的重要影响因素。另外,用于存储和包装操作的电力消耗也很大,只有在大部分电力来自可再生能源的国家的情况下,农产品对环境的影响程度会比较低。同时农产品冷链物流碳排放评估中也存在着许多的问题,首要突出的便是冷链物流整个生命周期内研究范围的确定,因为冷链物流是一个多个环节耦合的过程,很难界定冷链物流的"研究边界"。比如,我们在评估冷链物流碳排放的时候通常从以下四个方面展开研究:预冷、贮藏、运输、销售。但冷链物流的某些辅助活动也会造成碳排放,如设备制造、物流管理等,这些都要求我们建立更加完善的碳排放估算体系。

碳交易实际是指六种主要温室气体排放量的交易,是一种以市场为基础,旨在缓解气候变化的手段。这六种气体分别是二氧化碳(CO_2)、甲烷(CH_4)、一氧化二氮(N_2O)、氢氟烃(HFC)、氟碳化合物(PFC)、六氟化硫(SF_6)。目前,世界上有多个碳排放交易计划,如欧盟碳排放交易体系、美国区域温室气体倡议、新西兰碳排放交易体系以及澳大利亚新南威尔士州温室气体减排体系等,它们的内容有所不同。其中有一些与《联合国气候变化框架公约》京都议定书》中的承诺有关,也有一些国家制订了碳排放交易计划却并未批准。这些计划都有一个共同的前提,就是减排应该在减排成本最低的地方进行,从而达到降低应对气候变化的总体成本的目的。

在目前已经实施的碳交易计划中,欧盟碳排放交易体系涉及 27 个欧盟成员国以及冰岛、列支敦士登、挪威三国,涉及多个行业,包括电力、炼油、钢铁、石化等,美国区域温室气体倡议并不在全美地区执行,仅涉及美国的 10 个州,主要受监管部门是电力行业,对于气体的管控也只限于二氧化碳。新西兰碳排放交易体系针对的行业是农业、林业以及能源行业。澳大利亚新南威尔士州温室气体减排体系主要针对电力行业,主要与电力销售商、零售商和发电商相关。

目前各个国家虽然提出了许多碳交易计划,但目前的碳交易计划尚不成熟,世界各地都在积极制订新的碳交易计划,现有的碳交易计划也在不断完善。未来,碳交易计划的发展主要在以下几个方面。

(1) 地域扩张:一些碳交易计划正在不断扩大地理覆盖范围,比如随着欧盟成员国发展到 27 个,欧盟碳排放交易体系覆盖范围也发展到 27 个成员国,后来更是覆盖了欧盟的三个邻国。

(2) 扩大部门及温室气体覆盖面:碳交易的另一个显著趋势就是扩大部门及温室气体的覆盖面。早期的碳交易计划侧重于电力部门和能源密集型工业部门,侧重点也是二氧化碳,而最近宣布或提议的碳交易计划不仅覆盖二氧化碳,还包括了其他多种温室气体,涉及部门也覆盖了化石能源生产商和进口商。

(3) 时间扩展:当前的一些排放交易体系旨在遵守《〈联合国气候变化框架公约〉京都议定书》下的排放承诺,而另一些则计划或在非京都缔约方使用。例如,欧盟交易系统与京都目标相关联,其时间覆盖范围遵循京都承诺期。

8.2 农产品冷链物流过程碳排放监测技术

8.2.1 生鲜农产品预冷环节碳排放监测技术

对于预冷环节的碳排放监测,我们无法直接获取其碳排放数据,通常会采取排放系数法监测预冷环节的碳排放。使用排放系数法监测碳排放,首先我们需要确定研究边界。农产品预冷厂的现场预冷区、办公区和生活区都能因为预冷活动或相关活动而产生碳排放。但办公区和生活区的碳排放占预冷碳排放的比例非常小,因此,办公区与生活区的碳排放通常会被排除在研究边界之外。对于现场预冷区,各类施工机械消耗燃油和电能会产生碳排放。因此,归根结底,施工机械的碳排放量计算就是计算各类预冷设备的能源消耗量,然后根据碳排放系数转化为相应的碳排放量。设备消耗能源量可由相应的统计方法获得,而排放系数可以通过国家现有的排放系数库进行梳理获得。

8.2.2 生鲜农产品贮藏环节碳排放监测技术

生鲜农产品在贮藏环节所使用的设备为冷库,为了减少外界热量的传入,冷库的地坪、墙壁和屋顶都会敷设一定厚度的防潮隔汽层和隔热层。

贮藏环节的碳排放监测技术也主要采用排放系数法。因生活区能源消耗较小,所以对于冷库中心能源消耗,一般只统计工作区的能耗,冷库主要以消耗电能的形式产生碳排放,其电能消耗主要分为两个部分:直接电能消耗以及制冷电能消耗。直接电能消耗应包括照明设备、冷风机、融霜设备、风幕、自控设备、辅助加热设备以及循环泵等全部附属设备用电,制冷电能消耗则是指制冷机组工作产生的能耗。获取电能消耗的方式主要有两种:直接监测法与投入产出法。直接监测法主要指通过使用冷库管理系统或者分项计量电能表记录用电量,当使用分项计量电能表时,计量电能表应检定合格或现场校验。若冷库无管理系统或者无法进行用电设备的分项计量,则需要通过经验公式获取电能消耗,公式为

$$W_{REC} = \sum_{i=0}^{24h} \left[\Phi(i) \times \frac{T_e - T_{run}}{0.34 \times T_{run}} \right] \tag{8-4}$$

当蒸发温度变化较小时,公式为

$$W_{REC} = Q_s \times \frac{T_e - T_{mrun}}{0.34 \times T_{mrun}} \tag{8-5}$$

式中:W_{REC} 为 24 h 制冷电能消耗;$\Phi(i)$ 为单位时间间隔的制冷量;T_{run} 为瞬间蒸发温度;T_{mrun} 为平均蒸发温度;T_e 为冷凝温度;Q_s 为 24 h 总制冷量。

8.2.3 生鲜农产品运输环节碳排放监测技术

生鲜农产品的运输是非常重要的,在冷链物流的不同环节需要使用的冷藏车类型也不尽相同。根据以往学者的研究,生鲜农产品在运输环节产生的碳排放占全过程碳排放的 70% 左右[6]。运输环节的碳排放来源非常广泛,大致可以分为能源相关的碳排放和非能源相关的碳排放。冷链运输的生鲜农产品本身具有易腐易损性,从这个特性出发进行碳排放分析,碳排放主要包括两大类:一类是自身的碳排放,另一类则是运输过程中的碳排放,主要是各类冷藏运输车产生的碳排放。而根据 PAS 2050:2008 的相关规定,如果某个环节或流程的碳排放量占比低于 5%,则其带来的碳排放可不计算。因此在运输环节,学者们主要考虑的是冷藏运输车的碳排放。

目前,我国还没有建立相应的碳排放制度体系,在企业的实际运营过程中,

对具体的碳足迹的数据缺乏有效的统计。因此在数据收集和处理时,需要考虑数据的来源和处理方式带来的误差和不确定性,以保证计算的准确性。按照冷藏运输车的规模,冷藏运输车通常可分为小型冷藏运输车、中型冷藏运输车,以及大型冷藏运输车。而冷藏运输车的制冷方式也可分为机械制冷和蓄冷式两种方式。学者们在监测冷藏运输车碳排放时,往往采用废气分析仪实时获取碳排放数据,但这种方法太过依赖仪器精度,且对企业并不适用,所以往往通过排放系数法确定冷藏运输车的能耗进而确定碳排放[7]。

冷藏车的能耗主要分为两方面:行驶碳排放与制冷碳排放。当冷藏车的制冷机组为非独立式机组时,可以直接通过监测油耗获取碳排放量,但这种冷藏车在车辆关闭后制冷机组便不再运行。因此,目前所使用的冷藏车通常为装载独立机组的车辆,这需要我们单独监测其制冷碳排放量。

确定冷藏车油耗的方法主要有直接测量法和间接测量法两种。直接测量法往往需要拆开发动机油路接入流量测量仪器,主要有容积法、重量法和流量法。间接测量法则是在不破坏发动机油路的基础上根据采集的参数间接计算油耗,空燃比法和脉宽计数法都属于间接测量法。采用容积法的测量设备通常包括测量容器、三通阀、油管等主要部件,其监测的油路始于燃油油箱,终于发动机,其原理为通过监测某段时间内油箱的液面高度来确定油耗。采用重量法监测油耗是通过压力传感器实现的,将压力传感器垂直固定在油箱下,通过处理其传出的压力信号获得油耗测量数据,这种方法普遍用于监测精度要求不高的大型车辆。流量法则主要针对回油量较小的车辆,借助流量传感器,监测通过进油路的燃油流量,并将流量信号传送给智能控制系统获取油耗数据[8]。空燃比法通过加装空燃比传感器,根据进气量和空燃比信号数据计算各喷射周期的油耗量,累加各周期油耗量得出总过程的总油耗量。脉宽计数法是根据电控喷射发动机的特性及原理,即油耗量正比于喷油器的开启时间来计算油耗量的,可以直接采集喷油器的喷油脉宽信号,通过对信号进行滤波、整形等处理得到相应的油耗量[9]。

目前使用的搭配有独立式制冷机组的冷藏车通常不具备智能管理系统,因此往往需要我们根据运输食品所需的制冷量与冷藏车制冷机组效率计算得出冷藏环节的制冷能耗。

8.2.4 生鲜农产品销售环节碳排放监测技术

随着国家不断发展,人民生活水平不断提升,生鲜农产品的销售规模也在逐步扩大,我国生鲜农产品的零售业得到了快速扩张与发展。然而零售业的快速发展必然会导致碳排放量激增,这些处在制造业下游的销售业也必然面临着低碳化的发展要求。因此,对销售环节的碳排放监测就变得越来越重要。随着电子商务的不断发展,销售方式也变得越来越多样化。对于销售环节的碳排放监测,学者们的研究范围通常为社区商店、购物中心、电子商务,农贸市场和农家商店被排除在外,因为它们的销售并不规范,其碳排放主要为私人消费,所以不被学者们纳入研究范围[10]。

对于生鲜农产品销售环节的碳排放监测技术,大部分学者主要依据 IPCC 指南的生命周期评估方法,在以往的研究中,由于缺乏数据,产品的碳足迹中往往忽略了销售设施,并且在大多数情况下忽略了消费者到商店的"最后一公里"。因此,销售环节碳排放的研究边界通常为存储、商店运营和"最后一公里"。获取的经营数据通常来自零售业,学者们实地获取数据或者由社区商店、购物中心老板提供经营数据,经营数据包括各种能源需求,包括照明、冷藏以及电气设备的能耗等[8]。关于在线销售,其碳排放源有很多,甚至包括个人计算机、笔记本电脑、智能手机或平板电脑的能源消耗,但这些排放量微小,所以对于在线销售的碳排放数据来源,学者们通常考虑的是与电子订单、包装和包裹递送相关的。而"最后一公里"的数据学者们则是从家庭调查中获取的,家庭调查一般会注明所处位置(城市、郊区、农村地区)的市场份额、购物出行频率、模式划分和出行距离,以便分析销售环节的碳排放量。将从购物场所到消费者家的人公里数,乘以交通工具的特定排放系数,确定其碳排放量。对于网购和在线销售,"最后一公里"则是指送货运输到客户家中。

8.3　农产品冷链物流过程碳排放估算技术

8.3.1　农产品冷链装备碳排放估算技术

农产品冷链物流过程的整个生命周期包含多个环节,每个环节涉及多种装备,这些装备的使用就是冷链物流碳排放来源。欧美一些发达国家和地区在先于我们很长一段时间就开始重视冷链物流的建设与管理问题,现在已经形成完整的冷链体系。我国的冷链装备最早开始于 20 世纪 50 年代的肉类食品外贸出口,但那时的冷链装备还很简陋,仅仅是改装了一部分保温车辆。1995 年《中华人民共和国食品卫生法》的颁布,宣告我国食品冷链的正式起步。在此之后的近 30 年间,以一些食品加工行业的大型企业为先导,建立了不同程度的食品冷链体系,我国的冷链物流基础设施也逐步完善。目前,我国已拥有各类冷藏运输车28.7万余辆、冷库库容达1.8亿平方米[11]。

冷链物流过程主要包括四个环节：预冷、贮藏、运输、销售。在预冷环节，我们使用的设备通常为各式预冷机，其碳排放估算也通常采用排放系数法，根据预冷机能耗与相关排放系数，估算其碳排放量[12]。贮藏环节通常需要使用的设备为冷库，同预冷环节相同，通过排放系数法根据冷库的电能消耗与排放系数估算其碳排放量。运输环节使用的冷链设备则为各种冷藏运输车，运输环节涉及多个环节，从农场到预冷厂、预冷厂到冷库中心、冷库中心到分销商、分销商至零售商，所处环节不同，通常选用的运输车类型也不相同。比如，从农场到预冷厂、从预冷厂到冷库中心通常选择大型冷藏运输车，从冷库中心到分销商则通常选择中型或者小型冷藏运输车，而从分销商到零售商的运输车辆通常为小型冷藏运输车。对于小型和中型冷藏运输车，通常采用排放系数法根据冷藏运输车的油耗和制冷车厢的其他能耗与排放系数估算其碳排放量，对于重型冷藏运输车，可以通过车载自诊断(OBD)系统检测其能耗配合排放系数法获取运输环节的碳排放量。零售环节所使用的冷链设备通常为冰箱和展示柜，估算碳排放量的方法通常为排放系数法，根据消耗电能与排放系数估算其碳排放量。

8.3.2 农产品冷链企业碳排放估算技术

冷链物流行业是能源消耗总量极大、增长极快、碳排放量极大的行业之一。冷链企业是冷链物流业节能减排的主体，但是冷链物流企业的碳排放估算技术还有待进一步发展[13]。目前，国内外学者估算企业碳排放量时大多采用前面介绍的计算法和实测法[14]，此外，还有决策树方法和生命周期法。

决策树方法通常用于计算某一区域的碳排放量，从微观层面估算碳排放量。然而，目前还没有准确有效的方法估算行业的宏观碳排放量。因此，IPCC通常使用决策树法确定对关键碳排放源的分析。

生命周期法是对工业运行全生命周期所消耗的能源进行详细分析和处理的方法。从生鲜农产品冷链物流行业的角度来看，CO_2是在冷链物流的各个环节中产生的，将这些环节形成一个整体，并进行综合分析。生命周期法是目前各界学者在研究中使用最多的方法，不过这种方法也存在一些弊端，其需要综合定性和定量分析多个中间环节，而且各个中间环节的考虑因素也复杂多变。

8.3.3 农产品冷链全程碳排放估算技术

农产品通常是指通过农业生产活动获取到的产品，它的种类有很多，包括小麦等农作物、果蔬、花卉、水产品以及牲畜产品等。对于不同种类的农产品，我们需要采用不同方式延长其货架期，甚至同一作物的同一环节在不同时期也要采用不同方式进行操作。而需要进行冷链运输的农产品通常具有易腐易损性，其在产前以及产后各环节往往需要消耗较多的能源，相较于其他农产品会产生更多的碳排放，因此，发展农产品冷链全程碳排放估算技术对于实现我国碳达峰碳中和目标、实现农产品绿色供给具有重大意义。

针对农产品冷链物流的独特性，学者们大多从各环节碳排放和低碳情况下应对风险的弹性两方面进行研究。学者们认为无论何种农产品，其碳排放都主要来自运输与仓储环节，但大多数学者都是从国家角度对当前不同减排方法进行对比分析，控制生鲜农产品冷链物流碳排放的文献比较少，也有一部分学者结合发达国家的碳减排经验，考虑采用碳税及碳交易政策控制排放。目前已经有部分地区在试行，未来有望在全国普遍开展[15]。

农产品的整个生命周期大致可分为生产、包装、运输、仓储等环节，最终将其送到消费者手中。但因为有些环节碳排放量较小，根据相关规定可忽略不计，因此，学者们通常研究其生产、运输与仓储三个环节。生产环节的碳排放通常指农产品在生产过程中产生的碳排放，比如果蔬生长过程中施肥、施药、农用机械工作以及灌溉等活动都会产生相应的碳排放。生产环节的碳排放受生产方式和气候条件的影响较大，其碳排放的估算通常采用排放系数法，活动数据一般通过实验获取，具有难度大、周期长的特点。运输环节的碳排放主要由冷藏车产生，冷藏车运输具有组织时间短、机动灵活、直接的特点，适合各类农产品的运输市场需求，运输环节的碳排放来自车辆行驶过程中的燃料消耗、制冷设备的能源消耗与制冷剂泄漏。其碳排放估算通常指油耗与碳排放系数乘积和农产品降至指定温度吸收热量消耗能源与碳排放系数乘积的总和。仓储环节指冷库储存以及储存前的预冷环节，预冷的碳排放是以消耗电能的形式产生的，冷库储藏的碳排放则是由电能的消耗与制冷剂泄漏产生的，其碳排放量的估算可通过消耗的电能与排放系数确定[16]。

本章参考文献

[1] CHEN H, WANG H M, LI P. Research on logistics carbon emission mathematical estimation and compensation by computer statistics and data analysis [J]. Journal of Physics：Conference Series，2021，2083（2）：032069.

[2] HEREDIA-ARICAPA Y，BELMAN-FLORES J M，MOTA-BABILONI

A. Overview of low GWP mixtures for the replacement of HFC refrigerants: R134a,R404A and R410A[J]. International Journal of Refrigeration,2020,111:113-123.

[3] DONG Y B, MILLER S A, KEOLEIAN G A. Estimating the greenhouse gas emissions of cold chain infrastructure in China from 2021 to 2060[J]. Sustainable Production and Consumption,2022,31:546-556.

[4] SIM S,BARRY M,CLIFT R,et al. The relative importance of transport in determining an appropriate sustainability strategy for food sourcing[J]. The International Journal of Life Cycle Assessment,2007,12:422-431.

[5] DONG Y B, XU M, MILLER S A. Overview of cold chain development in China and methods of studying its environmental impacts[J]. Environmental Research Communications,2021,2(12):122002.

[6] 李斌,刘斌,陈爱强,等.基于冷链模式的农产品冷链碳足迹计算[J].冷藏技术,2019,42(3):1-5.

[7] 游力.基于碳排放的冷链物流系统研究[D].广州:广州大学,2017.

[8] 李洪亮.车辆油耗实时监测与信息管理系统研究[D].哈尔滨:东北林业大学,2014.

[9] SEEBAUER S, KULMER V, BRUCKNER M, et al. Carbon emissions of retail channels: the limits of available policy instruments to achieve absolute reductions[J]. Journal of Cleaner Production, 2016, 132: 192-203.

[10] THOMPSON B. Green retail: retailer strategies for surviving the sustainability storm[J]. Journal of Retail & Leisure Property, 2007, 6(4): 281-286.

[11] 汪晓光.我国冷链装备产业链构建的研究[J].机电产品开发与创新,2013, 26(3):11-12,23.

[12] LAGUERRE O, DURET S, HOANG H M, et al. Using simplified models of cold chain equipment to assess the influence of operating conditions and equipment design on cold chain performance[J]. International Journal of Refrigeration, 2014, 47: 120-133.

[13] 姜晓红,陈莎,张毅.物流企业碳排放总量与效率测算方法[J].交通运输系统工程与信息,2022,22(2):313-321.

[14] 杨美昭.企业温室气体排放量监测计量方法研究[D].保定:河北大

学,2021.

[15] 胡百灵,赵子琪,姚冠新.果蔬冷链物流碳排放测算及控制[J].财会月刊,2019(5):119-124.

[16] BIN L, LI J W, CHEN A Q, et al. Selection of the cold logistics model based on the carbon footprint of fruits and vegetables in China[J]. Journal of Cleaner Production, 2022, 334: 130251.

第 9 章
冷链物流信息服务与区块链溯源技术

9.1 区块链技术起源和解释

区块链是多方参与共同维护的持续增长的分布式数据库,基于分布式网络、密码学和共识机制建立信任关系,通过智能合约构建价值互联网[1]。区块链的本质是共享账本,通过开发分布式平台解决主体协作、信息误传、缺乏监管的问题;基于全网节点的计算、存储和网络共享模型,提供大数据共享和证据保存服务;通过零知识证明和安全多方计算,实现数据的验证而不披露。区块链网络架构下所有节点互联互通,共同查询、记录、维护账本数据,打破"信息孤岛",扩展网络化运行的边界,实现区块链网络的去中心化。区块结构由区块头和区块体组成。区块头存储上一区块的哈希值,实现链上数据的可信追溯,在长链中修改任一区块的数据将导致本区块哈希无效,从而引起断链。根据区块头存储的哈希树树根能够快速验证交易数据的篡改。以上机制保证了区块数据一经验证写入便不可篡改。区块体则包含经过验证的、块创建过程中发生价值交换的所有追溯记录,具体追溯记录字段因节点不同而存在差异。

狭义上,区块链是按照时间顺序,将数据区块以顺序相连的方式组合成的链式数据结构,并以密码学方式保证的不可篡改和不可伪造的分布式账本。广义上,区块链技术是利用块链式数据结构来验证与存储数据、利用分布式节点共识算法来生成和更新数据、利用密码学方式保证数据传输和访问的安全性、利用由自动化脚本代码组成的智能合约来编程和操作数据的一种全新的分布式基础架构与计算范式。

9.1.1 区块链技术起源

区块链是比特币的底层技术,比特币是基于区块链的第一个应用。2008年,爆发了世界范围的金融危机,这次金融危机导致了全球的信任危机,为了重建数字经济时代的信任,比特币的创始人中本聪发表了一篇文章,名为《比特币:一种点对点式的电子现金系统》,提出了比特币系统[2]。比特币系统是一个完全去中心化的数字货币系统,该系统不依赖于中央机构发行、结算和验证货币。比特币系统通过引入工作量证明(proof of work,PoW)机制解决了双花问题。2009年1月,中本聪在位于芬兰赫尔辛基的一个小型服务器上挖出了比特币上的第一个区块,也称创世区块,自此比特币系统正式启动。中本聪在创世区块中留下一段话:"2009年1月3日,财政大臣正处于实施第二轮银行紧急援助的边缘。"该段留言摘自《金融时报》的一篇文章。文章谈及了国家在危机时期对银行业的干预,以及在紧急援助时期,中央发行的货币开始贬值,这成为对不良行为者的激励。这段话说明了当前金融系统的缺陷和比特币最初的创建原因,并提醒人们了解比特币和现有金融机构的不同之处。

9.1.2 区块链演进过程

到目前为止,区块链共经过了三个阶段,如图9-1所示。

图 9-1 区块链发展阶段

区块链1.0阶段的代表是比特币,其技术架构如图9-2所示。

在区块链1.0阶段,其定位为一种电子现金系统,当前阶段区块链的主要功能为记账和代币交易,无法进行较复杂的操作。

区块链2.0阶段的代表是以太坊,此阶段的区块链不再仅作为记账和转账的工具,在该阶段,分布式系统中脚本的功能得以拓展,使其记录的不再仅是转账信息,还可存储各类型信息并进行计算,以太坊架构如图9-3所示。

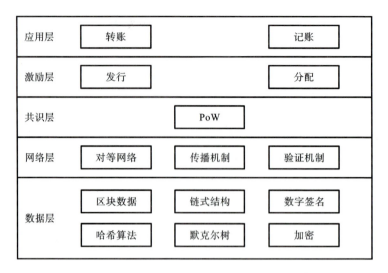

图 9-2 比特币架构

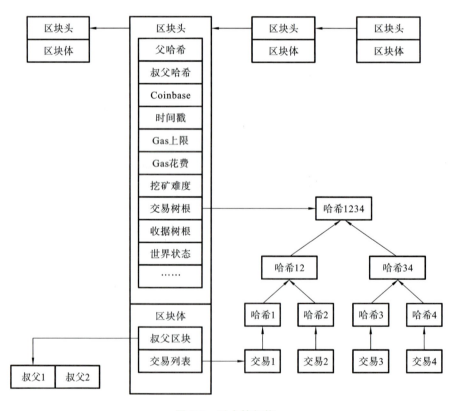

图 9-3 以太坊架构

发展到现在,区块链 3.0 阶段主要解决的是区块链 1.0、区块链 2.0 阶段面临的性能上的瓶颈问题,区块链 1.0 阶段的比特币最高交易速率为每秒 7 次,与现在信用卡每秒成千上万次的交易速率差距极大,2.0 阶段的以太坊交易速率有了明显提升,但仍无法满足现实应用的各类需求,在这样的环境下,诞生了区块链 3.0。区块链 3.0 阶段没有特定的代表技术,许多区块链项目都声称自己是区块链 3.0,但并无共识。无论谁自称区块链 3.0,它都承认区块链 1.0 是比特币,区块链 2.0 是以太坊。

9.1.3 区块链核心技术

区块链不是单一的技术,而是多种技术的结合。区块链关键技术主要包括块链式结构、对等网络、共识机制、密码学和智能合约等。

9.1.3.1 块链式结构

区块链之所以称为区块链,是因为它就是一堆由包含交易信息的区块前后首尾相接组成的链式结构,每个区块都是链式结构中的一节。每个区块都通过一个数值(父区块哈希值)指向前一个区块,以此类推,区块与区块连成一个链条,可以一直追溯到创始区块。图 9-4 所示为区块链块链式结构示意图。

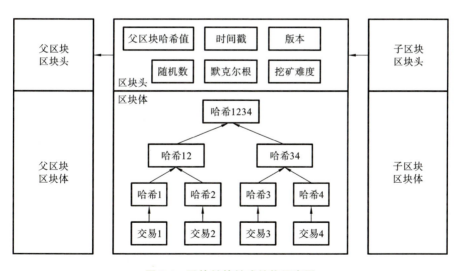

图 9-4 区块链块链式结构示意图

9.1.3.2 对等网络

对等网络(peer-to-peer,P2P)是指两台主机在通信时并不区分哪一个是服务请求方,哪一个是服务提供方。只要两台主机都运行了 P2P 软件,它们就可以进行平等的对等连接通信。图 9-5(a)所示为客户端/服务器(C/S)架构网络,图 9-5(b)所示为对等网络。

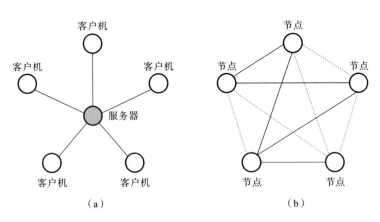

图 9-5 网络结构

(a) C/S 架构网络;(b) 对等网络

9.1.3.3 共识机制

区块链分布式网络处理容错的核心是共识机制,全网节点在预设规则下与其他节点交互达成数据、行为或流程的一致性,实现交易的不可变、全局一致的注册。常用共识机制有工作量证明(proof of work,PoW)机制、权益证明(proof of stake,PoS)机制和委托权益证明(delegated proof of stake,DPoS)机制、实用拜占庭容错(practical Byzantine fault tolerance,PBFT)算法和 Raft 等共识机制,表 9-1 对不同区块链网络中的共识机制进行了分析对比。

表 9-1 共识机制对比

共识机制	记账权	容错性	优势	劣势	应用场景
PoW	根据难度值消耗全网算力,经过大量数学计算得出合理的区块哈希值竞争记账权	存在 51% 攻击,允许全网 50% 节点出错	共识机制高、节点动态加入或退出	资源消耗大、可监管性弱、共识周期长	比特币、以太坊

续表

共识机制	记账权	容错性	优势	劣势	应用场景
PoS	根据币龄等比例降低计算哈希值的难度值竞争记账权	根据币龄获取记账权,记账成功币龄清空,节点作恶成本较高	共识时间有效缩短,资源消耗降低	持币吃息影响币流动,根据币龄结余引起首富账户支配记账权	以太坊
DPoS	无序竞争,由持币者选举代理节点进行验证和记账	代理节点出现算力不稳定、作恶操作时,持币人可随时通过投票更换	验证和记账的节点少、秒级共识、共识公平民主	共识机制依赖代币	EOS币、BTS币
PBFT[3]	不需要竞争,在大于$3f+1$的全网节点中选取主节点,由主节点进行验证、记账	支持全网存在少于三分之一的作恶节点	较少节点情况下性能较高、分叉概率低	系统节点增多,共识效率下降,且存在主节点出错问题	Fabric
Raft[4]	不需要竞争,由全网节点选取具有完全权力管理的主节点进行验证、记账、广播结果	主节点失联后,候选节点重新选举主节点,失联期间,旧主节点所有操作回滚撤销,恢复连接后成为候选节点	算法容易部署实现且易于理解、共识高效	只能容纳故障节点,不能容纳作恶节点,不具备拜占庭容错特性	Fabric、FISCOBCOS

工作量证明机制通过结果认证证明完成相应的数学计算,具有完全去中心化的优点,在以工作量证明机制为共识的网络中,节点可以自由进出。权益证明机制根据节点持有代币的比例和时间,依据算法按币龄等降低寻找随机数的难度值。委托权益证明机制一方面集成了权益证明机制的币龄优势,另一方面由持币人选举代理节点参与验证、记账,对去中心化做出了一定妥协。实用拜占庭容错算法不仅考虑节点宕机且支持节点主动作恶情况,算法分为预

准备、准备、提交三阶段,保证全网三分之一节点的容错性,其核心三阶段流程如图 9-6 所示。Raft 共识机制的核心共识过程是日志复制,其基本思想是如果在分散式系统中多个数据库的初始状态一致,只要之后进行的操作顺序一致,就能保证之后的执行结果一致。

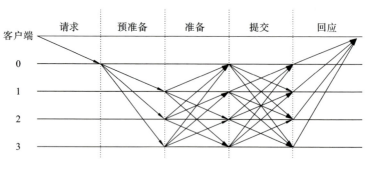

图 9-6 PBFT 三阶段流程

9.1.3.4 密码学

区块链基于对称加密算法、非对称加密算法、哈希算法保证数据的完整性、隐私性和有效交易凭证,并使用数字签名保障交易安全,尤其以椭圆曲线加密算法生成公私密钥对和椭圆曲线数字签名算法保障交易不可抵赖为代表,并通过零知识证明和多方安全计算实现数据的安全验证。区块链中的密码学和信息安全架构如图 9-7 所示。

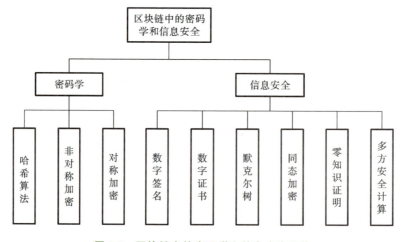

图 9-7 区块链中的密码学和信息安全架构

哈希算法是一种从任意文件中创造小摘要的算法，对任何大小的输入计算相对唯一的输出，即使对输入的最小更改也将导致完全不同的输出。比特币在地址生成、交易生成、区块生成、PoW 机制等多处使用了哈希算法。

非对称加密采用公私密钥对进行加密和解密，公钥加密数据，对应的私钥对数据进行解密。比特币在公钥生成等中使用了非对称加密。

对称加密采用单密钥的方式进行加密、解密，计算量小且加密效率高，简单快捷、密钥较短但安全性较低。

数字签名使用非对称加密算法让信息的发送者使用私钥签名别人无法伪造的密文，签名保障交易安全，生成抗抵赖性的交易凭证。

数字证书是一种用于确认网络实体身份的加密文件，通常由受信任的第三方机构颁发。数字证书包含了公钥、持有者信息以及数字签名等信息，用于验证持有者的身份和公钥的合法性。

默克尔树是用于验证数据完整性的哈希树。通过逐级计算数据块的哈希值，将它们整合到一棵树状结构中，可以验证整个数据集的完整性。

同态加密允许在加密状态下对数据进行计算操作，而无须解密就可以得到结果。这意味着，即使在加密状态下，数据也可以参与计算，并在解密后获得正确的结果。

零知识证明中，证明者能够在不向验证者提供信息本身内容的情况下，使验证者相信某个论断真实可信，使得验证者在相信证明者的同时不会获取有关被证明论断的任何知识。

多方安全计算即在分布式网络中，多个参与实体各自持有秘密输入，各方希望共同完成对函数的计算，且每个参与实体除计算结果外均不能得到其他参与实体的任何输入信息，可在无可信第三方的情况下，安全地进行多方协同计算。

9.1.3.5 智能合约

智能合约是一种以信息化方式传播、验证或执行合同的计算机协议。智能合约可以在没有第三方的情况下进行可信交易，这些交易可追踪且不可逆转。

9.1.4 区块链产业发展

区块链技术在现实世界中应用广泛，涉及三层产业、十余个垂直行业应用，图 9-8 展示了区块链技术在三层产业中的应用情况[5]。

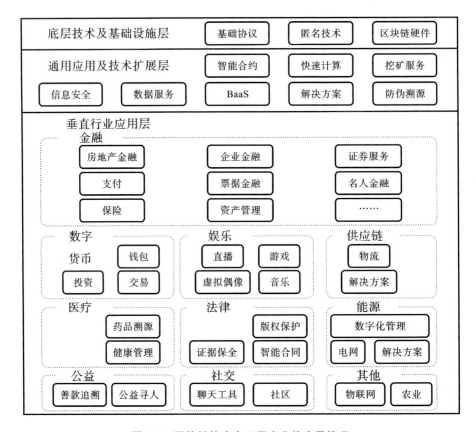

图 9-8 区块链技术在三层产业的应用情况

底层技术及基础设施层:主要包含基础协议与区块链相关硬件内容。其中基础协议是众多项目的主要技术攻克点,也是资方主要投资方向。

通用应用及技术扩展层:为垂直行业应用层提供服务和接口及相关技术服务,其中为垂直行业区块链服务的方向为资方的主要关注对象。

垂直行业应用层:超十余个行业已经应用了区块链技术,但非必要性项目居多,优质项目少。

图 9-9 展示了各省政府推进区块链项目的领域分布[6]。

其中,区块链政务服务、区块链司法、区块链溯源、区块链金融等领域的应用最为广泛。以下主要介绍区块链金融、区块链司法、区块链溯源。

9.1.4.1 区块链金融

区块链金融即利用区块链技术实现供应链上下游的信用穿透,为上游多级

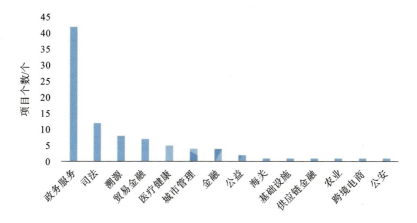

图 9-9 各省政府推进区块链项目的领域分布

供应商,特别是中小企业解决融资难、融资成本高的问题,其系统架构如图 9-10 所示[7]。

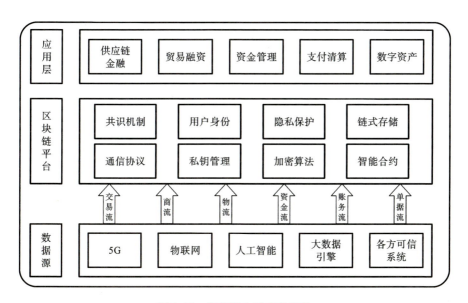

图 9-10 区块链金融系统架构

9.1.4.2 区块链司法

区块链司法即利用区块链及其扩展技术,在电子数据的生成、收集、传输、存储的全生命周期中,对电子数据进行安全防护、防止篡改,并进行数据操作的审计留痕,从而为相关机构审查提供有效手段,其系统架构如图 9-11 所示[8]。

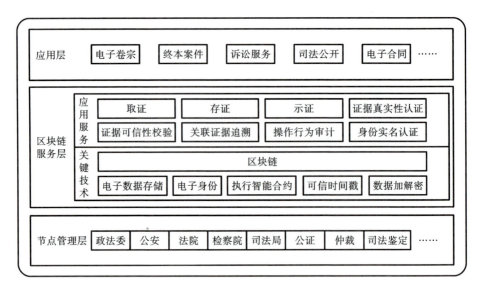

图 9-11 区块链司法系统架构

9.1.4.3 区块链溯源

区块链技术可应用于农产品溯源系统中的数据存储，由于其特征，存储的数据难以删除和更改，提供了一种区别于原来溯源系统中心化数据存储的新信任机制，极大地提高了溯源系统的可信度，其系统架构如图 9-12 所示。

图 9-12 区块链溯源系统架构

9.2 区块链溯源深入解读

区块链溯源系统是在溯源系统中引入区块链技术，实现农产品生产信息、加工信息、运输信息以及销售信息的数据一旦验证通过写入区块账本就无法修改，保证数据的真实、透明、可靠。表 9-2 列出了国内外主流组织和权威学者对区块链溯源的定义[9]，从中可以看出，农产品区块链溯源的目的是实现农产品全生命周期跟踪溯源，构建农产品供应链间的沟通桥梁，提升信息的透明度和真实性。

表 9-2 区块链溯源定义

组织或学者	区块链溯源定义
工业和信息化部信息中心[10]	中国食品区块链溯源基于区块链技术，对产品种植、生产、加工、包装、运输和销售等全流程进行追溯
可信区块链推进计划溯源应用项目组[11]	物品或信息在生产、流通以及传输过程中，利用采集和留存方式，获得物品或信息的关键数据，将数据按照一定的格式存储在区块链上，通过查询相关数据实现对物品和信息的追溯
Bettin-Diaz[12]	区块链溯源是将从生产到销售全环节的数据写入区块链网络，全网节点共同维护、备份数据，通过区块链结构实现数据追溯
腾讯研究院[13]	区块链溯源通过区块链记录供应链上的全流程信息，实现产品材料、原料和产品的起源与历史等信息的检索及追踪，提升供应链上信息的透明度和真实性
杨信廷等[14]	区块链溯源是在溯源系统中引入区块链技术，利用区块链的去中心化、不可篡改、可追溯等特性，保证农产品追溯系统的追溯信息真实透明

9.2.1 架构详解

基于区块链的农产品供应链追溯系统利用各种物联网采集和保存方式，获得农产品在生产、加工、运输以及销售过程中的关键数据，同时利用智能合约自动执行交易条款，基于非对称加密和数字签名保证交易数据的唯一性和安全性，通过多通道的事务隔离性提供隐私保护，确保信息流、资金流、物流和商流的可靠流转，在离散程度高、链条长、参与主体多的农产品供应链中实现多组织高效协作、资源共识共享共治的智能化配置，大幅降低农产品供应链成本。区块链技术涉及组网建链、数据协同、共识算法、智能合约、隐私保护和模式标准等系列技术。区块链溯源架构如图 9-13 所示。

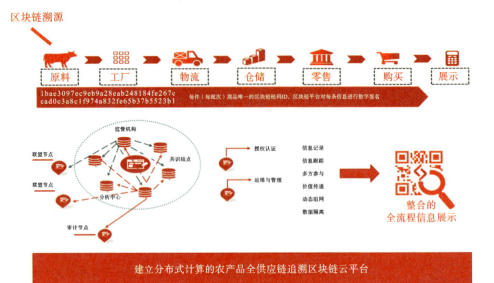

图 9-13　区块链溯源架构

9.2.2　溯源应用场景

溯源在社会生活中起着重要作用，能够实现产品从原料、生产加工到物流、销售等整个供应链上的追溯功能。一旦发生相关事故，监管人员就能够通过该系统判断企业是否存在过失行为，企业内部也可借助该系统查找哪个环节、哪个步骤出现了问题，责任人是谁，避免由于资料不全、责任不明等给事故处理带来困难，使问题得到快速解决。溯源的具体应用主要在产品、品牌和服务溯源三个大的方面。

产品溯源包含农产品、进出口产品、医药、烟酒、电子产品等满足人们衣食住行需求类产品的溯源[15]。其中，农产品溯源指的是水果、蔬菜、粮食、种子、农副产品等地域特色农产品的溯源，实现真正意义上的"从农田到餐桌"的全程溯源，让农产品获得消费者信任，使客户买得放心，吃得安心。进出口产品溯源指的是美妆、酒类、电子产品、时尚奢侈品、服饰箱包、乳制品等进出口产品的溯源管理，通过溯源技术手段，实现进出口产品从生产国、出口商、海关检测、进口商、销售渠道等环节信息溯源。

品牌溯源主要是通过溯源技术方案，防伪防窜货，品牌授权，以及打击假冒伪劣产品,实现产品从原材料到生产、仓储、市场等所有环节的质量信息追溯,帮助企业塑造品牌形象,彰显产品特色,提升企业竞争力[16]。

服务溯源主要是运用溯源技术和方案识别商品、产品真假的溯源服务;公益事业中追溯善款的去向,让捐赠者安心。

9.2.3 联盟链项目介绍

根据节点参与方式,区块链可划分为公有链、私有链和联盟链。根据节点参与权限,区块链可划分为许可链和非许可链。表 9-3 分析了不同类型的区块链在节点参与、记账权、读写权限、激励方式以及网络特征等方面的特点。

表 9-3 区块链划分

项目	公有链	私有链	联盟链
参与节点	参与者为所有人	参与者为个人或组织	参与者为联盟成员
记账权	节点竞争记账权	个人或组织内部定义记账权	联盟成员协商确认记账权
读写权限	对参与节点读写无限制	写入权限归内部控制,读取权限视需求开放	通过授权,节点可读写
激励方式	需要	不需要	自定义激励方式
网络特征	去中心化、网络规模大、吞吐量较低	弱中心化、网络规模小、吞吐量高	多中心化、网络规模较小、吞吐量较高
数据存储	所有节点	弱中心化机构节点	多中心节点
应用领域	交易数据公开,主要应用于虚拟货币领域	交易数据不公开,主要应用于审计、银行领域	通道隔离交易数据,主要应用于跨行业、跨生态的协作

我国农产品供应链追溯参与主体多、链条复杂,产业链呈现"两头小中间大"特征,通过联盟链多中心化网络结构平衡多参与主体问题,可有效提高农业生产活动中各参与主体的协作效率,构建透明、真实、可信的农产品溯源体系。

Hyperledger Fabric 是一个开源的企业级许可分布式账本平台,专为在企业环境中使用而设计,与其他流行的分布式账本或区块链平台相比,它提供了一些关键的差异化功能。Fabric 具有高度模块化和可配置的架构,可为广泛的行业用例包括银行、金融、保险、医疗保健、人力资源、供应链等提供优化。

Fabric 是第一个支持以 Java、Go 和 Node.js 等通用编程语言编写的智能合约的分布式账本平台。这说明大多数企业已经具备开发智能合约所需的技能，不需要额外的培训来学习一门新语言。

  Fabric 平台也是许可链，这意味着与公共无许可链不同，参与者是彼此认识的，而不是完全不受信任的匿名者。这意味着虽然参与者可能不完全信任彼此（例如，他们可能是同一行业的竞争对手），但网络可以在基于参与者之间确实存在的信任的治理模型下运行，例如处理争议的法律协议或框架。

  该平台最重要的区别之一是它支持可插拔的共识协议，使平台能够更有效地定制以适应特定的用例和信任模型。例如，当部署在单个企业中或由受信任的权威机构操作时，完全拜占庭容错共识可能被认为是不必要的，并且会过度拖累性能和吞吐量。在这种情况下，崩溃容错（CFT）共识协议可能绰绰有余，而在多方、去中心化的用例中，可能需要更传统的完全拜占庭容错共识协议。

  Fabric 可以利用无本地加密货币的共识协议来激励成本高昂的挖矿或推动智能合约的执行。避免使用加密货币可以减少一些重大的风险/攻击向量，并且没有加密挖掘操作意味着该平台可以以与任何其他分布式系统大致相同的运营成本进行部署。这些差异化设计特征的结合使 Fabric 成为当今性能较好的平台之一，无论是在交易处理还是在交易确认延迟方面，它都可以实现交易和智能合约（Fabric 中称之为"链码"）的隐私性与机密性。

9.3　区块链溯源应用案例与发展期望

9.3.1　应用案例介绍

  在区块链追溯应用实践方面，国内外商业公司进行了积极的探索。比较典型的是蚂蚁集团研发的蚂蚁链、京东集团研发的智臻链、百度自研的超级链以及江苏中南建设集团股份有限公司联合黑龙江北大荒农业股份有限公司设计构建的区块链大农场。

  蚂蚁链溯源服务（AntBlockChain traceability as a service，TaaS）平台是依托蚂蚁链区块链即服务（BaaS）研发的适用于各种溯源场景的大规模商用溯源服务平台。平台利用区块链溯源结合物联网等技术，追踪记录产品的生命周期各个环节，把产品的生产信息、品质信息、流通信息、检测检验等数据以及参与方的信息，不可篡改地登记在区块链上，解决"信息孤岛"、信息流转不畅、信息缺乏透明度等问题，从而实现生产过程有记录、主体责任可追溯、产品流向可追踪、风险隐患可识别、危害程度可评估、监管信息可共享，提升企业品牌形象，增强政府部门监管的透明度和便利性,提高数字社会公共安全管理水平。蚂蚁链通过将网络准入权限与支付宝绑定,实现一键式快速部署,已应用于奶粉、大米、红酒、蜂蜜等全球 30 亿件商品的原产地或境外溯源保真,溯源产地覆盖 120 个国家,支持 14 万类商品,解决溯源信息的真实性问题。

"智臻链"是京东数字科技旗下的区块链技术品牌,自 2016 年开始京东集团就已进行区块链应用的研究,其中商品防伪追溯作为京东第一个区块链大规模落地的应用场景,已经应用于多个品类领域[17]。京东仓配一体化的电商模式,使京东与上游供应商间建立更加紧密的合作关系,也让其在"区块链+防伪追溯"应用上具备了"先天优势"。目前,京东智臻链防伪追溯平台作为供应链追溯的全球领先应用,已合作超 1000 家品牌商,落链数据超 10 亿级,消费者"品质溯源"查询次数超 750 万次,覆盖生鲜农业、母婴、酒类、美妆、二手商品、奢侈品、跨境商品、医药、商超便利店等数十个丰富的业务场景。智臻链已有超 13 亿条上链数据,700 余家合作品牌商,5 万以上存货单位(stock keeping unit,SKU)入驻,逾 280 万次售后用户访问查询,解决价值网络中信息流转不畅、信息缺乏透明度、信息不对称等问题。其方案架构如图 9-14 所示。

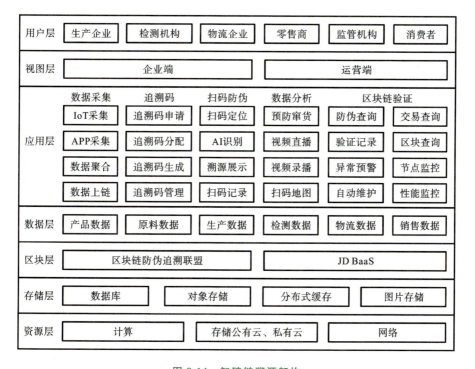

图 9-14　智臻链溯源架构

百度超级链农产品溯源解决方案通过区块链与传感器、摄像头、RFID芯片的结合,将农作物种植、加工、仓储过程中采集的数据实时上链,构建数字化一站式消费生态。该方案的优势如下:① 智慧农业 XuperLight 与温湿度传感器和摄像头结合,将农作物种植、加工、仓储过程中采集的数据实时上链,在源头上确保数据真实、可信;② 农产品防伪,用 RFID 芯片密封的包装袋包裹农产品,并用嵌入 XuperLight 的扫描仪上链,确保各运转流程中信息可查,提升产品附加价值和产品溢价空间;③ 农产品数字化资产交易,超级链技术的数据确权及数据溯源能够公正透明地记录和追溯数据资产的来源、所有权、使用权和流通路径;④ 农产品销售贸易,将采集的农产品各项信息数字化,用于构建数字化一站式消费生态。超级链农产品溯源架构如图 9-15 所示。

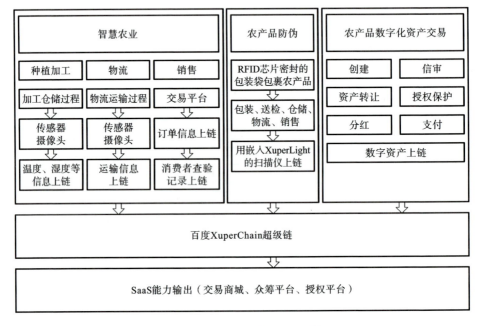

图 9-15 超级链农产品溯源架构

江苏中南建设集团股份有限公司联合黑龙江北大荒农业股份有限公司基于全球领先的农业物联网、农业大数据及区块链技术,依托北大荒大规模集约化土地资源及高度的组织化管理模式,创新性地提出"平台-基地-农户"的标准化管理模式,推出了全球首个"区块链大农场",发力区块链农业。从土地承包开始,农场会进行区块链化的认证,覆盖从播种到加工的全部核心流程并与线下各个核心环节紧密结合。通过互联网及互联网身份标识技术，将生产商生产出来的每件产品信息全部记录到区块链中，形成每一件商品的真实生命轨迹。全球首个区块链大农场的出现，是淘汰问题粮，为消费者提供更多的含有时间戳、地理戳、品质戳的放心粮的有效途径。区块链大农场应用于北大荒高度组织化的农场种植模式，有9种物联网数据采集标准、112个电子表单、63个农作物种植规范，覆盖北大荒近百万公顷土地，解决北大荒自然资源向数字资产可信转移的问题。

目前区块链大规模商业化应用仍处于前期阶段，阻碍其大规模应用的原因复杂，其中区块链通用底层平台欠缺、基础设施不健全且性能不完善、兼容性不足，导致绝大部分与区块链结合的追溯的商业场景仍然处于探索期。另外，技术发展初期的缺陷暂时无法解决，如区块链单链存储结构难以负载海量数据存储压力，多链间数据隔离，难以实现数据的动态扩展，都限制区块链追溯网络进一步扩大。同时联盟链网络缺乏统一的行业标准，难以构建联盟链统一生态网络架构。在解决区块链追溯大规模应用问题方面，可以从技术和经济两方面协同推进。技术方面：一方面需要开发区块链追溯行业通用支撑服务平台，降低企业使用门槛，支撑区块链追溯应用快速落地；另一方面，针对供应链区块链追溯链条长、多主体离散程度高等问题，应研究区块链追溯共识算法，提升共识算法效率和区块链性能，突破多链、跨链、链上链下协同机制，进一步扩大追溯生态网络。经济方面：应充分利用区块链的智能合约和共识算法，解决供应链追溯跨主体多方协助合理的分配机制和激励机制问题，实现追溯数据存储在网络中，让追溯数字经济在价值互联网中可靠传递，解决价值传递过程中存在的基础资产真实性低、资产流通成本高、流动性差等问题。

9.3.2 溯源场景瓶颈

区块链溯源场景瓶颈主要有标识与供应链信息快速采集，质量安全检测与实时监测，质量安全智能决策与预警，质量安全大数据挖掘与溯源和农产品流通过程追溯技术集成应用等。

标识与供应链信息快速采集问题，主要集中于信息采集手段缺失、人工采集可信度差、信息采集断链等方面。解决标识与供应链信息快速采集问题可有效减少供应链物流和信息流断链，提高溯源效率和精确性。可结合物联网传感器、RFID、摄像头等采集设备进行自动化采集，减少人工操作。

质量安全检测与实时监测问题主要是产品检测时效性差的问题。可通过结合良好农业规范（GAP）的农产品质量安全管理与控制系统，实现对产地环境、投入品、病虫害等的评价,提高农产品质量安全源头保障能力;研究病虫害预警模型,提前预警主要病虫害的发生。

质量安全智能决策与预警问题主要是物流过程中产品品质发生劣变不能有效监测的问题。可通过融合多源感官数据,建立水产品、果品货架期预测模型,实现恒温贮藏货架期预测,解决质量安全控制能力弱的问题。

质量安全大数据挖掘与溯源问题主要是农产品质量追溯平台异构性强、应用场景复杂的问题。可通过集成编码、标识、模型与设备,开发农产品追溯监管一体化信息平台,解决数据集成度低、统一性差、分析力弱问题。

农产品流通过程追溯技术集成应用问题主要是多种信息技术的集成溯源问题,需将多种信息技术进行有机结合,以解决追溯系统可持续应用性不高的问题。

9.3.3 区块链溯源发展期望

以物联网、大数据、人工智能、云计算和5G为代表的新一代信息技术和区块链的深度融合为农产品供应链追溯行业提供了巨大的发展空间。新一轮科技革命中各技术各有侧重并相互关联,物联网负责收集数据,全网海量数据汇集存储在链下云端形成追溯大数据,云计算完成数据的高效查询操作,大数据为人工智能提供训练数据集,不断优化模型参数,构建辅助决策生产模型改进供应链上下游智能决策;区块链作为信任桥梁涉及数据操作的信任机制,保证数据传递、共享的稳定可靠。

区块链溯源未来发展方向主要包括区块链溯源核心技术的发展以及区块链技术与新IT技术融合溯源。其中,溯源核心技术的关键在于快速建链技术、多链技术、跨链技术和数据管控技术。区块链技术与新IT技术融合溯源包括区块链＋物联网溯源、区块链＋大数据溯源以及区块链＋人工智能溯源。

9.3.3.1 多链技术

农产品区块链追溯规模化应用后,受到共识速度的限制,节点的执行性能难以线性扩展,链上交易在区块链单链账本中串行处理,难以获得接近中心化系统的性能表现。未来区块链的发展趋势将改变单链主导现状,实现多条同构链或异构链并存的区块链新生态系统,解决供应链中存在的上下游博弈问题,实现多组织的信息对称并降低上下游组织信任成本。未来可设计结合公有链和私有链构建追溯系统,使用私有链存储企业产品信息,使用公有链保证链上数据的可验证和不可篡改,实现数据的可靠存储和企业自管理隐私与安全。

9.3.3.2 跨链技术

区块链在农产品供应链追溯具体的应用场景中需要适应多样化的业务需求，方便跨企业、跨生态业务数据的共享。在大批统一的区块链应用场景下，采用不同的通信协议、编程语言、共识机制和隐私措施搭建的相对独立的、缺乏统一的互联互通机制的异构链难以做到价值互通，适应不同的场景需求，因此，实现异构链间跨链的价值传递将是区块链追溯生态健康发展的必然要求。跨链通过中间件实现异构链的互联互通，实现账本的跨链互操作，为追溯行业跨生态、跨行业的多维协作解决"信息孤岛"问题，从追溯异构链"孤岛"发展成为异构链"网络"[18]。

9.3.3.3 区块链+物联网

区块链是构建物联网真正分散、无信任和安全环境的缺失环节，可通过区块链的分布式网络、不可篡改和可追溯的优势为物联网的安全应用提供媒介。区块链+物联网可实现物物之间信用的无风险、无杠杆的高效率传递，链上实现资金流、物流、信息流三流合一，在物联网万物互联的基础上保证万物可信，实现物理世界和数字世界的映射，保证上链信息的真实性和完整性，进一步助力智慧供应链追溯发展。在区块链农产品追溯系统中，使用 RFID 标签、无线传感器（wireless sensor network，WSN）、北斗卫星导航系统（Beidou navigation satellite system，BDS）等物联网技术将生产信息、加工信息、运输信息以及销售信息按照一定的格式发送到数据中心进行一物一码标识，将搜集的数据自动上传区块链存证，利用区块链技术保证数据的隐私保护和不可篡改。消费者或监管部门可通过追溯码查询商品流通环节数据信息，实现一物一码正品追溯。物联网技术和区块链技术相辅相成，二者结合将会实现物理世界和数字世界的映射，实现农产品供应链中的数字孪生。

9.3.3.4 区块链+大数据

区块链技术具有加密共享、去中心化、信息防篡改等特性，为解决数据流通、价值共享、数据"孤岛"等方面的问题提供了解决方案，而大数据技术具备海量数据存储和灵活高效的深度分析挖掘等功能，二者有机融合不仅可保证大数据分析结果的正确性和数据挖掘效果，还可极大提升区块链数据的价值和使用空间。大数据管理聚合海量数据，将离散的数据需求聚合成数据长尾从而满足数据治理需求。运用大数据管理的虚拟性有利于追溯信息跨行业、跨生态的应用和管理，避免供应链各环节存在的断链情况，准确关联各环节的追溯信息，提供精准、完整的追溯数据。

9.3.3.5 区块链+人工智能

区块链技术能够链接供应链各环节信息,促进跨行业、跨生态的数据流动、共享,让人工智能可以根据不同用途、需求获取更加全面的数据,真正变得"智能"。利用区块链+人工智能技术研发农产品可信追溯系统,把追溯技术从过去的纯数字空间防伪保护,升级为"物理空间+数字空间"的联合保护,同时使用人工智能技术结合机器学习边缘计算、自动化控制研发高速追溯数据采集系统,通过深度学习方法等自动识别农产品复杂供应链中生产、加工、物流、销售等全环节人工干预的操作,实现行为数据上链存证、保证数据的不可篡改将是二者结合的重要方向。

本章参考文献

[1] 袁勇,王飞跃.区块链技术发展现状与展望[J].自动化学报,2016,42(4):481-494.

[2] NAKAMOTO S. Bitcoin: a peer-to-peer electronic cash system[EB/OL].[2024-1-12]. https://bitcoin.org/bitcoin.pdf.

[3] CASTRO M, LISKOV B. Practical Byzantine fault tolerance[C]//Proceedings of the Third Symposium on Operating Systems Design and Implementation. Berkeley: USENIX Association, 1999.

[4] ONGARO D, OUSTERHOUT J. In search of an understandable consensus algorithm[C]//Proceedings of the 2014 USENIX Conference on USENIX Annual Technical Conference. Berkeley: USENIX Association, 2014.

[5] 中国信息通信研究院.区块链白皮书(2018年)[R].北京:中国信息通信研究院,2018.

[6] 中国信息通信研究院.区块链白皮书(2022年)[R].北京:中国信息通信研究院,2022.

[7] 中国工商银行.区块链金融应用发展白皮书[R].北京:中国工商银行,2022.

[8] 最高人民法院信息中心.区块链司法存证应用白皮书[R].北京:最高人民法院信息中心,2022.

[9] 孙传恒,于华竟,徐大明,等.农产品供应链区块链追溯技术研究进展与展望[J].农业机械学报,2021,52(1):1-13.

[10] 工业和信息化部信息中心. 2018年中国区块链产业白皮书[R]. 北京:工业和信息化部信息中心,2018.

[11] 可信区块链推进计划. 区块链溯源应用白皮书(1.0版本)[R]. 北京:可信区块链推进计划,2018.

[12] BETTIN-DIAZ R,ROJAS A E,MEJIA-MONCAYO C. Methodological approach to the definition of a blockchain system for the food industry supply chain traceability[C]//Computational Science and Its Applications-CCSA 2018. Cham:Springer,2018.

[13] 腾讯研究院. 2019腾讯区块链白皮书[R]. 深圳:腾讯,2019.

[14] 杨信廷,王明亭,徐大明,等. 基于区块链的农产品追溯系统信息存储模型与查询方法[J]. 农业工程学报,2019,35(22):323-330.

[15] 黄敏,宋扬,高哲明,等. 产品溯源研究综述及前景展望[J]. 控制与决策,2023,38(8):2158-2167.

[16] 谈爱玲,王思远,赵勇,等. 基于三维荧光光谱和四元数主成分分析的食醋品牌溯源研究[J]. 光谱学与光谱分析,2018,38(7):2163-2169.

[17] 京东. 京东区块链技术实践白皮书[R]. 北京:京东,2022.

[18] 李芳,李卓然,赵赫. 区块链跨链技术进展研究[J]. 软件学报,2019,30(6):1649-1660.

第 10 章
展望

1. 法律与政策

法律法规体系的健全与完善是稳定市场秩序、明确各方管理职责的重要保障,也是促进农产品智慧物流转型升级的关键举措[1]。绿色物流相关法律政策的制定与颁布对绿色供应链生态体系的建设以及农产品智慧物流可持续发展具有重要的推动作用。此外,管理机构应考虑企业发展的合理诉求,企业运作以满足客户需求为出发点,构建管理机构、企业、客户之间充分协调的融合型农产品智慧物流体系。然而,农产品智慧物流行业涉及商业、交通、信息技术等多领域交叉融合,需要多部门的共同协商与管理,这是导致农产品智慧物流多方信息难以高效共享的主要原因之一。因而,需要深度剖析农产品智慧物流运营模式,针对性地制定相关政策,实施必要且严格的监督与管理。

2. 标准化体系建设

构建农产品智慧物流信息化标准体系,为物流行业发展提供标准化指引。农产品智慧物流通过物联网、大数据、云计算等信息技术实现全供应链的实时监控及各环节信息的实时共享与交互。然而,农产品智慧物流建设对软硬件配置、数据获取、数据传输及数据分析与处理方式等依赖度较高,应制定规范统一的行业标准,以实现产业化融合,降低综合成本。应明确现代物流标准化工作的重要性及其战略价值,组织各方面的专业力量,高标准制定软件程序、信息接口、信息安全等标准以完善农产品智慧物流标准体系。

3. 核心技术突破

创新信息技术在农产品智慧物流中的应用,提高农产品智慧物流的智能化、专业化、便捷化以及人性化服务能力,降低农产品损失率,提升供应链管理效率,降低费用成本等。充分发挥农产品智慧物流的智能化管理与服务能力,通过智能化风险预警提升企业服务水平。鼓励企业自主创新,提升自动化仓库、物流机器人等新技术的运用能力,提供必要的政策和经费扶持,以帮助企业快速突破新技术应用瓶颈,提升农产品智慧物流的时效性、能效性和便捷性。当前农产品智慧物流主要基于视频识别、图像识别、GPS、GIS等技术实现动态感知,应结合 AI、大数据、云计算等新一代信息技术,实现物流品质、环境、位置等多源信息综合感知与调控,建立集管理、控制、运营于一体的现代物流服务模式[2,3]。

借鉴群体智能"众筹"理念,在农产品智慧物流中引入众包模式,通过互联网平台、移动网络技术赋能,实现社会闲置配送资源的高效组织,探索新型配送模式。支持农产品物流企业积极采用新一代信息技术软硬件系统,开展共性技术应用改进,同时扩大对外交流与合作,跟踪并引领国际发展趋势。

4. 公共信息平台建设

构建农产品智慧物流公共信息平台,整合社会物流资源,更好地服务经济社会和农业发展。农产品智慧物流属于集成化、智能化、高效率的服务模式,需要依托面向整个物流系统的集成化、数字化、智能化的物流公共信息平台,实现整个物流系统的综合管控[4]。运用新一代信息技术,建立农产品智慧物流信息平台,整合运输、仓储、金融、配送、货运代理等社会物流资源,高效联络仓储、运输、配送。集成供应商物料供应,智能生产系统,第三方物流公司的智能物流系统、销售终端系统,为生产、销售、物流等企业的信息系统提供必要的基础物流信息。建立行业管理、市场规范化管理方面的协同工作机制,支持合理必要的物流信息共享、处理、应用,打破距离间隔、信息壁垒,实现供应链的跨环节沟通。

5. 人才培养

增强农产品智慧物流发展的核心竞争力,关键在于专业人才培养。鼓励相关企业积极开展智慧物流专业人才培训;高校开展的人才培养既要体现多学科交叉融合,也要注重理技结合[5]。联合高校、科研院所、物流企业,探索构建联合培养机制,以理论与实践融会贯通的教育模式,培养创新型、管理型、技术型等类别的人才,促使物流教育与行业发展同步。合理借鉴发达国家经验,不断完善我国行业人才成长和激励机制,为我国农产品智慧物流发展提供充分的人力与智力支持[6]。

本章参考文献

[1] 单海霞,余秋豪,高波. 基于"互联网+"的农产品物流中心业务拓展——

以贵阳市地利农产品物流园为例[J]. 物流科技,2019,42(4):103-105.
[2] 段敬民,常跃军,李赞祥,等. 基于退火算法的物流配送网的求优研究[J]. 中国工程科学,2012,14(7):109-112.
[3] 周凌云,王超. 非并网风电制氢及其在绿色交通物流中的应用[J]. 中国工程科学,2015,17(3):50-55.
[4] 况漠,况达. 中国智慧物流产业发展创新路径分析[J]. 甘肃社会科学,2019(6):151-158.
[5] 张春霞,彭东华. 我国智慧物流发展对策[J]. 中国流通经济,2013,27(10):35-39.
[6] 申嘉琳. 基于"一带一路"战略下的我国智慧物流发展策略研究[J]. 山西经济管理干部学院学报,2018,26(3):64-70.